孩子的名字叫"今天"
——一线教师家庭教育手记

李小琴 赵红 等著

东南大学出版社
SOUTHEAST UNIVERSITY PRESS
·南京·

图书在版编目(CIP)数据

孩子的名字叫"今天":一线教师家庭教育手记／李小琴等著.— 南京：东南大学出版社,2023.5
ISBN 978-7-5766-0737-6

Ⅰ.①孩… Ⅱ.①李… Ⅲ.①小学生－家庭教育 Ⅳ.①G782

中国国家版本馆 CIP 数据核字(2023)第 074925 号

责任编辑：张 倩　责任校对：子雪莲　封面设计：毕 真　责任印制：周荣虎

孩子的名字叫"今天"——一线教师家庭教育手记
Haizi De Mingzi Jiao "Jintian"—Yixian Jiaoshi Jiating Jiaoyu Shouji

著　者	李小琴　赵　红 等
出版发行	东南大学出版社
社　址	南京市四牌楼 2 号(邮编:210096　电话:025-83793330)
经　销	全国各地新华书店
印　刷	江阴金马印刷有限公司
开　本	787mm×1092mm　1/16
印　张	14.75
字　数	324 千字
版　次	2023 年 5 月第 1 版
印　次	2023 年 5 月第 1 次印刷
书　号	ISBN 978-7-5766-0737-6
定　价	58.00 元

本社图书若有印装质量问题,请直接与营销部联系,电话:025-83791830。

序

追寻家庭教育的"小确幸"

"从来没有任何一个时代,能够像今天这样凸显家庭的重要。在社会急剧转型的洪流里,小小的家庭已不仅仅是港湾,而在事实上成为很多人精神的中流砥柱,甚至是灵魂的永恒皈依。"儿童文学作家童喜喜曾这样说过。她道出一个好的家庭就是一所开放的好学校,能给孩子一生带来积极的影响。而一所开放的好学校,又是一个好的家庭,能将温暖与快乐传递,能拥有"润物细无声"的影响,能以"智慧之声",点亮家庭的"亲情之灯",让家庭拥有浪漫的"小确幸"。

2017年5月,我们在南通大学情感教育研究所的支持下,建立了南通开发区实小教育集团家庭教育研究组。在南通大学情感教育研究所副所长徐志刚的指导下,经过多年的积累,研究组积累了良好的家校协同育人的经验和做法,同时也建立了较为成熟的机制和平台。在这个平台,学校管理者、老师、家长不断寻找协同育人的同频共振点,营造了令人向往的合作共育场,彰显着实小特色。

这是一场守望"家庭幸福"的"教育之恋"!

短短几年时间,研究组用颜回的"一箪食,一瓢饮,在陋巷,人不堪其忧,回也不改其乐"的无私奉献、甘之如饴的精神,让一些特殊家庭愁云消逝,欢笑萦绕。我们悄悄地影响了实小集团众多的家庭,潜移默化地改变了更多校内外家长的观念。

研究组成员在乎每一个孩子。我们深知:一个孩子,背后是一个家庭;一场持之以恒的生命关怀,呵护的是家庭其乐融融的幸福;改善一个家庭的生态,就会敲响一扇"幸福之门"!

这是一种悄然改变、贴近心灵的感人认知!

周国平曾说,"好的教育培养出来的人,拥有自由的头脑、丰富的心灵、善良高贵的灵魂,这样的人就会成为肩负着人类使命的践行者,在他们身上,我们看到了人类朝向真、善、美行进的努力和希望。"家庭教育的最高境界是"不教之教",父母的一言一行便是孩子生动的"教科书"、立体的"图书馆",父母的精神高度,就是孩子追寻的"地平线",成长的"航标灯"。

研究组每三周一次集中进行专题研讨,如"如何转变家长的观念,优化家庭环境,提高家长素质,提升孩子生活的幸福感以及学习的积极性?""如何创建学习型家庭,引导家长主动进行自我教育,不断探索家庭教育能力的好途径?"……专题研讨,让研究组成员自如交流精神、彼此配合行动、相互碰撞智慧,从而产生一种深刻而持久的"情感共鸣"。我们在"南通父母"微信公众平台发布的家庭教育随笔——生动鲜活的案例、深入浅出的阐述、耐人寻味的故事,深受家长欢迎,让家长审视、改进家庭教育方式。几年来,越来越多的家长阅读我们的文章,学习与分享我们的文章,以此提升自身的教育水平,改善了夫妻关系、亲子关系。在此过程中,很多家长不断期盼能将这些文章编成一本书,以满足他们整体化掌握与运用的期望。所以我们精选了其中的部分文章,结集出版。

本书的文章关涉家庭教育的多个方面,包括亲子沟通、二孩问题、教育方法、心理健康指导等。每篇文章都是基于现实问题的有感而发或者实践策略,因此本书对正处在家庭教育困扰中的家长,具有很强的启发性。当然,我们不仅仅只是针对解决问题的方法阐释,我们更强调教育理念的提升,比如在本书中,我们持一个观点,即"世界上许多事情都可以等待,唯有孩子们的事情不能等待,因为孩子们的名字叫'今天'",所以本书定名为《孩子的名字叫"今天"——一线教师家庭教育手记》。在某种意义上,理念比方法更重要,因为每个孩子都是独特的,别人的成功方法未必适合你,但是成功方法背后的理念却是相同的。

与本书的文章相配合,研究组还开展了"私人订制+公益活动"的方式,让家长自觉、自主参与到研究中。为特殊儿童诊脉,要求专业的心理咨询师,联合社会其他的公益机构,共同关注"地球上的星星",与家长、专家一起走近丰富而复杂的童心世界,寻找开启心灵之门的钥匙,呵护独特的"这一个";开展读书漂流,让书香飘进家庭,让家庭感受"花香、草香,不如书香"以及"有书读,就幸福"的滋味,用简单而优雅的方式丰盈每一个人的精神世界。研究组成员坚信:正确的家庭教育能让孩子书写自己生命的传奇,能让家庭成员彼此温柔以待,感受岁月静好。

习近平总书记曾多次在不同的场合谈到要"注重家庭、注重家教、注重家风",并且强调"家庭的前途命运同国家和民族的前途紧密相连"。在家校协同育人的路上,家庭教育研究组一直带着问题出发,怀着憧憬探索,揣着梦想实践,追寻着家庭教育的"小确幸"。我们希冀:带领更多的人,凝聚家庭教育正能量,发出更多的"智慧之声",让家校同心、同行,聚"萤火之光",成"璀璨星河",点亮一盏盏温暖的亲情之灯,点亮家校教育的浩瀚苍穹!

赵建华 (南通开发区实小教育集团党委书记、总校长)

目录 CONTENTS

序 ……………………………………………………………… 赵建华 001

第一部分 定格美好时光:共同成长篇

一辈子做父母,一辈子学做父母 ………………………………… 李小琴 002
"第一"妈妈 ……………………………………………………… 李小琴 004
孩子成长,父母先行 ……………………………………………… 杜云云 006
为了付出与欣赏 …………………………………………………… 李小琴 007
做最好的自己 ……………………………………………………… 祝燕飞 009
做一个有情趣的人 ………………………………………………… 李小琴 010
爱孩子,就给他(她)"最好的" ………………………………… 杜云云 012
成长,在孩子15岁 ………………………………………………… 姜 慧 014
热爱着孩子的热爱 ………………………………………………… 姜 慧 015
有一种爱叫我们"一起" …………………………………………… 赵 红 016
你在,我在,时间在 ………………………………………………… 朱爱霞 017
"原""来"如此——探究原生家庭 ……………………………… 赵 红 019
回家 ………………………………………………………………… 许文明 021
孩子,我与你同行 ………………………………………………… 朱勤燕 022
恩爱的父母,是给孩子最好的礼物 ……………………………… 李小琴 025
"爱"的锁链 ……………………………………………………… 吴小菊 027

第二部分 感受纯真世界:走进心灵篇

"管"你,更要"懂"你 ……………………………………………… 赵 红 030
你以爱的名义,让我不能呼吸 …………………………………… 杜云云 032
爱孩子,更要懂孩子 ……………………………………………… 李小琴 035
别急,听孩子说完 ………………………………………………… 祝燕飞 037
当我写下"大门"…… …………………………………………… 姜 慧 038
搁浅的鱼 …………………………………………………………… 丁彩娟 039
其实你不懂我的心 ………………………………………………… 许小娟 041
嘘,不要打扰他 …………………………………………………… 杜云云 043
"网红"小学生作文,你读懂了吗?——由习作《骗子》想到的 … 李小琴 044
真正接受一个孩子 ………………………………………………… 赵 红 046

第三部分 好好说话,空气都是甜的:亲子沟通篇

对在意的人,别做无情的事 ……………………………………… 李小琴 048

爱,是一场可感的言说	丁彩娟	050
给你一个拥抱	姜　慧	052
好好说话,空气都是甜的	杜云云	054
积极暗示的魅力	许小娟	056
你会鼓励孩子吗?	许小娟	057
唯一的敌人是自己	许小娟	058
相"识"不相"见"	赵　红	059
写给终于升上围棋三段的儿子	许文明	060
一声叹息,泄露了心中的秘密	李小琴	062
一桶爆米花	杜云云	064
有效沟通,让你和孩子更贴心	祝燕飞	065
"特别的时光",真心的陪伴	李小琴	067
你的戳心话,我的远天涯	李小琴	069
"别人家的孩子"	赵　红	071
《蜘蛛侠》教我们如何"尊重"	杜云云	072

第四部分　累积一生福气:生活方式篇

"1、2、3",你数过吗?	祝燕飞	074
"换个杯子",把日子过成诗	杜云云	075
孩子总是丢三落四,怎么办?	李小琴	076
把犯错误当成一种学习	祝燕飞	079
抱怨的孩子不快乐	赵　红	080
孩子撒谎,怎么办?	姜　慧	082
和"手机瘾"说再见	祝燕飞	084
妈妈是超人	赵　红	086
明理有套路,孩子更友善	朱爱霞	087
让孩子远离诱惑	李小琴	090
什么时候让孩子自己洗澡?	朱爱霞	092
收叠衣物,小孩子也行!	朱爱霞	093
谁来买单?	赵　红	095
相信孩子,他可以!	祝燕飞	096
小仪式,改变你的小生活	赵　红	097
孩子胡搅蛮缠,怎么办?	赵　红	098
这样的喜欢,孩子"承受"不起	赵　红	100
义卖后,写给亲爱的爸爸妈妈们	许文明	101
一起断舍离	赵　红	103

第五部分　决定未来模样:品性养成篇

放手,让孩子自由地飞吧	许小娟	106

让孩子长成"自己的样子"	李小琴	107
让"每一粒种子"长成她想要的样子	许小娟	108
"负责"不等于"监管"	杜云云	110
把握契机就是最好的教育	许小娟	111

第六部分　沟通促进理解：师生交往篇

"惩罚"不是"擦星星"	赵　红	114
不要伤害"查理"	杜云云	116
错误，是成长的勋章	李小琴	117
温暖灵魂的阳光	赵　红	119
信任，从蹲下身子开始	赵　红	120
修炼一对善听耳——一次"失败"的班会	赵　红	121
孩子"告状"时，我这样做	李小琴	123
小欢喜	曹　越	126
尘世是唯一的天堂	许小娟	128
平等，让孩子敞开心扉	杜云云	129
记住你的好	姜　慧	131

第七部分　成为学习能手：学习习惯篇

自由飞翔一线牵	许小娟	134
不妨换一种方式试试	祝燕飞	136
你揠苗助长了吗？	杜云云	138
你的"舐犊情深"，否定了他的无限可能	杜云云	139
学做"牧羊犬型"的家长	许小娟	141
不负韶华，每日精进——疫情期间茗茗居家学习回顾	张小玲	143
孩子，你在为谁读书？	李小琴	145

第八部分　遇见更好的自己：亲子共读篇

让孩子"渴望"阅读	赵　红	148
读着读着，长大了	姜　慧	150
遛遛娃，遛遛这个世界	赵　红	152
诗歌，擦亮孩子最初的天空	丁彩娟	154
阅读，使我们成为有力量的父母	许小娟	156
《朗读手册》：相见恨晚的一本书	李小琴	157
你，通过"爱的测试"了吗？	李小琴	159
点亮阅读的心灯	许小娟	161
不完美，也很美	李小琴	162
评价孩子，要恰如其分	李小琴	165
父母要树立自己的威信	李小琴	167

孩子胆小、害羞，该怎么办？	李小琴	169
坚持才是力量	姜 慧	171
孩子做事磨蹭，该怎么办？	李小琴	173
再见吧，坏情绪	许文明	175

第九部分　用爱呵护心灵：心理健康篇

那些年，我们过于执着的是非	丁彩娟	178
只追前一名	李小琴	180
96111，青春力量多多多！	朱爱霞	181
"懂事"的背后	朱玲玲	182
隐秘的角落——父母如何守护儿童的"秘密"	葛周玲	183
初青春，注定是一场碰撞	丁彩娟	185
我要站在世界的最高峰	许小娟	187
也说"叛逆"，话"尊重"	赵 红	189

第十部分　避免夺爱之战：隔代教养篇

隔代教育——多少爱可以重来	赵 红	192
有效陪伴，智慧同行	张小玲	193
牵着蜗牛去散步	陈 婷	195

第十一部分　化解"相爱相杀"：家有二孩篇

二孩家庭，如何平衡两个孩子？	尹 玲	198
二孩时代，如何从容应对？	张 敏	200
家有二孩的，你一定要知道！——读《出生顺序的重要性》有感	祝燕飞	202
兄弟如手足	朱爱霞	203
有福同享，有难同当	祝燕飞	205
二孩的幸福生活	吴小菊	207
儿子，你刚刚好	朱爱霞	209

第十二部分　合作才会共赢：家校携手篇

爱要唯一，不要均一	李小琴	212
孩子，就像是冰山	李小琴	214
晚九点，孩子作业没完成	姜 慧	216
我担心……	李小琴	217
拥抱孩子的感受	李小琴	219
运动会开幕式后，写给亲爱的爸爸妈妈	许文明	221
"优秀，我拜你为师吧！"——由网红小学生习作《热死了》想到的	李小琴	223
你的努力，我们看到了	郭维维	225
星河滚烫，你是人间理想	李小琴	226

第一部分
定格美好时光：共同成长篇

对孩子最好的教育方式，是以身作则、言传身教；对孩子最好的爱，是高效陪伴、与之成长。"你希望孩子变成什么样的人，很简单，你就去做一个什么样的人。"做学习型的家长，与孩子共同成长。

一辈子做父母，一辈子学做父母

李小琴

"人民教育家"国家荣誉称号获得者于漪老师曾谦虚、真诚地说："一辈子做老师，一辈子学做老师。"我想，如果父母也抱有这样的想法，那么家庭将会朝着美好的方向发展：成员之间和谐相处，彼此尊重、友爱，孩子拥有幸福的童年，家庭充满欢声笑语。这该多么令人向往啊！

本学期，我们学校开展了首期家长成长工作坊公开招募活动，报名人数众多。我们可以感受到家长们重视家庭教育，他们渴望学习、渴望成长，期盼成为优秀家长、期盼培养出优秀的孩子。

家长成长工作坊每三周集中培训半天，内容涉及学生心理指导、情绪管理、作业辅导等，由家庭情感文明研究组成员担任指导老师，深受家长们的欢迎。成员们挑选热点话题，精心准备发言内容，制作精美的PPT，现场分享，智慧碰撞，大家兴致盎然。教育就是点燃、唤醒、影响，在这个团队的影响下，有的学员开始自觉地学习，如陈爱。她主动撰写学习心得并在班级微信公众号中推出，其中《找准在孩子成长过程中的"人设"》《倾听孩子》《沟通，从心开始》《作业的烦恼》等，都颇受好评。暑假期间，陈爱又自发地从成长工作坊中寻找志同道合的伙伴，成立了"成长阅读坊"，让学习成为像呼吸一样自然的事情。

学习着，美丽着，家长成长工作坊的成员们领略到了一路风景一路歌。

"成长工作坊里的家长无意间看到我在班级公众号里发布的文章，他们决定转载到自己班上，我觉得非常高兴，只要能影响更多的家庭重视家庭教育，咱们的目的就达到了。看完这个《朗读手册》后，我有种相见恨晚的感觉。所以我一定要把这个读后感写出来发到班级群里，希望影响更多的家庭成为终身阅读者。"陈爱感慨地说道。

一滴水能折射出太阳的光辉，一朵花可以绽放出春天的笑脸，一个创意可以改变一个人人生的方向并激发一群人学做好父母！

想一辈子学做好父母，就要找到一个志同道合的团队，团队成员之间可以分享、可以探讨、可以借鉴。还需要找到一批高质量、有品位的书籍或视频资料，这些资源可以学习、可以研究、可以"拿来就用"，这样就能快速解决教育中的困惑，不断提升自己，提升家庭的幸福感。正如畅销美国500多万册，以31种语言畅销全世界，彻底改变父母与孩子沟通方式的教子经典巨著《孩子，把你的手给我》的封面上的一段话所言："父母可以帮助孩子成为一个品质高洁的人，一个有着怜悯心，敢于承担责任和义务的人，一个有勇气、充满活力、正直的人。光有爱是不够的，洞察力也不足以胜任，好的父母需要技巧，如何获得并使用这些技巧就是这本书的主要内容。"

这本书中的语言深入浅出，明白晓畅。比如，作者提到父母需要特别的方式跟孩子相处，跟孩子交谈。父母需要学习特别的技能，这样在处理孩子的日常需求时，就能胜任了。因为对于孩子来说，父母仅有爱心是不够的，还需要理解、需要智慧。教育家苏霍姆林斯基曾说:"在每个孩子心中最隐秘的一角,都有一根独特的琴弦,拨动它就会发出特有的音响,要使孩子的心同我讲的话发生共鸣,我自身就需要同孩子的心弦对准音调。"父母如果能够对准孩子的心弦音调,找到孩子心中最隐秘的一角,就能说孩子"听得进去的话",赢得孩子的信任与尊重。当孩子犯错的时候,给他一个鼓励的眼神,宽容的怀抱;当孩子受到委屈时,默默地站在他的身边,替他拭去眼泪;当孩子获得成功时,由衷地为他高兴,以他为豪。父母要尽力避免原生家庭给自己带来的不良影响,不要对孩子说出自己也不喜欢的话,更不要在孩子面前情绪失控,变成自己憎恶的样子。

又如,作者提到父母需要学会把孩子当成客人一样对待。因为是客人,所以我们会给予礼遇,即便客人做错事,我们也能轻易地谅解。"那种语言照顾你的感受,而不是对你的行为进行批评。"对于这一点,我深以为然。女儿有次将一本重要的书落在教室了,晚上使用时才发现,提出让我陪她去学校拿,我大为不爽,严厉地批评她之后,才陪她去;有次放晚学,我去接女儿,看到许多家长陆陆续续地接走了孩子,可是她却迟迟没有出校门,我心中焦急,待看到女儿的时候,劈头盖脸就是一顿责备……如果是客人发生类似的事情,我们的态度会怎样呢?有一次,我将笔记本电脑落在一位好友的汽车上,几天后才发现。询问好友时,她微笑说:"莫名其妙多了一台电脑,也不知道是谁的,这么多天都没有人要。我马上给你送来了!"没有一点生气,没有一点埋怨,现在想来都感觉温馨美好。

随手翻看这本书,就能找到让人心动的小标题:《交流密码:父母和孩子的对话》《语言的力量:鼓励和指导的更好办法》《自取其害:应该避免的错误做法》《责任感:要求服从,不如传输价值观》《积极的养育:孩子生活中的每一天》等。书中有案例分析,有理性阐述,有处理技巧,有指导建议,为家长与孩子之间的沟通提供了详细、有效、可行的方法。

"一花独放不是春,万紫千红春满园。"怀着一颗虔诚学习的心,去做父母吧!亲近一批教育方面的好书吧,那里有思想之光、智慧之源;靠近一群乐观向上的家长朋友吧,那里有携手的力量、知音的温暖;走进孩子的内心世界吧,你会发现他的珍贵、独特、不平凡,你会情不自禁地让他在关爱中成长,在独立中成长。

《朗读手册》一书中多处提到,在美国,每年孩子们有 900 个小时待在学校,7 800 个小时在校外。可见,家庭对孩子的影响力不容小觑,父母的视野格局、生活态度、习惯修养等对孩子的成长有着不可估量的作用。所以,一辈子学做父母,应当成为为人父母的坚定信仰!父母要跟上时代的步伐,与时俱进,和孩子一起成长。

"第一"妈妈

李小琴

我的学生冯薛乃弘如今长成了一个高大、挺拔的帅小伙。他目前在新加坡就读。只要是放假期间，他就会流连于不同的城市，领略不同的风景，幸福的笑容一直透过屏幕，停留到我的心底。虽然隔着山水、隔着时光，可我却觉得他近在咫尺，因为我经常能从他妈妈的朋友圈里看到他的身影、他行走的足迹、他阳光灿烂的表情。

毫无疑问，他有一个好妈妈。不信，你瞧，这两天她妈妈在朋友圈发的文字——

"2019.6.16　国立武汉大学　我只想陪你度过最美好的时光！走在陌生城市的街头巷尾，再黯淡无光的城池也显得美，我坚信下个转角，肯定会遇见城堡。"

"2019.6.15　武汉理工大学　我们有仰望的姿态，但不能用一生的时间，守望着你。我们在任何状况面前一再退让，最终退无可退。最终让我们理解该硬则硬，该软则软，尽最大的努力拿捏得恰到好处。我们真心希望你能以一棵树的姿势，站在任何人身旁，不卑不亢。"

……

其实，在我遇到的所有家长中，冯薛乃弘的妈妈给我的印象是最深刻的。她阳光、开朗，拥有爱心，富有责任感。在我心中，她是"第一"妈妈。

当我推荐好书让学生阅读时，她第一个找到买书的网址，将图文截屏发到班级的QQ群，为忙碌的家长节省了时间。

当我倡议家长参加护学岗志愿者行动时，她第一个发来短信："李老师好，今天我有看到义工倡议书，我很愿意做这件有意义的事，我也有这个信心和能力把这件事做好！"

当得知我们要进行家访时，她又第一时间发出了邀请："李老师，我们家真诚地盼着您的到来！"

更深地认识她、走近她、了解她，并由衷地感慨她是当之无愧的"第一"妈妈，是我和郁老师去她家家访之后。

还记得那天，来到他们家，我便看到书桌上放着李跃儿写的《是谁拿走了孩子的幸福》。这是乃弘妈妈看的书，我直觉地认为她是拥有教育好心情的人，而且懂得教子的艺术。与教英语的郁老师交流时，她拿出了许多原版的图文并茂的英文书籍，告诉我们如何和孩子一起学习。我随手翻看一本，上面有乃弘妈妈翻译中文的字迹，那么工整、认真，对她的钦佩之情再次油然而生。

她主动向我们介绍课余时间让乃弘去学乒乓球，学钢琴，为孩子讲故事，和他进行亲子阅读，与他携手旅游……最让我们眼前一亮的是，她拿出了为孩子建立的成长记录袋。里面的内容五花八门，有郁老师写的表扬信，有数学老师赠送的书，有我批改的作文本等。我们在翻阅时，深深震撼，并为之动容。

那一刻，我将目光久久地锁定在自己批改的作文本上，一页一页地翻，一个字一个字地认真看，心中无限感慨：如果早知道我批改的作业被人这样视若珍宝、温柔以待，我一定会更加工整地写好每一个字，更加用心地写好每一句评语，更加认真地批改每一篇习作。可惜，时光不能倒流,人生也不可以重来。只要想到曾经在我看不见的地方,有人这样情真意切地关注着孩子的成长,凝视着老师的点点滴滴教育行为,我就觉得忐忑不安,教育使命感油然而发!

生活的小处,总是藏着大观。幸好,我知道了,以后努力也不迟。

乃弘妈妈温暖地表达着她的爱,让我感受到默默的情怀。正如她所言:"好父母不需要多么复杂的教育,给孩子做个好榜样就够了!勤劳、真诚、感恩,就是对孩子最好的教育。"她懂教育,懂孩子,为孩子做好榜样,也相信孩子会有好模样。只要想象乃弘的妈妈每天与乃弘坐在灯下读书,那种温馨而无言、温暖而静谧的画面出现在脑海时,我的心中就感到甜蜜。挪威儿童文学家乔斯坦·贾德说过:"最明智的父母,一旦给孩子吃饱穿暖之后,接下来最重要的事情,就应该是为了孩子选择出最好的文学书,带回来。放进他们的卧室里,或者,直接给孩子朗读。"乃弘妈妈也许没有听到过这位作家的话,但在生活中,她就是这样本能地做着。她让乃弘阅读许多美好、有趣的书,给他童年涂抹了最绚烂的色彩。她用默默的情怀微笑地看着乃弘一点点长大、懂事,让乃弘生命的每个日子都能"起舞"!

乃弘妈妈温暖地表达着她的爱,让我领略到阳光的味道。乃弘妈妈说她的心中有太阳,四季变换都不为之所动,她能抵御风,能撑过雨,能用一个浅笑保护自己。她积极报名参加导护志愿者行动,让我们感受到她是一个心中有阳光,并且愿意将阳光洒到别人心中的人。她风雨无阻地站在校门口,牵起这个小朋友的手过马路,指挥那个家长停好车。一天、两天,一个月、两个月……微笑有礼,坚持不懈,她用"大爱"做着每一件小事。在别人不经意之间,她多了些留意和关注;在别人偶尔为之时,她多了一份持久与坚守。乃弘妈妈的心里始终流淌着一股仁爱、豁达的"仁者之气",她的身上散发着迷人的阳光味道,她的一举一动"润物细无声"地影响着自己的孩子,也潜移默化地感染着他人。

乃弘妈妈温暖地表达着她的爱,让我触摸到她有力的心跳。靠近乃弘妈妈,你会发觉她是一个拥有教育智慧,能说"教育禅语"的人。"妈妈要舍得孩子长大!要知道,妈妈的怀抱再温暖,也不如给他一双强健的翅膀,这样即使妈妈不在身边,他也能飞翔。"倾听着她的爱之声,感受着她的爱之深,你会触动到她温热跳动的兰质蕙心,会被这样一个看似普通,实则智慧优雅的母亲所折服。

虽然与冯薛乃弘已经分别多年,然而那次家访,让我拥有了一场美丽的遇见——这样优秀的家长,这样一个了不起的"第一"妈妈,不仅是孩子优秀的第一任老师,也是我们教育者的人生导师。

孩子成长，父母先行

杜云云

傍晚，孩子在倒腾爸爸给她新买的玩具，她对这个玩具内部的小弹珠特别感兴趣，想要把它拿出来，拿起起子就拆起来。终于如愿以偿后，留下一地七零八落的玩具零件，她自顾自玩其他的去了。我喊住了她："你拆完再把玩具装起来啊！"她回答："这个太难了，女孩子不行的，等爸爸回来吧！"听到这句话，我一下没缓过神，因为这句话似曾相识，以前从网上买回一辆需要自己组装的动感单车，我拆开包装以后，看着满地的零件，曾说过"这个太难了，老公你装"；电脑发不出声音了，打电话给老公"这种问题，我处理不了，还是男生比较在行"……诸如此类好多事情，我在言语和行为上都表示过男人的优势大于女人，而我当时并没有在意我的身旁有我的孩子，她虽然并没有说话，也没有参与事情之中，但事情本身已经给她的思维带来了很大的影响，甚至在不久之后，直接影响了她的行为习惯。

我当然希望孩子能拥有好奇心和探索精神，希望她遇到困难的时候能够想办法努力解决，然而，我的行为与我的意愿背道而驰，而行为恰恰又是最好的教育方式，所以我深刻认识到：孩子成长，父母先行。

对于孩子的教育，如果父母能认识到自己的哪些行为能成为孩子汲取的正能量，哪些是自己没有意识到的负面行为，这远远比懂得某一种时髦的教育理念更加重要。

班里有一个孩子屡次说谎，几次批评教育后，仍然再一次说谎，于是我请其父母到校沟通，从而更好地共同教育。到了约定的时间，门卫保安打来了电话："你们班的家长要进学校，我让他打个电话给你确认一下，他说他没带电话，就直接闯了进去。"不一会儿，出现在我面前的家长，正和我一面笑着点头打招呼，一面打着电话……家庭教育中，父母的言行时时刻刻影响着孩子，孩子的某些不恰当的行为，父母不以为然，那可能就是因为父母也做过同样的事情。

当孩子出现了一些不良行为的时候，家长不妨先冷静下来回想一下自己是不是曾经有过类似的行为；当想要孩子在某些行为上有所改观，家长不妨在类似行为上自己先"改起来"，用行为影响行为。父母改变，孩子改变；父母成长，孩子成长。

为了付出与欣赏

李小琴

今晚,我读到北大才女赵捷的一首诗,其中有这样一句话:"经常有人聊起:要孩子是为了什么?传宗接代还是养儿防老?终于听到了一个令人感动的答案:为了付出与欣赏。不求孩子完美,不用替我争脸,更不用帮我养老。只要这个生命健康存在,在这个美丽的世界上走一遍,让父母有机会与他(她)同行一段……"我不禁想起了以前郭老师执教的一节关于《鲁滨孙漂流记》的读书交流会,心情久久不能平静。郭老师在课堂上展示了她们班一位学生写的读后感《鲁滨孙,一个不可思议的人》。在文中,孩子这样感慨道——

"鲁滨孙是一个不可思议的存在。他既值得我们敬佩,又让我忍不住要谴责他。虽然通过自己的努力,他在一个荒无人烟的小岛上创造了奇迹:在岛上居住了长达28年,用自己的智慧和毅力战胜了种种困难,种植了很多粮食,饲养了许多家畜,还救下野人'星期五'……但是,就是这样的一个人,我又觉得他太无情、太冷血了。为了自己的航海梦想,他可以不顾父亲的威严和母亲的泪水,不顾父母的强烈反对,义无反顾地选择离开。我觉得他太不孝顺了!当他再次回到英格兰时,他的父母已经离开人世了。我想:他的父母是多么想念他啊,临终前都没能见他一面,会感到多么遗憾啊!"

郭老师请孩子们谈谈自己的想法:"看了这个孩子的读后感,你同意他的观点吗?"

一石激起千层浪,孩子们议论纷纷。一个男孩说:"我同意他的观点,鲁滨孙的确很不孝顺。他的父母不让他去航海,就是怕他有危险。果然,他经历了种种磨难。书中说他在荒岛上,也感到非常后悔,不应该不听父母的话,如果再给他一次机会的话,他一定不离开自己的家。"

"是呀,父母都是爱自己的孩子的,怎么会害他呢!可惜他不能明白父母的用心良苦,也不能报答父母的养育之恩,我觉得他只想着自己的梦想,不顾家人的感受,非常自私,不孝顺。"另一个女孩朗声说道。

"我不同意他们的观点。我觉得如果自己有了梦想,就不能轻易地放弃,哪怕是父母阻挠也不能放弃。虽然,鲁滨孙的父母去世的时候他不在身边,有些令人遗憾,但是如果他的父母知道孩子经历的这一切,会感到非常骄傲的!"又一个男孩坚定地说。

"其实,不管鲁滨孙怎么决定,最后都会后悔。如果他是个有孝心的儿子,听了父母的话,没有去航海,那么他一生都有个梦想念念不忘,年纪大的时候,会因为年轻时没有追求梦想而感到懊丧。但如果,他去航海了,结果大家都知道,他也后悔了。"

"漫画家几米曾说过,大人喜欢嘲笑别人的孩子是温室里的花朵,却又努力培养他们自己的孩子成为温室里的花朵。所以,如果鲁滨孙的父母知道孩子经历的这一切,我想他们不会感到非常骄傲,而是会感到非常的心疼,更加后悔那个时候没有拦住鲁滨孙,让他吃了那么多的苦!"

孩子的思路一旦打开,不再囿于"鲁滨孙是个不可思议的人"这个话题,他们就谈得很深入,且很现实。现在的家庭,很多都是独生子女。那么今后,这些子女究竟是为了孝道留在父母身边,照顾父母,还是要为了自己的梦想,展翅飞翔,不顾一切地去追寻?孩子是否可以真正听从自己内心的声音去做决定?父母的顾虑会不会左右孩子的人生?我们应该培养怎样的孩子?我们究竟要做怎样的父母?

我不禁想到黎巴嫩诗人纪伯伦所写《你的儿女其实不是你的》:"你的儿女,其实不是你的儿女。他们是生命对于自身渴望而诞生的孩子。他们借助你来到这世界,却非因你而来,他们在你身旁,却并不属于你。你可以给予他们的是你的爱,却不是你的想法,因为他们有自己的思想……"或许这首诗,能给我们所有人一点启示,每一个生命都是这个世界上独一无二的存在,每个人都有属于自己的梦想和人生,每一个孩子都值得尊重和珍视。如果真正爱自己的孩子,就做一个有胸襟和智慧的父母,做一个懂得牵手与放手、明白如何进退的父母。

要孩子是为了什么?赵捷说得好:为了付出与欣赏。那么,作为师者和家长,我们教孩子是为了什么?我想也是付出与欣赏!

做最好的自己

祝燕飞

暑假里，学校进行中层空岗竞聘，我也参加了竞聘演讲。当时走下台，几个同事竟拿着面纸擦眼泪，说我把他们感动了。我挺震惊的。演讲稿中，我按照规定步骤讲了自身竞聘的优势和竞岗后的工作设想，还讲了发生在自己身上的一个真实的故事：

今天我能够勇敢地站在这里参加演讲，要感谢很多人的鼓励和支持。学校刚刚发出通知那会儿，身边的不少朋友和同事就鼓励我参加竞选。说实话，我的内心是比较纠结的，因为到了不惑的年纪，又是两个男孩子的妈妈，怕自己精力有限、能力有限，做不好。记得《三十而已》中的顾佳说过，生了孩子后，从此这个世上没有了顾佳，只有许子言的妈妈。很多妈妈都有顾佳这样的想法，我也不例外，不管做什么事都会先考虑孩子。最终，我站在这里也是因为儿子的一句话。暑期心理课程培训，我把两个儿子带去星湖小学。回去的车上，不知道说到了什么话题，大儿子对我说："妈妈，他们有人说你要做领导，这是真的吗？"我说没有，不过学校倒是发了通知马上要进行中层的竞聘。大儿子连忙说："你也可以参加竞聘啊！"我当时一愣，因为印象中儿子从来不会和我谈这些，我们谈得更多的是他的学习。上初中后，他自己从来不肯参加班干部竞选，今天倒鼓励起我来了。我告诉两个儿子妈妈年纪不小了，也谈不上有多大的专业发展规划，再说我有两个儿子要操心，也没有那么多精力，我最大的希望就是把两个孩子培养成人。大儿子一本正经地对我说："我们也不需要你多耗费精力啊，你看我从小到大也不需要你太操心，弟弟现在不懂事，不过男孩子越大越懂事。再说，爷爷奶奶不都在这儿帮你。我觉得你有机会还是要参加竞选，这样会让你越来越好。我们学校的校训就是——做最好的自己。"小儿子也马上接过话："我以后也不会让你操心的。"没想到这些话出自两个一向显得比同龄孩子幼稚的儿子之口。对，做最好的自己。是啊，我不仅是两个男孩子的妈妈，我更要努力做最好的自己。我对两个儿子说："谢谢你们的建议，我觉得你们说得有道理，我现在还不算老，要努力做最好的自己。同时我也希望你们俩不管什么时候都要努力，做最好的自己。"于是，今天我站在这里参加竞选，是给孩子们做个榜样，更是给自己一个努力做最好的自己的机会。

故事是我自己的一段心路历程，我想感动到的都是那些一心为孩子的妈妈们。很多时候，我们为了孩子的成长，放弃了自己事业成长路上的许多机会。有时我们也会为自己的偷懒找一个借口，我这样做是为了有更多的时间陪伴孩子。殊不知，孩子未必"领情"，他们甚至会觉得，父母总是要求我做到这样做到那样，自己却不够努力，不是说要求别人做到首先自己要做到吗，原来都是骗人的。所以说，言传不如身教，希望孩子成为怎样的人，那你就努力做这样的人吧！作为父母，在不同的年龄段做最好的自己，这就是对孩子最好的教育。

做一个有情趣的人

李小琴

晚上，心阳和阿民闹情绪了。心阳跑来告诉我："爸爸真没趣，总是泼我的冷水，我不喜欢他了。"

阿民说："都是微不足道的事，可心阳却惹我生气。"心阳噘着嘴说："我还觉得你伤害了我呢！"

原来，心阳听到堂哥考取了扬州大学后，嘀咕着说自己将来想考美国麻省理工。阿民说："志向倒是挺远大，可是眼高手低，在家什么活儿都不想干，还想考麻省理工？"

心阳听了，打算用行动证明自己。她看见家里木地板有些灰尘，就拿起湿漉漉的抹布去擦。阿民看见了，不耐烦地说："还是去看你的书吧，别在这儿浪费时间。木地板用这样湿的抹布擦，不好！"心阳委屈地扔下抹布，走开了。

来到了卫生间，她看见有蚊子在飞，就立刻去打。不一会打死了几只蚊子，于是走到房间，想要告诉阿民时，又发现房间有蚊子，就直接拍打在墙纸上。她本想得意洋洋地告诉爸爸自己的"战果"，谁知转身看见阿民脸拉得很长，眼神中喷着火："在墙纸上打蚊子干什么？你看，都留下了难看的斑点了！"心阳一瞧，真的，就立刻拿湿抹布去擦，阿民一把夺过抹布，吼道："湿抹布怎么能擦墙纸？一点常识都没有！"

走到卫生间，当看到拍死在玻璃门上的蚊子时，阿民又埋怨道："怎么能对着玻璃门直接拍？蚊子没有拍死，玻璃可能被拍坏了……"

心阳含着眼泪来找我了。我安慰她："确实，做人要有情趣。你今天的想法、做法出发点都是好的，但爸爸似乎更看重结果。所以，才会有矛盾。你先出去冷静一下，我和你爸爸谈谈。"

我对阿民说："孩子虽然小，但对什么事情都挺有热情的，这很好。有的时候，我们如果做不到欣赏这份热情，最起码也不要打击。你仔细想想，其实孩子有挺多闪光点的，你都忽视了。"

"你小题大做了，都是寻常的事。小孩子嘛，有点情绪很正常。"阿民不在意地说。

"我记得有个小故事，有点类似心灵鸡汤，但是蛮令人回味的。说是一个孩子在院子里蹦蹦跳跳的，他妈妈在厨房里洗碗，听到了孩子的声音，就随口问他在干什么，孩子说要跳到月球上去。你猜他妈妈怎么说？她只是说了一下'好，不要忘记回来哦'，后来，这个孩子成为第一位登上月球的人，也就是阿姆斯特朗。"我对阿民说。

他听了，笑了："挺有意思的。阿姆斯特朗的妈妈很有智慧，'不要忘记回来哦'，这句话贴心、暖心。"

我也笑了："其实，我倒是觉得这位妈妈是个有情趣的人，她一句话就让孩子心中的热情更高涨，梦想也随之扬帆。我觉得，一个活得精彩的人，就是对什么都有热情的人。心阳今天感到难过，是因为你无心的话语快要浇灭她心中的热情了。"

"嗯,有道理。我找她谈谈,今天我的脾气确实不够好。"

王小波说:"人生很长,一定要和有趣的人在一起。"望着阿民走向心阳的背影,我觉得自己心底有只小鸟在轻轻歌唱。是的,日子还是那么的平淡如水、波澜不惊,但是如果做一个有情趣的人,就能在平淡中获取一刹那的亮光,在琐碎中捕捉一瞬间的甜蜜,将日子过得有滋有味,让与你在一起的人,如沐春风,倍感舒适。

爱孩子,就给他(她)"最好的"

杜云云

2020年,一组小女孩在案板下上网课的照片感动了很多网友。女孩叫柯恩雅,时年7岁,是湖北五峰渔洋关镇一年级的学生。父母在集贸市场卖卤菜,她就在案板下上网课,已经有一个多月了。农贸市场嘈杂,在案板下狭小空间里学习的柯恩雅却丝毫不受影响,格外认真。妈妈会在闲下来的时间里,检查她的作业,督促柯恩雅改正。柯恩雅虽身在井隅,但眼中有光。她的父母给予了她"最好的",这"最好的"是父母努力奋斗的模样。这是最好的榜样,而她也会努力活成自己想变成的样子。

最好的:你努力生活的模样。

我们常常听说"穷养儿,富养女",要尽力给孩子"最好的"。很显然无论是"穷养"还是"富养","最好的"都不是指物质上的克扣或满足。到底什么才是给孩子"最好的"? 柯恩雅的父母给了我们答案。有网友评论:案板上的是生活,案板下的是希望。我们大多数生活在平凡的家庭,所能给予孩子的物质条件都很有限,生活中也常有些许艰辛和不如意。但作为父母,面对生活的不易,在平凡的工作岗位上仍旧兢兢业业、不卑不亢、不放弃、不抱怨,积极乐观地面对,这就是给予了孩子"最好的"。

最好的:给孩子安全的、爱的港湾。

最幸福的孩子也许不是住在最豪华的房子里,但一定是生活在充满爱的环境里。班上有个孩子,父母不和,孩子因为大人的争吵情绪一直很低落,上课不能专注,课后也时常恍惚,家庭作业无人问津,成绩一落千丈,变得极度不自信,甚至还出现了暴力倾向。我们和她妈妈沟通,妈妈说爸爸的不是;和爸爸沟通,爸爸说妈妈的不是。更可怕的是,双方的指责和谩骂丝毫不顾及孩子在身边,也许他们认为孩子小,听不懂,但孩子对于爸爸妈妈之间亲密关系的渴望,是这对夫妻永远也意识不到的。目前,离异家庭不在少数,但这不应当影响单亲爸爸或单亲妈妈给予孩子更多的爱,给孩子一个爱的港湾。若这些不和的父母都能达成共识——父母之间的过错不要让孩子来承担,这就是给孩子"最好的"了。

最好的:无论再忙,也总会留有亲子时光。

愉悦的亲子时光,会是你给孩子最永久、最有能量的财富。班里有个特别可爱的小男孩,下课的时候总是喜欢在我身边"唠嗑",最近他总是和我诉说他的烦恼:"你知道吗? 我爸最喜欢的就是玩游戏,我让他帮我贴一个姓名贴,他就不耐烦,说'等会儿,等会儿',等了好几次了,最后又忘记了,我都讨厌他了。"小男孩说话的模样稚气中又透着认真,让人又好笑又心疼。家长们工作辛苦,也总想拥有不被打扰的"休闲时光"。可是一次次无情地拒绝孩子,也就是切断了父母和孩子沟通的桥梁。一段美妙的亲子时光,不一定非要去到遥远的地方,也不一定要有很大的开销,更不需要花费你很多的精力。一起散步,一起听一段故事,听孩子聊聊学校里的事情,一起做一做家务或者小点心,每天读一读有趣的故事书,在月光下讲孩子小时候的趣事……都是解压又增近亲子关系的绝佳方式。只要你用心陪伴,你会发现,你会和孩子一起创造许多值得珍藏的美好时光。

　　很多家庭在孩子青春期或成年后亲子关系破裂,父母常会对孩子说:"我供你吃,供你穿,一心想给你最好的,你怎么能这样对我?"而此刻的孩子会说:"你根本不懂我,不懂我想要的是什么。"我们都想给孩子"最好的",而有时我们追寻的"最好的"却往往与我们的初衷背道而驰。看着柯恩雅认真的模样,纯真的笑容,我们不妨都停下来想一想,"最好的"究竟是什么?

成长，在孩子15岁

姜 慧

这一年，我们家的小子15岁。

长大似乎就在一夜之间。他的个头猛地蹿了出来，一米六八的我突然就成了家中最矮的那个，我们跟他聊天需要抬起头仰视。聊天？其实我们共同的话题已经越来越少了。比起亲情，他更珍视伙伴间的情谊。他会撺掇我和他爸爸一起去看电影，却只肯和同学一起走进电影院……

有一天，他在饭桌上半开玩笑地说："我永远记得那次下大雨，妈妈当着那么多人面骂我……"那大概是小学四年级的事情：一场大暴雨，学校操场成了一片汪洋。临近中午，一个又一个的消息飞来，反复提醒班主任不要让孩子在雨中玩耍。匆忙吃完午饭，赶回教室的路上，我看到班上几个淘气包举着伞玩得正欢。不，还有一个，那是我自己的儿子！他正穿着皮鞋，快乐地站在雨中踩着水花！不把他"制伏"，怎么教育其他孩子？毫不犹豫地，我把他"训"回了教室。现在，他是笑着说的，而我的泪却流在心里。我记不得当时自己到底说了什么，又是怎样地伤害了他，以致时隔几年，他还念念不忘……

在他心里，我或许是个合格的老师，却不是合格的妈妈。一路同行，我很少等他，很少聆听他，总是那么强硬严苛，总是希望他"言听计从，使命必达"。于是，15岁这一年，前所未有的艰难！

"青春期是孩子留给父母最后的机会"，这样的文字看起来让人心惊肉跳。我真诚地向他道了歉，决定从头开始修父母这门课，学习智慧地去爱！

暑假开始不久，一天吃完午饭，我对他说："我的腰有点痛，想歇一歇，你把碗洗一下，怎么样？""没问题！"他爽快地答应了，"不过要等一下，我要先跟同学说个事情。"转身他就进了房间。我在客厅里坐了好一会儿，他出来了，又跟我说："我想先睡午觉，碗等我睡觉起来再洗！"按往日的脾气，我会着急："你怎么出尔反尔的，这么热的天，桌上乱七八糟的，你看着难过不难过呢？先把碗洗了再睡！"这次，我没有！换个角度想想吧，晚一点洗碗又能怎样呢？不会有任何影响！自己不也正犯困吗？于是，我同意了："这样吧，我四点半开始准备晚饭，你在四点之前把厨房收拾干净，可以吗？""可以！"于是，我和他回到各自房间开始午睡。"也许，这些碗到最后还得是我自己洗！"我带着几分怀疑迷迷糊糊地睡着了。醒来时，家里静悄悄的。"好吧，洗碗！"我无奈地走进厨房——眼前的一幕让我怔住了：碗已经洗好，一个一个码得整整齐齐！灶台也擦得干干净净！那一刻，我真的很感动。回过头再想想：假如我坚持自己的想法，没有理解，没有变通，会有此刻的温暖吗？那天晚上，临睡前我发了一条短信给他：中午我以为最后还得自己洗碗，醒来时却看到了那么整洁的厨房。真的很感谢！他回了我一个龇牙咧嘴笑着的表情。

后来的日子，他早早地起床给上班的爸爸买早点，到顶楼去晒洗好的床单，上课之前为我做好蛋炒饭，主动跟我们谈论他遇到的人和事……

一点一点，我努力改变对待孩子的态度和方法，这一年，成长的不止他，还有我！未来的路，还很长，我不会停步！

热爱着孩子的热爱

姜　慧

有一首小诗,清澈甜蜜,充满童真童趣,足以打动我们的心,那就是日本金子美玲的《我和小鸟和铃铛》:

"我伸展双臂,
也不能在天空飞翔,
会飞的小鸟却不能像我,
在地上快快地奔跑。

我摇晃身子,
也摇不出好听的声响,
会响的铃铛却不能像我
会唱好多好多的歌。

铃铛、小鸟,还有我,
我们不一样,我们都很棒。"

我不禁想到自己教的学生,每个人都不一样,但每个人都可以很棒。只要我们对他所热爱的,给予肯定、赞赏,甚至是热爱,让他可以在热爱的领域去拼搏,去挥洒汗水和才情,他也会收获快乐与幸福!

薇,甜美乖巧的小姑娘,属于人见人爱型。爱跳舞、爱画画,参加过模特大赛,舞台上光彩照人。可是在学习上,她却慢人半拍,一年级考试试卷都来不及完成。小姑娘的妈妈为此焦虑不已,她说为了学习孩子放弃了原先的兴趣爱好,为了学习跟孩子三句话一说就发火,每天如此,恶性循环,泪光闪烁成了小姑娘生活的常态。

又想起2008届的那个男孩,爸爸是中学的骨干,孩子憨厚朴实,在学习上并无优势,然而在绘画上却有着过人的天分,他自愿放弃课间休息的时间,气定神闲地完成难度很大的美术作品。他是羞于流露感情的,但是当他拿到获奖证书时,圆嘟嘟的脸蛋上写满了快乐和自豪。每个孩子都有自己与生俱来的天赋,我相信这是适合他发展的一条幸福之路。我跟孩子爸爸说,一定要支持他画下去!今年,男孩高中,我听说他将在自己擅长的领域里继续走下去。

最好的教育,不是简单地追逐分数的提高。《放牛班的春天》里的马修、《第56号教室的奇迹》中的雷夫,他们用艺术教育触发孩子向上的能量,生命因为"热爱"被打开,舒展,飞跃。最好的教育,是帮助每一个孩子去找到自己的生命价值,做自己喜欢的事情,过自己想要的生活!

把男孩的故事说给薇的妈妈听,让她知道世界五彩缤纷、参差不齐,这才是它原本的模样。对于薇,我的建议是继续跳舞,照旧画画。我们理应为她舞台上的神采飞扬喝彩,为她画作的栩栩如生鼓掌。比起眼前的分数,更重要的是保护孩子的自信心和兴趣爱好。只热爱考试的老师,不是好老师。同样,只热爱考试的家长,也不是好家长!

有一种爱叫我们"一起"

赵 红

经常听到有父母说,现在的孩子嘴巴可厉害了,你说一句,他顶你几句。

你让他写作业,他会说:"为什么你就可以看电视、玩手机?"

你让他看书,他会说:"你看了几本书,为什么只叫我看书?"

你让他跳绳,他会说:"你怎么不练习?还没有我跳得快!"

你让他背英语单词,他会说:"你会背几个?我也要抽测你一下。"

遇到这样的场景,很多父母往往无言以对,或者是恼羞成怒。也许你会说现在的孩子太难养,要求那么多,家长陪在边上,还得做同样的事情。我们说:"陪伴是最长情的告白。"当你在陪伴孩子的时候,是否真正地和孩子一起,一起做他喜欢的事情,一起学习,一起成长。

暑假到了,令父母最头疼的就是孩子,在家没人管会玩疯,于是各种补习班、兴趣班应运而生,有的孩子整天都在同一个补习班,有的孩子一天要往返几个地方。孩子累了一天,父母工作了一天,晚上,孩子放松了,父母要休息了。父母和孩子的沟通反而比平时上学的时候还要少。一起看书,没有这个氛围;一起运动,太累了;一起聊天,也没什么好说的。时间就这么悄悄地流逝了。

其实一切的不可能都是借口,我们有时候只是懒得去做。和孩子一起的日子,我们不妨这样做:一起购买几本书,制订阅读计划,每天晚上一起阅读30分钟到1个小时(各自看自己喜欢的、适合的书籍);一起运动,根据一家人的情况分配时间,30分钟到1个小时(可以做相同的运动,也可以各自做自己喜欢的运动)。

这个暑假,我去得最多的地方就是图书馆和体育馆。每次置身于图书馆,那股宁静、清凉的氛围,使人的心灵也慢慢沉静下来。游弋于字里行间,你会感受到春暖花开。时常会看到父母带着孩子来看书,妈妈在看怎么烧菜,孩子一头扎进侦探小说里,自得其乐。也有爷爷奶奶什么也不看的,就是静静地陪着孙子孙女。三三两两的青少年,各自挑着自己喜欢的书籍,喜笑颜开地找个座位看书。在家里,我们是否也可以有这样的氛围,一家人一起看着自己喜欢的书,遨游在知识的海洋。暑假刚开始,我就和儿子各自选购了几本书,制订好阅读计划,并定期给对方讲述自己看过的内容。暑期过了一大半,我读完了毕淑敏的《我很重要》,张嘉佳的《云边有个小卖部》,还有《情商高就是会说话》三本书,儿子读完了《沉思录》,收获满满。

不同于图书馆,羽毛球馆另有一番天地,里面永远是热火朝天,一声声呐喊伴随着有力的击打。里面有练习的小朋友,也有锻炼的大朋友,更有一大一小一起锻炼的身影。和几个同事相约打球,每天大汗淋漓,却倍感舒爽,大家感慨:"出汗的感觉真好啊!"不约而同地,几个同事都带着自己的孩子一起运动了。减肥也好,锻炼也罢,这么热的天拼的就是一种坚持。父母就是孩子的一面镜子,你做成什么样,孩子就是什么样。

爱孩子,不是给他最好的物质享受,不是满足他所有的要求,而是真正地和他在一起,既有近身地相伴,也有心灵的契合。

你在，我在，时间在

朱爱霞

第一次听《时间都去哪儿了》，那时忧心的是自己在陌生的城市还没能立足，父母就已经老去。老树可以长新芽，枯木可以又开花，但人却再无少年时。树欲静而风不止，子欲养而亲不待。那时那境，不想则已，一想就泪水涟涟！

再次听起《时间都去哪儿了》，恍惚间，那个曾经坐在电瓶车上的小小人儿，已经快与自己一般高了！记忆中的小脚丫，肉嘟嘟的小嘴巴呢？瞬间顿悟到，只为那一声爸妈，自己也已经跟跟跄跄地走到中年了！

孩子借助我们而来，却非因我们而来。

读过纪伯伦的《孩子》，我清醒地认识到"他们是生命对于自身渴望而诞生的孩子"！我们每个人也都是生命对于自身渴望而来到这个世间的！

爱出者爱返，福往者福来。我们的爱在血液里流淌，与生俱来，不假思索，只愿"一生把爱交给他"。

虽不假思索，但凭着直觉，晚间陪父母小酌一杯，话话家常；节假日带孩子爬一爬山，谈谈理想。也曾无数次奔走在练琴的路上，陪着孩子把小提琴拉到了八级；也曾三番五次换房，只为孩子读一所理想的学校；也曾天南海北求医问药，期盼孩子的视力能有所提高。

爱是什么？爱是父母年老时，无憾地微笑离去；爱是孩子长大时，安心地展翅飞翔；爱是你我相知相携，富贵贫穷疾病健康都能不离不弃！

我不想"柴米油盐半辈子，转眼就只剩下满脸的皱纹了"，我愿我的皱纹里写满智慧、笑意和温暖。

橘黄的灯光下，长条的餐桌前，我们相向而坐，你做你的作业，我忙我的文案。偶尔，你起来倒杯水，也顺带帮我倒一杯，我起来泡杯茶，也帮你泡一杯。都累了，我们或起身一起运动运动，或靠在椅背上交谈一两句。

"我同事的孩子都很迷韩星，喜欢听他们的歌，你听吗？"

你嗤之以鼻："那也是音乐？那都是些肤浅的流行乐。经典的曲子我才愿意听。前两天我介绍你听的日本的三味线是不是很像中国的三弦，但又比三弦轻柔飘忽？我喜欢听纯音乐。我最近听了一首曲子，波澜壮阔，要不要一起听？"

音乐响起，果然，十四秒的前奏，钢琴声干净纯粹，宛如天籁，十五秒时，"铮"的一起声，恰似"渔阳鼙鼓动地来"，一瞬间犹如千军万马压境，说波澜壮阔一点也不为过，风格类似《出埃及记》。

"什么名字？"

"《Starsky》"

"查过曲子的背景资料了吗？"

"还没来得及呢。"

我百度了一下,哦,《霍比特人3:五军之战》配乐,整首曲子仿佛破晓的集结号,黎明曙光指引着攻城略地……史诗级的音乐,男子汉的音乐!

此后,每当我倦怠不堪时,便会听一听这首曲子,从中汲取一点奋进的力量,我想儿子也一定是这样的。

八级的小提琴没有白练。其实,我从没有想孩子练琴能成名成家,抑或成为炫耀的一项技艺,我只愿孩子能从器乐入手,爱上音乐,感受到音乐的力量,当心累的时候,能有一种更柔软的方式慰藉心灵!

一次次分享音乐,从谭盾的《卧虎藏龙》到纪录片《大明宫》的背景音乐……哀而不伤、喜不癫狂,此刻看来,心愿已经达成,我心甚是欣慰!将来,我老了,老到看不见了,走不动了,也还可以听听孩子推荐的曲子,让我明了孩子的心之所在!心在一起,时光就不会老去!

太阳底下并无新鲜事,爱的方式也有千万种,但,孩子,你在我眼前,我在你身后,我能看到别人看不见的你,你在我眼中是独一无二的!也许,把你丢在风中,你也一样能茁壮成长,但我不忍,更不愿!你在我在时间在,一切刚刚好!

"原""来"如此——探究原生家庭

赵 红

前几天参加心理咨询师的培训,看到这样一个视频:课堂上一名女生跷着二郎腿,老师批评她不认真听讲,女生拿起自己坐的方凳就砸向老师。全场成员都倒吸了一口气,很多人感到匪夷所思。作为一名教师,看到这样的情景,感到无比的痛心,我们不去谴责这位女生的行为,我只想知道怎样的家庭养育出了她如此的性情。视频中的女孩,我不认识,我也无从考察她的家庭情况。

对于每个人来说,原生家庭(即我们出生和成长的家庭)中的生活经历和家庭成员的观念对我们一生有很大的影响。我们对自己的认识、对待他人的态度、处理事情的方式,以及我们的价值观、人生观,都是由原生家庭的环境影响的。长大后,我们离开了原生家庭,但我们心理上仍然没有摆脱原生家庭的影响。孩子们的错误思想和行为,是否也是受到了原生家庭中父母无形中的引导?

德国漫画家卜劳恩创作了著名系列漫画《父与子》,这位可爱的父亲用漫画的形式向人们展示了父子俩日常生活中的轻松乐事。一幅幅画面洋溢着浓浓的父子之情。然而在我们现实生活中,如《父与子》般的家庭关系却并不是普遍的。原生家庭是一个人最初认识和感受的世界,很多成人在回顾自己的成长历程时,或多或少地表达了对原生家庭的不满,特别是与父母之间的关系。《父与子》中的一个个小故事,就是原生家庭给予孩子的温暖、包容、尊重、理解、认同……孩子的世界很小,对他们而言,父母可能是他们获得爱和安慰的唯一来源。

视频中的女孩,面对老师的批评毫不犹豫地举起了能砸死人的铁凳,她可能认为这是在捍卫自己的尊严。这让我无法不猜疑她是否也多次遭受到这样的"攻击",她的家庭给她烙上了怎样难以磨灭的印记。这不禁又让另一个画面在我脑海里清晰了起来:

一次逛商场,在等待电梯的空余时,一个八九岁的女孩揪着自己外婆的头发使劲地往下拽,因身高不够,外婆被她拽得弯下了腰。外婆嘴里只发出"唉,唉,唉……"的声音,没有丝毫责怪。女孩的妈妈在边上带着微笑看着这场闹剧。直到电梯来了,女孩才放了手,下了电梯,出了商场。我正好和她们同方向的路,一路上,女孩要这要那,一不如意就破口大骂,女孩的妈妈听之任之,纵容着女儿的索取。购买的物品都是外婆一个人拿着,妈妈和女儿都在吃东西。卡尔·古斯塔夫·荣格说:"原生家庭对家里子女的影响越深刻,子女长大之后就越倾向于按照幼年时小小的世界观来观察和感受成年人的大世界。"祖孙三代人,演绎着两个原生家庭中对子女的养育、教育、引导的问题。外婆毫无原则地纵容自己的女儿,女儿又无底线地纵容自己女儿,女儿们长大后无法摆脱早期原生家庭环境的影响,重复着原生家庭中的一切。所以妈妈对女儿如此对待外婆无动于衷,甚至抱着看戏的态度,不断在丢失对女儿及时教育的机会。

扪心自问一下:你现在做的事情,是不是你的父母也曾经做过,甚至你曾经发誓自己绝对不会这样做的。毫无疑问,在原生家庭中习得的各种观念会伴随我们一生。在家庭教育中,我们经常会疑惑:我家的孩子怎么会有这种行为?孩子的这些坏习惯是怎么形成的?我该怎么教育,孩子才会朝着我预期的方向前进?我们有没有把目光聚焦到从小长大的家庭,有没有找到产生这些问题的原因?虽然原生家庭的影响不能决定人的一生,但是原生家庭的情感支持,将对一个人的一生有持久的影响。了解原生家庭,剖析自己,追根溯源,"原""来"如此!

萨提亚认为人的一生有三次出生:第一次,是精子与卵子的结合,创造了新生命;第二次,是被母亲生下来,进入一个家庭系统;而第三次,就是我们成为自己的CEO,自己命运的主宰者。

生命的意义是什么?我究竟是谁?我要走向何方?每个人都倾尽一生,在找寻自我的存在意义,在试图定义自己。其实,探寻内心的路,可能比走向外界的路更艰难,因为我们心中的那个"家"很牢固,那个"家"在我们身上刻下的烙印很深刻,想要改变,非一日之功!但是,只要不断学习,不断修炼,不断挑战,穿越原生家庭中的爱与痛,与内在父母甚至自己和解,努力重塑更好的自己,就能超越自己的出身,拥有出众的表现,出彩的人生。

在慨叹"原来如此"之时,我们亦可以道一声"其实,还可以这样"!

回　家

许文明

父亲手术了，还好，不是什么大事，痔疮。但对于从来没有因为生病去医院的父亲来说，决定手术一定是很不得已的事。父亲去医院，办理入院手续，是堂姐帮忙照应的。手术的时候，我也没有陪在身边。

手术那天一大早，父亲母亲就打电话给我："不用担心，小手术，你是班主任，还有课，小春（我爱人）工作又很忙，不要回来了。"事实上，自从几年前工作调动到离家几十公里外的开发区，我们就难得回家一趟，上班自然回去不了，就连周末假期也因为孩子有各种兴趣班、爱人单位很忙经常加班而搁置。所以，一年到头都难得在老家住几天。下午，父亲手术出来，母亲给我们报了平安，再三叮嘱我们要以工作为重，她一个人可以照顾好父亲。尽管这样，我们还是决定要回去一趟——虽然那天晚上爱人确实要熬夜修改一个PPT。

一下班，我和爱人火急火燎地先回开发区的小家，收拾一下准备往医院赶。"妈妈，我今天能不能不去看望爷爷啊？今天作业特别多……"儿子在一旁问。

"不太好吧，爷爷在医院，他一定特别想见到你。""可是，现在已经五点多了，路上来回要将近三个小时，在医院一个小时，等回来就快要十点了，作业肯定来不及写。"

也是，临近期末考试，作业不少，儿子暑假小提琴要考级，每天还要抽空拉小提琴。还有就是儿子的个头一直跟不上班上同学，我总是提醒他晚上九点就要熄灯休息，期望通过保证足够的睡眠让他蹿点个儿。"好吧，爷爷应该也没有大碍，你等下次再回去看爷爷吧。"我只能无奈地说。

没有提前告诉两位老人我们去医院的消息，赶到医院，我们推门而入，父亲母亲一脸诧异，继而一阵嗔怪："谁让你们来的啊？这么晚了，还要开车来回，多辛苦啊！"那声调特别高，我想，有一半是说给临床的病友听的吧——那是在炫耀看到女儿女婿来的喜悦。可是父亲母亲的目光依然瞟向门外："泽泽呢？"他们是在盼望见到他的孙子呢。"哦，他今天作业实在多，我们叫他不要来的。"我这样辩解。"嗯，对的，太晚了，孩子都睡不了多久，让他多睡会儿。"母亲的音调明显降下来了，我知道，母亲也有点小小的失落。

我连忙亡羊补牢，掏出手机，点开微信让父亲母亲和儿子视频，儿子乖巧地喊着爷爷奶奶，问长问短，这时，两位老人的脸上才又绽开灿烂的笑容……

在回开发区的路上，我和爱人反思：其实，我们也应该说服儿子去医院一趟的。作业来不及做可以跟老师解释一下，第二天补做；小提琴没有时间拉可以接下来每天多拉一会儿；至于晚睡一次，对身高的影响不会那么明显。可是，爷爷奶奶却只有这唯一的孙子啊，他们不能每天享受天伦之乐，在生病的时候能看到孙子，对他们来说是多么欣慰啊！

树欲静而风不止，子欲养而亲不待，这样的后悔我们不想有。明天，嗯，明天，带着儿子，我们一定再去一趟！

孩子,我与你同行

朱勤燕

课前

上周六,我带女儿去试听英语课。从试听的效果看,情况并不理想。其一,孩子初次接触英语,对老师所讲,听得懵懵懂懂,加上胆子小,对于不太懂的英文缺乏表达的自信;其二,班上有几位稍大一些的孩子,以前上过英文课,基本能跟上老师的节奏,发言比较踊跃,特别能吸引老师的目光,相比之下,孩子更觉得自己表现得不够好。因此走出教室时,女儿对于学英语已不像上课前那样兴味盎然。

回家后,经过一番耐心的引导与鼓励,女儿表示愿意再去试一试,我特别高兴。孩子自上幼儿园起,就一直乖巧伶俐,倍受老师关注,这种优越感一直伴随着她,现在能勇敢地面对这样的落差实属不易。当然,这星期我也没少做功课,积极和学校的老师沟通,鼓励女儿在平时的课堂上多举手,勇于表达,回家后和女儿也多聊聊这方面的话题。

又到了星期六,在去的路上,我又细细地和她谈了一番,告诉她课堂上只要能勇敢地举手用英语表达就是进步。再进教室时,女儿状态比较好,并表示这节课一定会多多举手发言的。我很欣慰,心想这回一定没有问题了。

课中

上课了,老师用英语与孩子们对话。孩子一直把手举得老高,可几轮下来,老师一直没有注意到这个小不点儿。小家伙没有灰心,依然投入地听着。

"Who can say—I'm a good boy?"英文老师示意孩子们举手表达。"I'm a good boy!"

"I'm a good boy!"……男孩子们一个个响亮地回答。

"I'm a—good—boy。"女儿不知其意,也把手举得老高,重复着刚才的句子。

"哈哈哈……哈哈哈……"教室里的孩子笑成了一片。

女儿的小脸"刷"一下涨得通红,满以为会得到老师"Good"的大拇指,谁知却迎来周围的一片笑声,一时间不知如何是好,委屈的泪珠夺眶而出,情绪一落千丈。当孩子的视线与我交汇的一刹那,我对她报以微笑,并送给她一个平时只有表现好才能得到的大拇指。但我隔窗的安慰实在是太单薄了,我分明能感受到孩子的心像绑了千斤石块正沉入深深大海……

女儿的委屈我怎会不懂?为了能在这节课上有个好的表现,她回家很努力地复习,课上勇敢地举手……得到的结果却不是她所预料的。

课后

下课的时候,孩子的情绪已被老师调整过来。但回家的路上,孩子显然还是没有忘记刚才的那一幕。

"悠悠,我知道你今天为什么难过。"女儿默不作声。

"妈妈知道你今天很努力,很想表现得很好,但却换来了别人的嘲笑。我想,你当时一定感觉糟糕透了。也许你甚至会想,什么破英语,才不要学呢!"女儿静静地听着。

"不过,妈妈倒是有不一样的想法想告诉你。我觉得你今天的表现非常棒!第一,你今天勇敢地举了很多次的手。妈妈甚至注意到,有好几次你把手举得特别高,可老师没有看到你,但是你也没有灰心,还是一直举着,真的很了不起。第二呢,我想说,在你心情特别差的时候,你没有放弃,能调整好自己的情绪继续上课,这一点,更了不起。这可不是每一个人都能做到的事情。"

女儿被我这么一夸,嘴角轻轻地翘了翘。"妈妈,是这样吗?"她眨巴着眼睛问我。

"那当然了!我甚至想,如果我遇到这样的情况,也不一定能像你一样坚持下去,继续听课呢!"

女儿听了,一头撞到我的怀里。

见她情绪好转,我抱着她,继续说,"其实,回过头再想想课上的事,其实也没什么。大家笑呢,就是觉得好玩嘛。你想,你明明是 girl,却说自己是 boy,要是你当时知道 girl 和 boy 分别是什么意思,你也会觉得很好笑嘛!"

"呵呵呵呵呵……"女儿情不自禁笑了起来。

"哦,你看,我说得没错吧!所以呀,大家其实也没有嘲笑你的意思,就是觉得很有趣,很搞笑嘛!你说对不对?"

"是的。"女儿已经不再难过了,"妈妈,试听结束了,我以后还要不要去那里学英语呀?"

"这个问题不忙着回答,现在只是让你感受一下,你可以考虑考虑再说嘛。我想说的是,学英语和你学舞蹈一样,有快乐也有困难的。想想你刚刚插班去学舞蹈,别人会好多基本功的动作,你什么都不会,但是经过你的勤学苦练,你现在都是优秀学员啦!我想,学英语也是一样的,虽然一开始你感觉到有困难,但是,我相信,你只要认真努力,凭你的小脑瓜,是一定没有问题的啦!"我在她的小脑门上狠狠亲了一下。

"呵呵呵,痒死了!"女儿笑翻了。

听到女儿爽朗的笑声,我心中的一块石头终于落了地,转头看向窗外,天色渐暗,街边霓虹闪烁,而我的思绪也肆意飞扬起来。

孩子在课堂上所经历的一切,仍在脑海中浮现,那涨红的小脸、不知所措的神情、委屈的泪水……任何一个母亲见了都会心疼。我很庆幸自己今天能陪伴孩子左右。正因为我亲历了这一幕,能及时地走进孩子稚嫩的心灵,进而处理她的负面情绪。换言之,如果当时我不在场,课后,不管是因为自尊心,还是因为语言表达能力的欠缺,孩子都很难将课上所经历的心灵打击告诉你,那么,孩子在课上所承受的一切将变成孩子的内伤,久而久之,她失去的不仅仅是对英语这门语言课程的兴趣,更重要的是孩子对自我的肯定。

我不禁回想起每天上班进校门时的情景。每次进校门,我总能目睹家长殷殷嘱咐孩子的场面,或是要认真听讲,或是要多举手发言,孩子回一句"知道了",人已跑出老远,而家长仍恋恋不舍地目送。其实,教书这么多年,在我的眼里,每一个孩子的心中都有着一股向上的力量,希望自己能表现得足够出色,哪怕是我们眼中的"学困生"。一次简单的默写测试,一场重要的期末考试,得及格的孩子也许比得优的孩子付出了更多的艰辛!就像女儿第二次试听英语课时一样,做足了准备,期待着课上能有出色的表现,期待着老师的关注。但事情往往并非这样简单,当你满怀期待的时候,迎来的也许是一场暴风雪。而家长们,那些目送孩子跨入校门的家长们,往往不知道孩子也许在校将承受多少突如其来的心灵风暴。

　　因此,每每踏入校园,角色由一个母亲转换成一名教师时,我仍希望自己以一个母亲的心去关注学生的心灵成长。班上,努力考及格的孩子,会同得优星的孩子一样得到祝贺的掌声;经过认真预习能把课文里每一个字词都读准的孩子,也会得到全班小朋友竖起的大拇指……回想过去的点滴,我是欣慰的。在经历了与女儿同去听课的一幕后,我会更坚定地告诉自己:目送孩子进校园的家长请放心,我将如同你们一样关注孩子的每一步成长。

恩爱的父母，是给孩子最好的礼物

李小琴

"如果有机会，你猜你的孩子会不会换父母？"在家庭情感体验课堂上，杜云云老师抛出了这样一个话题。

"不会。我们很爱孩子，相信他也如此！"一位父亲笃定地说。

"我想应该不会。我的孩子很贴心，对我们也很好。"一位母亲温柔地说。

"那么，现场的家长们，你们觉得自己孩子不会换的，请举手。"杜云云老师再次朗声问道。

我微笑地环视了一下全场，家长们都自信地举起了手。

"真实的情况，并非如此。"杜云云老师说话的声音有点低沉，"我在班级做过一次无记名调查。有将近三分之一的孩子想换父母。原因各种各样，有的孩子想换能够陪伴他成长、懂他内心的家长，有的希望换不唠叨、不随便批评孩子的家长，有的想换性情温和、不会和别人家的孩子攀比的家长，还有的父母全都想换，因为他们总是吵架。"

杜老师的一番话，让家长们陷入了沉思，我也情不自禁地想到了自己。有一段时间，我刚拿到驾照，开车有诸多的不足，平时性格温和的爱人坐上我的车，像换个人似的，横挑鼻子竖挑眼，对我指指点点，有时火冒三丈，甚至狂轰滥炸。刚开始，我有自知之明，自知理亏，每每遇到他的挑剔总能保持安静，后来，我终于"在沉默中爆发"，给予"有力的还击"。于是，只要我开车，我们就战火不断，还"燃及孩子"，以至女儿很认真地对我说："我宁愿坐电瓶车去上学，也不要坐汽车。你们两个人吵来吵去的，真让人受不了！"

……

后来，我在自己班上也进行了问卷调查——"如果有机会，你会换父母吗？为什么？"

有一个学生写道："我很犹豫，想换又不想换。不想，是因为能聚在一起成为一家人，这是一种缘分；想换，是因为我不愿意看到他们每天在家吵架的样子。"

还有一个学生写道："想换。最近我的爸爸妈妈一直在吵架，我就只能在旁边听着。如果叫他们不要吵了，我的妈妈反而会让我评理，而如果我反过来说妈妈怎么不好，妈妈就会对着我指责爸爸。我真的很讨厌现在的这个家，一点也不美好，不温馨。"

看到这样情真意切的话语，我的心情一点点沉重起来。我不禁想到了这样一则寓言："两只乌鸦在树上对骂，它们越骂越凶，越吵越激动，最后一只乌鸦随手捡起一样东西向另一只乌鸦扔去。东西击中另一只乌鸦后碎裂开来，这时丢东西的乌鸦才发现，自己扔出去的东西原来是自己一只尚未孵化好的蛋。"生活中总有一些人，像这两只乌鸦一样，为了一点小事而争吵，最后两败俱伤，后悔不已。如果这两个人是夫妻，那么后果将更可怕。冲动是魔鬼，夫妻之间"互掐"，首当其冲受伤的必然是孩子。

新教育实验发起人朱永新先生撰写的《大师教你做父母——对话苏霍姆林斯基之二》一书的序，是作家童喜喜所作。她写道："真正的家庭，不仅是休憩所，更是'加油站'。真正的家庭里,有着精神的自如交流、行动的彼此配合,有经验的总结、教训的反思,也有生命的延续,能将希望如火种般传递。"是的,家有属于自己的真正意义,有自己的文化,对孩子来说,它是心灵中最重要的地方。而父母的相处方式,对孩子一生也有着举足轻重的影响。

我认为:恩爱的父母,是给孩子最好的礼物,原因有三:

其一,恩爱的父母,能给予孩子足够的安全感。马斯洛需求层次理论的第二层就是"安全的需要"。父母恩爱,相处融洽,家庭氛围轻松愉悦,孩子身在其中,就不会小心翼翼、敏感无比,不会有恐惧、有担忧,而是会更加自信阳光、活泼开朗。足够的安全感,或许会成为孩子一生的"安全港",让他们"不畏未知,不惧未来",能够怀着好奇心去探索,去追求,有"乘风破浪"的底气与勇气。

其二,恩爱的父母,能给予孩子足够的幸福感。有人说:人的一生既会"向死而生",又会"向童年而生"。童年的缺失,孩子会用一生去寻找;童年的幸福,也会让孩子拥有一生满满的元气。父母恩爱,说明父母既有爱的能力,也有被爱的权利。美国家庭治疗大师萨提亚曾说:"一个人的性格特点、人生三观、精神品质、思维方式、生活习惯,都深受其原生家庭的影响。"恩爱的父母,照出了孩子今后幸福的模样!

其三,恩爱的父母,能给予孩子足够的延续力。心理学家诺费奥曾做过一个调查,结果显示:父母不恩爱的家庭,子女婚姻失败率是恩爱家庭的三倍,子女出现心理问题概率是恩爱家庭的五倍。所以,恩爱的父母在不知不觉中给予孩子的宽容、友善、随和、乐观等品质,潜移默化地影响着孩子。他们"像阳光一样包围着孩子,又给他光辉灿烂的自由"([印度]泰戈尔)。孩子在耳濡目染中,了解到父母良好的相处之道,在悄无声息中,带着这束光前行,一边温暖自己,一边照亮他人。

"对方父母的相处模式里隐藏了你的婚姻模样,待客之道决定了你的未来地位,性格脾气揭示了你看不到的伴侣性情。"有人曾这样感慨,虽有些以偏概全,但也不无道理。想要让你的孩子一生平安喜乐,幸福相随吗?那么,就请用你们夫妻的恩爱作为礼物送给他们吧!

"爱"的锁链

吴小菊

最近和闺蜜们的闲聊中,发现一直以来总有种奇怪的现象,很多"厉害"的家长培养出来的孩子都没能成为优秀父母的"翻版"。我清楚地记得,在一次心理健康培训中,专家老师给我们分享的一个案例:案例中的父母都是大学教授,在儿子的教育上可谓是煞费苦心,但是儿子却几乎是父母形象的"反面",一度闹到要退学的地步。当时的我们很是感慨,作为家长他们是高智商、高学历、高素养……为何这种拥有优秀基因的孩子却沦入了所谓"没出息"行列?

中国人讲究"每日三省吾身",作为新时代的父母,我们在孩子的成长道路上是至关重要的领航人,更要时时反省自己的教育行为。

今天,我对孩子"关爱"了吗?

我们的孩子大多数是独生子女,几乎所有的家长都对自己的孩子呵护有加,简直是放在手里怕掉了,含在嘴里怕化了。孩子上学后,总怕孩子受到别人的欺负而吃亏,因此,一些家长也就对孩子格外"关爱"。

有个朋友的孩子是个典型的慢性子,从穿衣吃饭到说话写字总是慢悠悠的。孩子从小由爷爷奶奶照顾,老人家生怕别家小孩欺负宝贝孙子,所以孩子从小就被关在家里,不准和其他孩子玩。孩子妈妈说在同龄孩子已经学走路时,爷爷奶奶还天天把孩子抱在手上;秋冬季节,老人家总是担心孩子的双手冻着,于是整天给他戴着手套……种种原因,导致孩子做什么事情都懒得动手。加上孩子爸妈对孩子各方面的要求不高,生活上有老人帮衬,学习上"差不多"就行,孩子基本属于无欲无求的状态。在这样的家庭教育环境下,孩子懒散的习惯就慢慢养成了!试问孩子在家长的这种特殊"关爱"下,对于学校的群体生活依然自我封闭着,还怎么提升学习状态呢?

今天,我对孩子"溺爱"了吗?

我干女儿班里有位同学,被大家称之为"娇娇女",原因是:她的母亲从不让她参加班级组织的各项活动(包括各种公益劳动),生怕她受到一点伤害。这位女孩的短跑能力很强,体育老师让她参加体育队训练,她母亲知道后,向体育老师撒了个谎,说她女儿的体质不好,医生说不能参加剧烈运动而退出了体育队的训练。小女孩已经六年级了,虽然家离学校很近,可她母亲每天都要接送她上、下学,从不让她独自上学和放学回家。

正是由于家长的过度"溺爱",没有把孩子当作是一个能独立学习和生活的人,剥夺了孩子在锻炼中成长的机会,使孩子变成了温室中的花朵,经不起任何的风吹雨打。有很多独生子女过着衣来伸手、饭来张口的优越生活,一旦环境改变了,他们就会"水土不服"。据调查,大学中学生退学或不敢报考离家远的学校的很大部分原因就是生活自理能力差。专家说:"只有解放孩子的手脚,孩子才会独立行走;只有解放孩子的心灵,孩子才能创造奇迹。"

今天,我对孩子"偏爱"了吗?

现代社会的竞争越来越激烈,家长们都看到了这一点,生怕自己的孩子在未来社会的竞争中被淘汰。有些父母还跟孩子做这样的想象推理:"你在班上要争不了前三名,就考不上重点中学;考不上重点中学,就进不了重点大学,就没有好工作;没有好工作,就得不到高收入;得不到高收入,就过不了幸福生活……"在孩子的生活中,只要有了高分数、好成绩,就被看作是好孩子。只要考出好成绩,什么要求都答应,什么愿望都满足,什么承诺都兑现。品德低下都不被重视,有些孩子说谎、自私、冷漠、孤独、缺乏爱心与同情心,以自我为中心,不考虑别人的感受,家长却不闻不问,家长对孩子这种方式的爱令人忧虑。分数只能表明孩子一方面的能力——在纸上还原知识的能力,根本不是孩子综合能力的体现,它只是孩子生命之树上冒出的一个枝杈,并不是孩子的全部枝叶。

教育家说:"没有爱就没有教育。"作为父母的我们要清楚地意识到爱孩子更像是一种艺术,对孩子的爱应该是向孩子传输一种正向的情感,引领孩子成为未来社会中一名合格的公民,而不是一种自私的爱、变质的爱。愿我们的爱不要成为束缚孩子成长的锁链,而成为孩子展翅高飞的动力。

第二部分
感受纯真世界:走进心灵篇

"真的教育是心心相印的活动,唯独从心里发出来的,才能达到心的深处。"只要走进孩子心灵,就能破译成长密码,找到独特的"隐秘角落",就能感受孩子纯真的世界,与之产生情感的共振。

"管"你，更要"懂"你

赵 红

总听到有父母抱怨："现在的孩子太难管了，什么方法都不顶用。"现在的孩子被冠上了"小魔王""大神兽"等称号，似乎孩子管不好，不是方法的问题，而是现在的孩子有了太多的主观意识。人类进步了，越来越聪明了，却没有哪一套教育方法，能适用于每个孩子。

上了小学的孩子开始有了自己的烦心事，作为父母，这一阶段的主要任务就是要懂得倾听孩子的诉说，别事事都替他拿主意，应该尽量克制给孩子排忧解难的冲动，因为这时候是他学习解决人际关系冲突的开始。

年轻的父母们都懂得陪伴是最长情的告白，懂得交流是沟通心灵的桥梁，所以你是不是经常这样问自己的孩子：

"今天在学校你认真听讲了吗？"

"你得到老师表扬了吗？"

"学校有没有发生一些有趣的事情啊？"

"你和同桌之间互相帮助了吗？"

"今天中午，你们吃了些什么菜啊？"

……

在你的这些看似关爱的问题里，你是否考虑到孩子希望跟你交流的是哪些事情？很多孩子可能会回你一句："你好烦，有什么好说的。"

你立刻就感到失望了，孩子不肯跟你交流，对他的关心他却感受不到。但懂孩子的父母会察言观色，适时引导，让孩子主动倾诉。也许今天孩子被老师批评了，此时需要安静，那就请收起你的唠叨，哪怕你爱意满满；如果孩子想独立解决问题，那就请先收起你扶持的双手，因为孩子要想成长首先需要的是自我的强大。高质量的陪伴一定是"按需供应"的。

曾经听到过这样一段对话：

"妈妈，我的铅笔没有了？"

"怎么又没了，你都丢了多少支铅笔了？真是不长记性。"

"我也不知道啊，好像是有人偷了我的铅笔？"

"是谁偷的，怎么有这样的小孩，你告诉老师了吗？"

"没有。"

"明天告诉老师，让老师好好教育一下。你下次再弄丢铅笔，我就不帮你买了，你就不要写作业了。"

孩子成功地把丢了铅笔的责任进行了转移，成功地把妈妈的关注点引入到了别人偷了自己的铅笔这件事情中。丢铅笔的事情解决了吗？妈妈发火了，孩子惧怕了，下次还丢铅笔，下次还怪别人。

同样再看下面这段对话：

"唉！今天我太生气了！"

"你觉得很生气？"

"是的，今天小华没有经过我的允许就拿了我的铅笔。"

"他拿你铅笔了？"

"对啊，虽然我跟他是好朋友，但他也不能随意拿我的东西吧。"

"他随意拿你的东西了？"

"是啊，他可能今天没带铅笔，怎么不跟我说一下呢！"

"他没有跟你说？"

"是的，可能他觉得我们是好朋友，不需要说吧。"

"嗯，你们是好朋友。"

"算了，我也不跟他计较了，他跟我说了我也会借给他的。"

也许孩子的述说不是寻求你的帮助来解决问题，他只是把这件事讲给你听，告诉你铅笔的去向，告诉你自己的内心想法，此时你只需要做一个听众，适时地回应一下，在孩子的自我表述中，他自然找到了解决问题的办法。与孩子的交流首先要学会倾听，要懂得孩子此时需要什么，最有效的交流一定是"双方愉悦"的。

有些父母感到很疑惑，我放弃了工作，放弃了休息时间来管理和教育孩子，事无巨细地照顾孩子的日常生活，忙碌而又有序地安排孩子的学习，为什么总是管不好孩子？孩子身上还是会出现这样那样的状况：学习不好，和别人打架，不遵守纪律，和父母对着干……那是因为他们不懂孩子。懂得比爱要难，爱孩子有时候是出于本能，懂得孩子却需要学习，甚至需要修炼。最恰当的管理一定是"懂你的需求"。

《管孩子不如懂孩子》的作者徐徐说："没有不争气的孩子，只有不成熟的家长；没有不勇敢的孩子，只有焦虑的家长；没有不独立的孩子，只有不放手的家长。"父母的一言一行潜移默化地影响着孩子对事情的判断、对世界的感知。想要"管"好孩子，先要"管"好自己，要读懂孩子的内心。

你以爱的名义,让我不能呼吸

杜云云

如果问你:你付出精力最多的人是谁?你最爱的人是谁?也许大多数家长都会不假思索地回答"孩子"。我们深深地爱着自己的孩子,几乎成了一种本能。有的家长认为"打是亲,骂是爱",在对子女的教育中常常使用武力或言语暴力,用自己认为正确的方式教育孩子,可对孩子倾注的满满的爱,有时却演变成满满的伤害。孩子对你的爱是否能够感受得到呢?一起听听孩子们的心声。

笔者在四年级的一个班级里做过一项调查:班级总人数为58人,参调率为100%,此项调查采取不记名的方式。结果如下:

表 2.1

问题	选项		无效答案
	是	否	
1. 是否喜欢爸爸妈妈的说话方式	19人	37人	2人(1人答"不讨厌")
2. 是否愿意和爸爸妈妈说说心里话	27人	31人	无

备注:不喜欢爸爸妈妈说话方式的学生中,有25人不愿意和爸爸妈妈说心里话,占67.6%;

喜欢爸爸妈妈说话方式的学生中,有11人愿意和爸爸妈妈说心里话,占57.9%。

表 2.2

问题	选项	
	喜欢的原因	不喜欢的原因
喜欢或不喜欢爸爸妈妈说话方式的原因	"温和""有耐心""是亲密的人""亲切""和气""愿意倾听""给我鼓励""亲人""温柔""温暖""幽默""爱我"	"很少说话,玩手机""用脏话骂我""大吼大叫""扔东西""拿我开玩笑""暴躁""把我看作小宝宝""骂我,我怎么说理都没用""打我""一直骂""我问怎么办时,说凉拌""很大声""伤人自尊""叫我大名,不说请"

备注:其中"温柔"这一词汇出现频率较多;

其中"骂"这个词汇出现频率较多。

你以爱的名义,让我不能呼吸

看了以上调查结果,你是否会明白,也许你的"爱",已经让孩子承受不起。你的训斥和怒骂,让双方逐渐成了不可调和的敌人,你以爱的名义,让孩子不能呼吸。当孩子沮丧地拿着不理想的成绩单回到家时,他想要的只是父母对他情绪的理解,但不良沟通会把家长和孩子推到对立面,表面上的"苦口婆心"也逐渐演变成了对孩子的"控制","控制"之下的孩子努力想要挣脱,以至惧怕和家长谈话。

表 2.3

问题	选项	
	从自我角度出发	从父母角度出发
愿意和爸爸妈妈说说心里话的原因	"心里会好很多" "让他们了解我" "不该有秘密" "不说会难受" "辛苦把我养大"	"他们有什么心事愿意和我说" "会认真听" "帮我保密" "最亲的人" "帮我分析原因" "会安慰我"

表 2.4

问题	选项	
	从自我角度出发	从父母角度出发
不愿意和爸爸妈妈说说心里话的原因	"我个人的秘密" "我弹吉他都怕个半死" "成绩不好" "没有勇气" "隐私,不能说" "私事" "不敢" "一说就骂我" "怕他们骂我" "怕他们告诉别人" "爸爸妈妈离过婚,我不敢说" "说了也不听,而且不会理我" "没有人愿意听" "骂我,说我不懂事"	"总是不在意" "会觉得我很烦" "他们会骂、打" "他们会告诉别人" "说了他们也不理我" "我说我不喜欢学习时,妈妈就打我" "只要我一说,就讲特别多道理来训我,我反抗说理都没用" "我说想干什么事,他们都不怎么愿意支持" "我试过和他们讲,但他们不听"

你以爱的名义,让我远离你

当孩子想要倾诉内心时,从自身角度出发,他们仅仅只要考虑是否有勇气。而从外部考虑就有无限的因素,而这些因素大多来源于家长对孩子表现的反馈。如果父母的反馈能带给孩子"说出来,他能理解我""我的心里会舒服"的感觉,孩子更愿意和父母交流。相反,如果父母的反馈是"不愿意听""打、骂",给孩子提供的信息是充满批评、说教、警告、教化和命令,孩子只能选择"不愿意"和父母诉说,父母和孩子之间的沟通之门就关闭了,孩子和父母之间随着年龄的增长,可以交流的言语也就越来越少了。

以爱的名义,让我们学会积极倾听

弗洛姆说:"爱是一种使人和他人相联合的能力,爱使人克服了孤独和分离的感觉,允许他保持他的完整性。"只有产生"联结",才能渐渐引导孩子。积极倾听,能够有效地建立起两者之间的联结。积极倾听是一种接受性语言,在言语中表达对孩子的接受和尊重,帮助孩子释放情绪,让孩子自己找到解决方案,从而成为孩子强有力的帮助者。

哪有父母不爱孩子,只是我们真的不知道如何去爱。爱的能力需要学习和修炼,在教育孩子的问题上,每一个父母都应该去学习。父母好好学习,孩子天天向上。

爱孩子，更要懂孩子

李小琴

今天在"富兰克林读书俱乐部"的博客中看到一篇文章《只有父母先懂孩子，孩子才会真正懂事》，里面有一些话语不断敲击着我的心灵，让我回味良久，如：

给孩子最高级的爱，不是"为你好"，而是"我懂你"！

得不到父母的回应，孩子的心灵犹如一座孤岛。没有共情能力的父母，对孩子来说，轻则伤害，重则灾难。

如果父母对孩子只有行动上的各种好，而缺少心灵上的关爱与懂得，这样的生活总会让人觉得少了些什么。

……

我不禁想起上学期的一件事——

"老师，刚刚你拍的一段读书视频中，我看到小宇坐在最后一排，这是怎么回事？难道我儿子成绩不好，就要受到歧视？你最好把我儿子的座位换过来，不然，我找你们校长理论去！"小宇的爸爸打我电话，我因为在上课没有接到，所以，他给我语音留言了。

小宇是一个离异家庭的孩子，跟着爸爸生活。爸爸喜欢自由，不受约束，几乎不管他，所以他作业经常不做，课外书也很少看，成绩不理想。刚开始，我找他爸爸谈话，让他多关心孩子的学习、生活。他一口答应下来，坚持了一个星期，每天查看孩子的作业，小宇很高兴，说有爸爸陪着，真幸福。可是，小宇爸爸却感到难受了，生活规律被打破，他失去了自由，终于有一天晚上，看到孩子作业错误率很高之后，他忍无可忍，打骂了孩子："你怎么不去死，怎么不去跳楼啊！"第二天，小宇哭着告诉我这件事，我安慰了他，让他回教室后，我立即向小宇爸爸求证。他尴尬地说，自己当时气愤，没有多想。我严肃地反驳道："孩子的生命安全是最重要的，不能做过激的事情，否则后果不堪设想！如果你难以忍受督促孩子写作业，你可以告诉我，不要拿孩子出气啊！"说完，我叹了一口气。

小宇爸爸在电话里没有吭声，但从那以后，他又开始不闻不问了。直到这次小宇调换了位置，他才重新找到我。

其实，这事我曾征求过小宇的意见。因为班级几个成绩好、性格好的都是大个子女生，所以我将中等个儿的他调到最后一排和学习委员小婷同桌，让小婷当他的小老师，经常教教他。小宇前面坐的，是班级的纪律委员，自律性很强。小宇对这样安排很满意。然而，没想到他爸爸……

我拨通了电话，他爸爸还没有等我开口，就气势汹汹地说："我打了你三个电话，你都不接，是什么意思啊？你再不回，我就要……"我安静地等他把话说完，然后微笑地说："首先，我要说一声抱歉，因为我在上课，所以手机没有放在身边，没有接您的电话，请您谅解。其次，我要替小宇感谢您。我觉得您的心里很关心他，很爱他，所以才会在乎他坐在哪儿，稍后，我会告诉他的。"

"这个你不用告诉他！你只要告诉我,会不会马上把座位调回去,不调回去,我告诉你,我也是有脾气的！"

"您先别生气,听我说,好吗?"我依然微笑地说,"不知小宇回来和您提起我时,是怎样评价我的?"

"这个倒还不错,说老师借书给他看,还利用课间给他补习功课。但是,估计你看他不成器,就想要放弃他了,所以把他调到最后一排,谁都知道,一个中等个子的孩子坐最后一排意味了什么！"他语气中依然有着愤慨。

"所以,今天我打电话,就是和您好好沟通的。事实并非如您所想,您今晚可以回家问问小宇,我征求过他的意见,他很愉快地同意了。比起我课余时间辅导他的功课,我觉得同伴之间的帮助可能对他影响更大,而且他会更加乐于接受。他现在的同桌是班级的学习委员,一个善良优秀的女孩,前面是班级的纪律委员,成绩一级棒。"

"噢,是吗?"他说话有些迟疑。

"是的。前天,我还问他感觉怎么样,上课听讲、看黑板是不是会受影响? 要不要换回去? 小宇立刻摇摇头,说很喜欢现在的座位,同学对他挺好的,没有什么不适应。"我继续微笑着说,"不相信,您可以回家问问他。"

"不是,我不是不相信老师,只是……"他的话语中有一丝歉意。

"我懂。"我轻轻笑出声,"一般人都会像您这般想,您今天能耐心地等到我回电话,我觉得您做得对。首先,要把事情弄清楚了,不然彼此的误会就会产生,误会不消除,有时很伤人。其次,更重要的是,我们要懂孩子的心,了解他们需要什么,而不是想当然。有这样一个故事,小猫过生日了,小兔子送给小猫最心爱的胡萝卜,小猫很不高兴;后来,小兔子过生日了,小猫送给小兔子最心爱的鱼,小兔子很不高兴。为什么,明明这样真心对待,却让别人不高兴呢? 因为他们彼此都不懂对方的心。您觉得中间的位置是最好的,但是小宇是不是这样认为,还要听听他的意见和想法,您说对吗?"

"老师,我懂了。"小宇爸爸笑着说,"谢谢老师,我误会了。刚才那样对您,您别放心上。"

"没关系的,"我心情愉悦,"误会解开,彼此都开心。"

心比长相好,懂比爱重要。"中国第一位觉醒的父亲"周弘的《爱孩子更要懂孩子》一书,清楚地诠释了"懂"和"爱"的真谛:"懂"是了解、尊重、呵护、守望、欣赏,是换位思考,是将心比心,是有为他着想的善良,"懂"偏重于内在;"爱"更偏重于自身需求,是"我希望、我喜欢、我觉得、我认为、我感到",更多表现于付出、追求,偏向于外在行动。没有建立在"懂"之上的"爱",是牢固的锁链,是强大的掌控,是沉重的砝码。

所以,爱孩子,更要懂孩子！

别急，听孩子说完

祝燕飞

双休日，我和老公带着孩子一起回老家看望父母。老人见孩子回来非常高兴，恨不得什么事也不干，就一直围着孙子旁边转。周围的邻居更是热情，喊儿子去他们家串门。儿子东家跑跑，西家串串，回来的时候，他口袋里已经装满糖果、水果，手上还拿着几袋饼干。

爷爷见孙子回来了，连忙迎上去，满面笑容地说道："我孙子人缘好，大家都喜欢，逛了一圈，带回这么多吃的啊！"儿子说道："因为我很有礼貌，主动叫人，大家都给我东西吃呢，我说不要，他们就塞进我的口袋里了。不过，我都说了谢谢。"我站在一旁，看着儿子得意的样子，心里也挺欣慰的，看来平时的礼貌教育没白费啊。

这时，爷爷又对孙子说道："我孙子这么多吃的，也分一个给爷爷吃吃呀，爷爷刚才干活都已经饿了。"我知道他并不是真的要吃孩子手中的饼干，只是逗逗孩子的。我在旁边正等着看儿子把饼干给爷爷吃，只见儿子将手中的饼干袋子打开，我以为这是要亲自拿着饼干喂爷爷呢，站在旁边微微一笑，心想：这小家伙还真会讨人欢心。可是，饼干并没有被儿子送进爷爷的嘴巴里，而是塞进他自己的嘴巴里，慢慢咀嚼起来。站在旁边的我，一看就愣了，这家伙怎么这样对爷爷呢。我正想责问儿子，爷爷大概见我脸色不对，怕我数落孩子，连忙说道："爷爷也就说着玩儿的，我孙子喜欢吃，那就我孙子吃。"话音刚落，儿子又开了一包饼干，同样又是拿了一片塞到自己的嘴巴里品尝起来。我不禁瞪了儿子一眼，可他倒好，权当没看见，又打开一包饼干，自顾自地往嘴巴里塞了一片品尝起来。这时，我强压住内心愤怒的火苗，硬是压低声音说道："儿子，你这样有点过分啊！赶紧给爷爷一袋饼干吃！"儿子不紧不慢地说道："别急，我还有一袋没尝一下呢。"这下，我真的生气了，这小子难道是每个都要尝过之后再把自己不喜欢的分给爷爷吃？想到这儿，我正想发作，听到儿子说道："爷爷，这包给你吃。我已经帮你尝过了，这包最不甜。你不是有糖尿病嘛，不能吃甜食。这包不甜，你可以吃这包饼干。"爷爷听着儿子的话，原本还略显尴尬的脸顿时笑得像花一样，连连说道："我孙子真懂事，真懂事！"原本正要发火的我明显也是一愣，没想到我们平时对老人的反复叮嘱，他却听进了心里，知道爷爷患糖尿病，不能吃甜食。站在旁边的我，也松了口气。

生活中，很多时候，作为父母的我们总是用自己的思维去帮孩子思考问题，总觉得孩子应该按照自己的设想去做事，认为孩子理所应当地要听父母的话。当孩子的行为和自己的预想不一致时，我们往往会很生气，甚至都不给孩子开口讲话的机会，就给孩子定了罪。长此以往，会造成父母和孩子之间的隔阂越来越大，孩子再大些，家长们往往会感到那些所谓的"青春期的叛逆"。其实，只要坚持和孩子友善地沟通，就会少了那些青春期的叛逆。所以，作为父母的我们，不要那么着急，当你觉得孩子犯错时，给孩子一个说话的机会，听孩子把话讲完，再去衡量这件事的对错，这样会让孩子感受到一种尊重。或许等你耐心听完孩子的话，才发现事情并不是你想的那样，就如儿子自己吃饼干却不分给爷爷吃，原来是一份多么美好的孝心啊！还好，我没着急；还好，我有听孩子把话说完！

当我写下"大门"……

姜 慧

这个孩子，常常让我这个老班束手无策。昨天在别人书上乱涂乱画，今天下课把同学推进别班的教室，明天？天知道又会发生什么……

就是这样的一个孩子，随时随地需要你去关注！然而，你正为他伤透脑筋，转身看到他那无助的眼神，看着他孤单的身影，心顿时就又柔软下来了。

记不得与他的爸爸妈妈电话联系过多少次，也在学校里约见过，可是，收效微乎其微。因此，我们决定这次去他家进行家访，希望有一个更全面、更直观的了解。到他家时已是七点，是他开的门，尽管已经提前告知今晚我们要进行家访，开门的那一刹那，我仍感觉到他的不安。他和爷爷奶奶在家。爸爸快回来了，说是今天请了假，妈妈要到八点才能到家。小书桌整理得井井有条，与在学校一贯的"脏乱差"有天壤之别。看来，爷爷奶奶的陪伴和包办比较多。只是这张书桌放在客厅里，客厅是一家人饮食起居的主要场所，难免对他的学习造成一定的干扰。他的爸爸没一会儿到家了。聊着聊着，我才知道这个孩子的周末经常被反锁在家中一个人度过。爷爷奶奶、爸爸妈妈全都上班去了，留下他孤孤单单一个人。朋友圈里的周末，放眼望去，处处是甜蜜的亲子时光。然而，这个孩子竟……不能再往下想！

我想我读懂了他在与同学相处时不当行为背后隐藏的目的：他内心孤独，他在"寻求过度关注"(《教室里的正面管教》)。他在用自己的方式编译着密码信息：注意我！请注意我！

是呀，当我抱着作业本走进教室，他抢着和同学一起帮着分发作业本；当我安排他去包干区看看卫生情况，他像小鸟一样欢快地奔出教室；当我轻轻摸摸他的头，他立刻明白要和大家一起静息；当我主动给予他关注时，他是那么满足和可爱！

我对孩子说："你跑步很快，在运动方面很有天赋。你最喜欢什么运动呢？"他眼睛里闪着喜悦的光芒，说喜欢乒乓球。这学期他在学校也报名加入了乒乓球社团。我转过身轻声地对他的爸爸和奶奶说："孩子的各种淘气不是没有原因的，周末把孩子反锁在家里不是办法，再忙也请抽空陪陪这孩子，看场电影、逛个公园……实在没有时间陪伴，可不可以请亲朋好友帮忙送他去参加一些活动？比如他喜欢的乒乓球训练。一方面，发展孩子的兴趣特长；一方面，培养他与人相处的能力。"他们点头表示这个办法可行。

两周过去了，我电话联系他的妈妈，问有没有报名参加乒乓球训练，回答是"还没有……没时间……"

学完《我学写字》，孩子们各自创作了一首诗。在他的诗中，有这么一节：

> 当我写下"大门"，
> 我就听见一群人来敲门。
> 他们像是来找我玩，
> 我立刻飞出家门。

我想我应该把这节小诗拍给他的爸爸妈妈看！

搁浅的鱼

丁彩娟

情景再现：

秋日艳阳，儿子初三，周末作业中。

"作业真多！老妈，我觉得我就是一条被搁浅的鱼。"他抬起脸，调侃地笑。

我一惊，阳光很亮，窗外注定会有花香。但是与我们无关。

"看来，苦难的确可以成就诗人，小屁孩都说出这样诗意的话来了。"我怂恿道，"既然灵感来了，不能轻易放掉，继续，作诗！"

"我不会！"他的羞涩结成一朵花，灿烂，然后继续，埋头苦干。

"来，你的灵感，我的文字。"十分钟后，递给他一首诗。

"老妈，真厉害！"我们像共同完成一个重大任务的盟友，拥抱祝贺。

那一刻，他的双肩有着少年的挺拔和倔强！

深度反思：

青春期的孩子，有属于自己的烦恼，来自学业的压力，来自周遭的逼仄，来自生理的变化，而这一切必将会成为慢慢累积的情绪。情绪就像流动的水，不引不导就会冲破堤岸，以奔涌之势一泻千里。突围、嘶吼、纠结、批判，我们称之为叛逆。

疏而畅，导而顺，我们正视并坦然。

首先，我们允许情绪的表达，尤其是负面情绪。在传统的眼光中，我们对消极情绪有着本能的抗拒，不允许、不认同，并视之为洪水猛兽，一旦稍露端倪，便竭力遏制。其实，越是负面的情绪，越是需要表达，在不断表达的过程中，语言宣泄了感受，条理澄清了观点。孩子有时候需要的只是认同和倾听。

其次，我们应该运用偷换概念的方式，缩小负面情绪的体验感。情绪表达后，家长可能做出两种反应：一种是接纳后，认同共鸣。比如和孩子一起指责和抱怨，在共同的体验下得到情感的释放；一种是避重就轻，重新找到另一个主题，开启另一个话题，在不露声色中轻松转移。而后者显然会缩小负面情绪的影响，在主题不断推进的过程中，重又获得积极的感受。

另外，在转移情绪的过程中，必须获得新的认知和积极感受。寻求一种合适的方式消弭问题，重建价值。所谓合适，就是摆脱说教的单一和僵化，摆脱角色的固定和机械，以悄无声息、水波无痕的方式潜移默化。在这里，我们以诗歌为名，勾勒了海阔天空，以唯美的方式传达了心若向阳、永远向上的价值理念。

看似山重重，看似水复复，迂回转身，处处鸟语花香，处处花明柳暗！这应是每一个孩子成长的必然！

诗歌分享：

我是一条被搁浅的鱼,
张开嘴却无法自由呼吸。
听——
远处隐隐的潮汐
和鸥鸟喋喋的呓语。

怀想
那一片辽阔的深蓝,
在晴空下的粼粼波光。

那闪烁的星呀,
终会在鱼的微笑里,
欢乐飞翔!
在寂静的黑夜,
漫天璀璨,满目绚烂!

其实你不懂我的心

许小娟

周末下午,小明在家里转了一会儿,对妈妈说:"妈妈,我无聊死了!"正在打扫卫生的老妈头也没回地对他说:"无聊就去看会儿书呀!""看书没有用,还是很无聊啦!""那你下楼去转会儿吧!""楼下又没有小伙伴,还是无聊呀!""那你找小伙伴去玩呀!""小伙伴不一定在家呀!要是白跑一趟,不是更无趣吗?"妈妈生气了:"这个不行,那个也不行,你到底想要怎样啊?""你根本就不懂我,不想和你说话了!"

瞧!这位妈妈只是在自我解读孩子所说的话,所以她只是听到了孩子言语中表面的意思,并不明白孩子到底想要表达什么。孩子也许想要玩手机,又不好意思说出来;孩子也许想要的只是你的陪伴,而家长却一副心不在焉的样子。孩子非常不满家长不懂自己的心,家长也感慨不知道现在的小孩到底想要什么。

还记得《窗边的小豆豆》这本书吗?文中小豆豆的母亲是那么了解自己的孩子,当她知道自己孩子因为顽皮被退学的时候,她并没有生气地对小豆豆说:"怎么搞的?你竟然弄到要退学!"而是默默地寻找新的学校,并且对小豆豆说:"我们去一个新学校看看吧?听说那里很不错呢!"因为她知道孩子身上的这些是问题,但不是错误。当小豆豆因为钻铁丝网而弄破了衣服,对妈妈撒谎:"刚才,我在路上走的时候,别的孩子都往我背上扔刀子,所以才成了这个样子。"妈妈虽然不相信刀子把衣服划破的话,可只是说了一句:"啊,是吗?这可太吓人了。"因为妈妈觉得小豆豆之所以想要找一个借口,是因为他在意这件衣服,不愿意弄破。这才是真正理解孩子的妈妈!其实这本书是日本作家黑柳彻子自己小时候在巴学园的真实写照。作者后来成了亚洲唯一一位"联合国儿童基金会亲善大使",因为在她的背后有一个懂她的母亲。

如何才能走进孩子的内心,成为一个懂孩子的父母呢?以下几点建议不妨试试:

一、钝感一些

日本作家渡边淳一说:"钝感虽然给人以迟钝、木讷的印象但钝感力确是我们赢得美好生活的手段和智慧"。生活中,钝感的父母养出来的孩子往往更有韧性,往往更幸福。上述第一段案例中,家长要想读懂孩子的内心,千万不要用自己的思想去束缚孩子,不要总让孩子按照父母的要求去做事,即使孩子想要通过玩手机来解乏,家长也可以装作不知道,不要用自己的主观意愿去判断,我们要做的是接纳他的感受。不妨这样问孩子:"你觉得没事做很无聊,是吗?无聊的感觉的确很糟糕,我能理解你的这种感受。"然后能给出合理的建议:"怎样才能让自己快乐起来呢?你需要我的帮助吗?"这个时候孩子也许愿意敞开自己的心扉,告诉家长自己真实的想法。也许孩子需要的只是一个拥抱、一个倾诉而已。也许妈妈的一个拥抱就能让孩子静下心来重新坐到书桌边。因为在倾诉中他已经明白了自己该做什么。这样的沟通方式不仅可以增进父母与孩子彼此之间的感情,而且可以让孩子自己决定想要做的事,也尊重了孩子的意愿,充分体现了家庭的民主平等。长长的路,请让孩子慢慢走吧。让我们用钝感的爱陪伴孩子,让他可以在自己成长的路上,慢慢地一路收获幸福、快乐。

二、童眼看世界

想要读懂孩子的心,就要真正走近孩子,用童眼看世界,愿意和他们一起去踏青、堆雪人,去感受大自然的神奇,体验他们的美好世界。那些在你眼里看起来毫不起眼的玩具,你也能陪他们乐此不疲地玩着。和孩子一起看看动画片,你会和孩子有更多共同的话题。读孩子们想看的书,听孩子想听的音乐,走进孩子的世界,你就会发现他们的想法不再是那么幼稚,他们的表现是那么可爱纯真。就像小豆豆的妈妈,即使面对孩子的诸多错误,也能够解开孩子的心灵密码。

三、多陪伴、多鼓励

缺少陪伴和鼓励的孩子,再丰厚的物质条件也不能让他们快乐起来。孩子试图玩手机让自己快乐起来,这是真的快乐吗?"怎样才能让自己快乐起来呢?"父母应放下自己的工作多陪伴、多倾听。孩子对父母说得越多,父母倾听的越多,孩子会更愿意成为父母的知心朋友。而现实中往往是父母说得很多,真正听孩子诉说的很少,孩子越压抑,越不想交流。比如父母下班后,看见孩子一个人在浴室里玩泡泡,把家里弄得到处是水。父母觉得自己上班很辛苦,回家还要收拾孩子的残局,免不了要责骂孩子一顿。其实孩子只是希望你能看见他们,陪伴他们。这个时候父母不妨一笑说:"你想开辟一个家庭泳池,这个想法不错,我们可以考虑考虑,需要妈妈陪你玩一会儿吗?不过一会儿你要负责把浴室清理干净哟!"瞧,有效的鼓励化解了一场暴风骤雨,孩子也感受到了在错误中成长的幸福。

"你若懂我,该有多好",对于孩子更是如此。孩子是父母的希望,只有深入他们的内心,并且读懂他们的心理需求,给予其精心呵护和引导,孩子才能在你的培育下健康茁壮成长。

嘘，不要打扰他

杜云云

前一段时间，我带着孩子去更俗剧院看儿童歌舞剧，孩子特别喜欢，看得很专注，完全被剧情吸引，一脸认真的模样。邻座的是一个妈妈带着一个小男孩，小男孩和我的孩子年龄相仿，看得也特别认真。但是她的妈妈看到一处剧情时，就和孩子说："你看，这个小鹦鹉（剧中人物）是不是做得不对？他应该怎么做呢？"孩子敷衍地"嗯"了一声，小眼睛仍旧盯着舞台。又到了另一处剧情，妈妈拉了拉孩子继续说："你看，妈妈平时是不是也是这么和你说的？要懂得分享，朋友才会和你玩。"小男孩有些不耐烦，妈妈有些着急了："你就是不听妈妈的话，下次不带你来看了！"小男孩竟然哇哇哭了起来……一场孩子特别喜欢的剧变成了一次不愉快的经历。

这样的情况其实屡见不鲜。爸爸妈妈带孩子去游乐场，还不忘叮咛：你好好玩儿，回去以后要写作文的啊；和孩子看科普片，也会提醒一下：这个片子里的知识你一定要好好记住啊，对你学习有帮助；孩子在画画，时不时插一句：你这里应该涂上绿色，房子怎么能画到天上去呢……

殊不知，这种好心的提醒，非但不会达到让孩子提高认知的目的，反而还破坏了孩子的感知力。如果这种事情经常发生，孩子看到各种事物时的第一反应是去搜索知识，那就失去了自己的感受力。

如果孩子希望和你交流，就会邀请你加入他的活动，这时你尽情地回应孩子，加入其中，孩子会感受到强烈的幸福感；如果孩子沉醉在自己的世界里，请尊重孩子，给予他自由的、不被打扰的空间，不要打断他和外在事物的联结。

当孩子在认真欣赏一处景、一幅画，记得提醒自己：嘘，不要打扰他。

"网红"小学生作文,你读懂了吗?——由习作《骗子》想到的

李小琴

"家长首先应该对孩子的精神世界有兴趣,建议父母花一点时间去深入了解,其实,孩子的思考非常有趣,可以跟孩子坐下来,平和、平等地交流。"今天在网上随意浏览文章时,看到一篇"网红"小学生作文《骗子》,忍俊不禁,再次想到了一位学者说过的这番话。

《骗子》是这样写的:"我接到骗子的电话:今天是你的生日,只需要你给我转100元手续费,就送你一部华为手机。我知道他是骗子,但我还是给他转了100元,因为他是今天唯一记得我生日的人。过了几天,我真的收到一部华为手机,骗子说:长这么大,你是唯一一个相信过我的人。"

文章很短,却耐人寻味。

孩子的精神世界是丰富多彩的,他们是"本能的缪斯",是"天生的哲学家、诗人",他们对外界有着敏感的认知,有着率真的表达。透过这篇"网红"小学生作文,我们可以倾听到孩子的心声以及感受到言语背后的渴望。

小作者用诙谐幽默的语言,讲述了一个"意料之外"又"情理之中"的故事,让我们扪心自问:在孩子生命成长的过程中,我们可曾更多地给予他们关注与信任? 这看似喜剧的结局,却让我触摸到孩子那颗忧伤之心,那份沮丧之意,以及那些被我们忽视的但在孩子看来极其珍贵的东西。

美国心理学家亚伯拉罕·马斯洛1943年在《人类激励理论》论文中提出:人类需求像阶梯一样从低到高按层次分为五种,分别是:生理需求、安全需求、爱和归属感需求、尊重需求和自我实现需求。而这篇习作正是道出了第三、第四层次的需求。

一、孩子需要爱和归属

孩子给骗子寄去了100元,"因为他是今天唯一记得我生日的人",透过一句话,我们可以想象到孩子背后的生活。能够寄出100元,说明这个孩子的家庭并非贫困,物质生活还行,但从"唯一"一词中,就能感知他想拥有"爱与归属感",然而却一次次落空。我曾经上过一节家长体验课《陪伴,是最深情的爱》,让家长聆听孩子的心声"请多陪陪我"时,许多人潸然泪下,感觉给孩子陪伴不够、关心不够,所以心酸、内疚、后悔。其实,父母要尽可能多地参与孩子的童年,不要等到他们问"爸妈哪去啦",听到他们说"你们再不陪我,我就长大了",才幡然醒悟"错过了什么"。多点时间,多找机会,与孩子看场电影,为孩子读本好书,和孩子来次"说走就走的旅行",你会发现,幸福其实很简单,孩子的心愿其实很容易满足。

我教过的学生周伊豪也写过类似的心语,让我至今难忘。那天是周伊豪的生日,他早早地等待着惊喜。可是,和往常一样,妈妈在逗小弟弟玩,爸爸去了驾校工作,爷爷奶奶一大早就不见了身影,他很失望。到了中午,也不见有人关心他,于是他去找爷爷奶奶。奶奶在田里种菜,他问奶奶:"今天是什么日子?"奶奶不耐烦地说:"没有看见大人在忙吗?"然后就不理他了。他垂头丧气地去找爷爷,还没有说话,爷爷就挥手道:"走开,现在不要和我说话,我

有急事!"他闷闷不乐地回家了,爸爸还没有回家,妈妈在亲小弟弟,小弟弟在"咯咯"地笑,他却愈发觉得自己是个被抛弃的孩子,中饭也没有胃口,匆匆吃了一点就去学校了。整个下午,他都懒洋洋的,提不起劲儿。放学后回到家,依然是"外甥打灯笼——照旧"。吃晚饭的时候,他看着家人,欲言又止,默默地叹道:"自从有了小弟弟,除了自己,就没有人记得我的生日了。"刚刚放下碗筷,突然停电了。正在他诧异的时候,《生日歌》响了起来,然后,一支蜡烛被点亮了,在摇曳的烛光中,他看到了爷爷奶奶、爸爸妈妈,甚至是小弟弟的笑脸。歌声结束,大家齐声对他说:"生日快乐!"那一刻,他受伤的心被治愈了,他微笑地看着每个人,心中充满了感激和温暖。多么美好的画面!我当时看完周伊豪同学的心语,内心也是甜蜜无比。我将其拍照发给孩子的父亲时,他也感触良多,说没有想到大大咧咧的大宝居然有这样细腻的一面,自己今后可不能因为二宝的到来而忽视大宝的感受了。

二、孩子需要尊重与信任

作文中的"骗子",也让人哭笑不得,他一直在寻找别人对他的信任,但是却屡屡失败。然而,一个孩子"误打误撞"的相信,让他重拾起希望。他由衷地感慨:"长这么大,你是唯一一个相信过我的人。"所以,他给孩子寄去了一个华为手机,表达感谢之情,也信守了先前的承诺。老师的评语很到位:"信任是相互的。"是的,投我以木桃,报之以琼瑶。

不难猜测,这个"骗子"曾经欺骗过他人,然后就不再被信任了。当他失去了别人的信任之后,我无法想象他的生活是如何度过的,是不是有种在茫茫的大海中看不到灯塔的无助之感,或是在无边的黑夜里看不到一丝光亮的担忧之虑?

"信任能让内在的潜能激发出来,从而发展为信心和能力;信任能让人们更愿意呈现出美好之处,从而发展为美好的品质;信任能带来放松和坚定的感觉,从而活出从容自在的人生。"我深以为然。只有当孩子的精神需求得到满足时,他的心灵才会处于舒展状态,他才能向他人和世界敞开,才能遇见美好的"诗与远方"。

我在班级做过一次心理问卷,请孩子写三句印象最深的父母的"暖心话"。邹李芊同学写的第一句就是"你是我的孩子,我无条件相信你"。她还解释了原因——

"有一次,邻居家的小男孩来我们家玩,把我们家的花瓶打碎了,我和弟弟都说不是自己做的,妈妈就对我说:'你是我的孩子,我无条件相信你。'这句话暖到了我的心,后来妈妈只是告诉我:如果是我,不能说谎。"

这位妈妈的处理方式多么智慧!贝多芬说过:"我们应该记住这一点,给孩子提供一个充满美德和善行的成长环境。把美德、善行推荐给你的孩子们,能给人们带来幸福的只有它,而不是财富。"作为父母,我们要经常问一问自己:孩子需要什么?我给了孩子什么?我应该给孩子什么?

世界上没有完美的父母,也没有不倦怠的付出。为人父母,就是一场遇见,一场修行。在与孩子携手同行的日子里,我们也要跟着孩子一路跋涉,一路成长,"分担寒潮、风雷、霹雳""共享雾霭、流岚、霓虹"!

总之,岁月漫长,然而却值得等待,也值得期待!

真正接受一个孩子

赵 红

教了六年的小徐同学一如既往地慢吞吞，书写马虎，不合群，爱装酷。但又确实很聪明。

低年级时和他妈妈交流，他妈妈会兴致勃勃地和我探讨教育的理念、方法，针对小徐的问题，她有很多的办法；中年级时再谈小徐，她已是满脸的愤恨、满嘴的责怪、满心的困惑；高年级时再找她，每次一开始她都会号啕大哭，接着就是一声不吭，满脸的无奈和隐忍。

前两天放学正好碰到她，和她谈小徐，我诉说着孩子在学校及学习上的表现，她基本没有作声。孩子也在一旁，她背对孩子，不看一眼，我感到她似乎在极力地忍耐着。于是草草说了几句后，我也不想再多说什么了。

小徐妈妈，我对她还是有些许了解的。她是一个积极要强的女性，也许在她心里，她觉得她的孩子也应该像她一样优秀、自律。为什么一个高级知识分子，一个对教育有着自己的理念和方法的人，现在面对自己的孩子，满嘴冒出来的是"绝望，我们之间像仇敌""不想和孩子说话""怕孩子放学回家"诸如此类的言语。

跟小徐谈了很长时间，他告诉我，在家里，妈妈很强势，要求特别高，爸爸又特别宽容，爸妈的教育走向了两个极端。基本上没有他说话的份，一般他的提议都会被否决。妈妈还总是用很多大道理来说服他，他觉得妈妈很难沟通，所以选择不说。

这位母亲学习了很多教育孩子方面的理念和方法，却没有正确地运用到教育孩子的过程中去。她无法接受孩子的不优秀，总认为自己是对的，同时为自己找到了一个自认为恰当的理由——一切为了孩子。当自己对孩子的教育无可奈何时，又美其名曰地说是孩子大了，应该有自觉性了，父母不应该时时管教，所以又表现得好像充分相信孩子一样，以为一两次的促膝长谈能使孩子立马有巨大的转变。岂知，教育本身就是一个长期的过程，而父母也是在不断成长中学习经验的。

这位母亲应该做的不是把自己的想法和要求强加在孩子身上，而是应该积极地倾听孩子的需求，帮助孩子解决归属于他的问题，并允许孩子找到自己的办法。真正地接受一个孩子，而不是去孩子身上寻找自己的影子。

第三部分
好好说话,空气都是甜的:亲子沟通篇

良好的亲子沟通,就会产生"心要让你听见,爱要让你看见"的美妙境界。它能让家长正确表达爱意,与孩子"心灵共舞";它能让孩子勇敢发声、自信成长;它能让家庭沐浴阳光花香,回荡欢歌笑语。

对在意的人，别做无情的事

李小琴

吃过晚饭，女儿心阳便大声喊我去她的卧室看看。我怀着好奇的心情，走了进去。

她只开了夜灯。灯光不太明亮，朦朦胧胧闪着夜的色彩，似乎呼唤着人们进入梦乡。渐渐走近她，看她正神气地指着一面墙壁。转移视线，一行不太清晰的红笔字出现在我的眼前。一股无名之火涌上心头。之前看过一则新闻，说南京某中学的一名15岁的学生在埃及千年神庙浮雕上刻字，让世人愤慨，令所有中国人无地自容。作为教师，我觉得这种行为与孩子从小养成的习惯有关系，正因为师长不制止、不批评，所以这名学生才会这样胡作非为。而现在，我的孩子，居然也在墙上乱涂乱画，我怎么可以无动于衷呢？一定要严厉指责，让她吸取教训。

我心里刹那间闪过的想法，心阳当然毫不知情，她的脸上笑容仍如这五月盛开的石榴花，灿烂、热烈。我冷冷地望着她，刚想吼"怎么在墙上乱涂乱画"时，她抢先一步说道："怎么样，还不错吧？"

我咬了咬嘴唇，控制着怒火，打开大灯，再次转向她写的字时，呆住了，雪白的墙上赫然写着："爸爸，妈妈，我爱你们！"一种无法言喻的滋味涌上了心头。如果，刚才我对她发火了，她会怎么样？

静静地望了她一会儿，再次感受到她那么娇小可爱，那么无忧无虑。整日生活在一个叫作童话的世界里，想唱就唱，想笑就笑，幸福无比。当内心涌动着想法时，她就会情不自禁地表达出来，而那面墙壁是最好的宣泄处，成了她快乐的涂鸦区。和15岁的孩子明显不同，她还不够成熟，童稚的心灵需要呵护，纯真的情感需要肯定，良好的习惯也需要慢慢培养。想起我们学校正在进行"真教育"的研究，在设计校园环境文化时，就有人提出在学校开辟一面学生的"涂鸦墙"。它不是为了当风景向众人展示，而是满足学生成长的心理需要，使学生有一个宽松、包容的环境，有一份快乐、开放的心情。这是一方散发人性自由光辉的地盘！

我百转千回的心思，心阳一点也没有感受到。她又开始喊爸爸来看自己的"杰作"。当爸爸走进房间时，他只是轻轻地抱着女儿说："我们也很爱你。不过，以后不要写在墙壁上，不好看，写在纸上就行了！"

"嗯，嗯！"心阳笑着跳下床，跑开了。

就这样简单地解决了？我就像个傻瓜似的呆呆地站在那儿，微笑。是呀，事情原本就不复杂。有时，我真的"聪明反被聪明误"。

和心阳爸爸谈自己刚才的想法时，他感到好笑，说了一句："我们不要对最在意的人说最无情的话。"然后他讲了一则故事给我听：一位父亲在洗车，儿子拿起小石头在车门上划起来。父亲勃然大怒，拿起扳手就打了下去，儿子的手指骨折了。懂事的儿子居然对爸爸说："爸爸，手指会好的，不要担心了。"父亲羞愧、自责，恨不得把自己的汽车给砸了，可是，在砸的时候，他看见儿子划下的痕迹，上面竟然写着："爸爸，我爱你。"这多么令人心酸啊，简直就像一个"黑色幽默"。

心阳爸爸的话让我回味良久。"接受性的语言能够使孩子敞开心扉,它可以使孩子自由地与父母分享他们的情感与问题。"面对孩子,我们确实要多一份冷静,多一分理智,多一些对孩子真诚的接受。

对于我们最在意的孩子,请不要做最无情的事。

爱,是一场可感的言说

丁彩娟

一

"最最喜欢你,绿子。"

"什么程度?"

"像喜欢春天的熊一样。"

"春天的熊?"绿子再次扬起脸,"什么春天的熊?"

"春天的原野里,你一个人正走着,对面走来一只可爱的小熊,浑身的毛活像天鹅绒,眼睛圆鼓鼓的。它这么对你说道:'你好,小姐,和我一块儿打滚好吗?'接着,你就和熊抱在一起,顺着长满三叶草的山坡咕噜咕噜滚下去,整整玩了一天。你说棒不棒?"

"太棒了。"

"我就这么喜欢你。"

——村上春树《挪威的森林》

二

这是一个动人的故事,也是一场关于爱的言说。

作为家长,你有多久没有这样直接地表达过自己对孩子的爱?你为何总是吝啬对于爱的表达?

是因为生活的烦琐和自我的压力造成的逼仄,而让你丧失了爱的能力?

曾在午夜时分,刷到过一个家长的朋友圈:配图是车开着灯,灯照着门。门,是紧闭的家门;而车灯背后的阴影里,一定坐着一个深夜晚归的人。配文:"我不想努力了!"这个故事,孩子们听得很认真,在一片静默里,深深地思考。思考成人到底经历了什么,失去了深夜时分回到近在咫尺的家的能力;思考天亮以后,成人又如何重建失而复得的力量,擦掉哀伤获得重新开始的勇气。

是因为孩子的表现和期待的距离造成的失衡,而让你递减了爱的能量?

阿杰的爸爸已经四十几岁了,与班里的其他爸爸比起来,会显得略老一些,每每说起孩子,那皱纹里仿佛又多了几道褶子。他总是说,杰是个男孩,他应该更加大胆地表达自己的观点,他应该有能力结交更多的朋友。然而现实是,杰只是喜欢安静地待着,只是喜欢看看书和自己玩。我说,孩子如果找到了自己喜欢的生活方式,那不是很好嘛?他只是笑笑,带着略略的苦涩和淡淡的遗憾。

爱孩子,是为人父母的本能!而有时候,我们爱的只是自己期待里孩子的完美形象,而不是真真切切的现实存在。

三

爱孩子需要能量,你又是用什么样的方式来传递对于孩子的爱?

把抽象的爱意变成具象的传递。语言是一种抽象的符号,"喜欢绿子"并没有让绿子感觉到,但是通过人与熊相遇的故事、嬉闹的场景、在三叶草山坡上打滚的具体描绘,美好的感受便得到了传递,那种美好和快乐,便是爱的温婉诠释。把抽象演绎成具象,把情感演绎成画面,这就是语言的艺术。

把单纯的语言变成亲密的接触。在孩子小的时候,母亲的怀抱,是孩子温暖的港湾,承载着孩子全部的依赖和母亲所有的宠溺;后来,孩子大了,母亲远远地站着,孩子奔跑而来,一个箭步,像树袋熊一般挂在母亲身上,牢牢地能转几个圈;再后来,孩子高了,与母亲拥抱的时候,只剩下互相拍一拍肩,那是理解的认同和力量的传递。一个拥抱,诉尽了岁月悠悠,诉尽了浓浓爱意。

"听闻远方有你,动身跋涉千里,我吹过你吹过的风,这算不算相拥,我走过你走过的路,这算不算相逢。"世间万千情感,无非就是我言说,你神会。亲情更是如此,因为可感,才具有温暖的意义。

给你一个拥抱

姜 慧

一

语文课上,我和孩子们一起表演沉香与妈妈重逢时的情景。我演妈妈,张开双臂等待饰演沉香的K"扑进"我的怀里,K红着脸羞涩地投入我的怀抱,教室里立即传出一阵愉快的笑声……

孩子们喜欢拥抱,我也喜欢拥抱孩子们!

低年级孩子最是天真烂漫,环绕在你身边欢闹嬉戏,突然脱口而出喊你"妈妈",等意识到出错了,捂住小嘴红着脸不敢看你,这个时候,你就顺势欢欢喜喜地抱一抱呗。时光荏苒,孩子们转眼长成青涩腼腆的少年,偶遇他们,便情不自禁地迎上去轻轻抱住,喜悦地仰望那春笋般窜出去的个头……

拥抱,不只是香草冰激凌!

《正面管教》中,有这么一篇章节:"试试抱一抱。""一个行为不当的孩子是一个失望的孩子,鼓励是处理不良行为的最好方法。""拥抱能够营造出一种鼓励的气氛,从而使孩子变得愿意而且能够接受指正。"

有次,我正在办公室里看书,突然听到外面传来一阵高声哭喊。走出去一看,原来是一个男孩不做作业,被老师批评了几句,就歇斯底里地在教室里哭闹。我一把抱住这个暴烈如受伤困兽的男孩,他拼命挣扎着,"孩子,我知道你心里很难受,我知道你心里很难受……"我用尽全身的力气紧紧抱住他,轻抚着他的背。渐渐地,他不再挣扎,慢慢安静下来……事后,他的老师告诉我,这个孩子很小就在寄宿学校就读,一直缺少亲人的陪伴,父母对他的补偿就是"有求必应",由此引发了一连串的问题。这样一个孩子,如书中所言,如果继续"以受责备、羞辱或其他痛苦的形式为其不良行为付出代价"反而会陷入"权力之争"或"报复循环"。

不久后的一个节日,这孩子走进办公室,放了一只红艳艳的大苹果到我桌上。他什么都没说,我却记住了那满含笑意的双眼。

拥抱,有时还是速效救心丸!试一试吧,"当孩子感觉更好时会做得更好"!

二

在儿子心中,我十有八九是个过于硬朗的不可爱母亲。我坚持男孩应该刚毅、独立,孩子小学以后,我很少主动去拥抱他。偶尔的真情流露也止步于在他睡熟之后,坐在他的床边,凝视那张清瘦的面颊……他不止一次地在我们面前提起小伙伴和他母亲的亲昵,言语中流露出无尽的羡慕。我给他的回应是"这对于我很难,因为我和他妈妈性格不一样"。听起来理由正当,实则不愿付出。

去年3月,送他到异国求学,临别前的那个夜晚,吃完晚饭,我们陪他回寄宿家庭,路上他突然提出"走慢些,腿疼"。

"腿疼——好,慢慢走!"

走得再慢,路也有尽头。站在寄宿家庭的门口,我低声说:"抱抱吧!"

月色溶溶,深情相拥,无语凝噎……

儿子,我想给你温暖,给你勇气,给你信心……舍不得松开,为什么此前不多抱抱你?

越长越大,越抱越少,我能拥抱他的机会已屈指可数。每次离开,他都头也不回,不给我们话别的机会。所以,每次回来,我一定去机场接他,因为那时我可以名正言顺地迎上去,拥抱他!

还记得吗?孩子呱呱坠地时,被亲人温暖的手臂环抱着;摇摆学步时,前方有张开的双手迎接着……孩子是在拥抱中慢慢长大的。

无论是家长,还是老师,请不要忘记:

拥抱,是有力量的!

拥抱,当孩子需要时!

好好说话,空气都是甜的

杜云云

在《正面管教》这本书里,学习了如何积极倾听以缓解和孩子之间的冲突,明白了孩子有时候的话语只是为自己的情绪寻找一个出口,我也慢慢尝试着用积极倾听的方式来改善和孩子的沟通。

下班后,我边收拾东西边和孩子说:"你也收拾一下,我们今天要去弹琴。"

孩子(惊讶了一下,看着我)极不情愿地回了一句:"啊?"

我:"你不愿意去?"(积极倾听)

孩子(忸怩着身体):"我和弦还没有练习呢。"

我:"你还不会弹,所以你不想去?"

孩子(犹豫又胆怯地看着我)点了点头。

我:"你害怕我责怪你?"

孩子点点头,试探着问:"可不可以明天去?我今天回去好好练和弦。"

我:"你是想让我和老师请假,等你准备好了再去学习?"(积极倾听)

孩子说:"可以吗?"

我:"好的。我来试试看。"

孩子松了口气,说:"我回去一定好好练!"(自己寻找到解决方法)

回忆陪孩子练琴的一幕幕,真是一把把辛酸泪:当孩子出现畏难情绪不想去学习的时候,通常以下会是我的做法。

"你必须得去!哭也是没有用的。"

"谁让你不好好练了?知道要去学,你就应该安排好时间,抓紧练习,你今天没有练习好,被批评了,那是你自食其果。"

"不要再说了,我不要听。"

孩子不情愿地跟着去学习,到了老师家门口都不敢进去,被我拉进去。但是她心里一直很胆怯,因而学的时候不专注,时常会被老师批评。

回程的路上,我又会不停地说:"付出才有回报,你没有好好练,结果就会是这样,你今天晚上回去给我好好练,一吃完饭就好好练,把之前的也都练习好,今天刚学的也趁热打铁好好弹!"一般情况下,她会瞥着眼睛看着我,极不高兴,我也气呼呼的,我俩一前一后谁也不愿意再搭理谁。

回到家,这种气氛还会在饭桌上延续,家里人了解情况后对孩子也是一通教育。想想因为练琴和孩子的关系越来越糟糕,我总想要放弃练琴,结束这种和孩子一直对立的关系。

还好今天的交流很顺利,得到老师的许可以后我开车回家,孩子很开心地凑到我的身边,说:"你今天怎么这么好?其实我不是不想去学习,是昨天晚上练和弦偷懒了,没有练好。我今天会抓紧练的。"

回到家，孩子抓紧时间吃好了饭，接着和家里人宣布："我今天不要别人催，我要练琴！"一家人讶异之余，心情也变好了。果不其然，饭后孩子自己练习曲子，一个人反复琢磨和弦，看着那幅画面，简直太美妙了！屋外刚好传来周杰伦轻快的音乐《甜甜的》，一次愉快的交流使我感觉到空气都是甜的。

积极暗示的魅力

许小娟

一位妈妈带着自己的孩子在公园里玩耍。当看到美丽的蝴蝶在草地上翩翩起舞时,孩子奔跑着去追赶,不小心摔倒了。妈妈赶紧跑过去,抱住孩子心疼地说:"乖乖,摔疼了吧?"孩子"哇"的一声大哭起来:"我好疼啊。"妈妈意识到自己言语中的不当时,连忙改口说:"这点小事不算什么,没关系,自己爬起来。"于是这个孩子很快就停止了哭声,若无其事地爬起来,又继续奔跑着玩去了。

同样是摔跤,为什么孩子之前显得脆弱娇气,后来却表现得坚强勇敢呢?这跟妈妈先后不同的表现有关。一开始妈妈紧张不安的态度在暗示孩子,摔跤是很疼的,从而在心理上增加了孩子疼痛的感觉,使孩子变得娇气,这是消极的暗示。后来妈妈淡然平静的态度却暗示着孩子,摔跤没什么大不了,自己应该勇敢爬起来,这是积极的暗示。

孩子的可塑性很强,在心理上具有容易接受暗示的特点,所以,家长应注意巧用积极暗示,避免消极暗示。

在日常生活中,我们应该有意识地多给孩子积极的暗示。父母若以正面的信念期望孩子成为什么,将来孩子就会成为什么。家长不妨把对孩子的隐含的期望,有意无意地通过态度、表情或给更多提问、辅导、赞许、体谅等行为方式传递给孩子,孩子就能感受到家长的期望,增强自信心,最大限度地激发自己的潜能。当孩子给家长以积极的反馈,这种反馈又会激起家长更大的教育热情,维持其原有期望,并给予孩子更多鼓励。如此循环往复,孩子的智力、学业成绩以及社会行为将朝着家长期望的方向发展,期望将成为现实。这就是皮格马利翁效应,也称为期望效应。实验证明,一个人在积极暗示中学习、生活,无论是感觉、知觉,还是记忆和思维,都会处于最佳状态。萧伯纳在他九十寿辰时也说过:"要记住,我们的成功不是受经验的影响,而是受期待的影响。"

曾经看过一篇报道,说的是一个日本小学生做的米饭实验:从同一个锅里盛出三碗米饭,一份天天赞美"你很香,好好吃哟",一份天天骂"丑死了,难吃得要命",一份不理睬。一个月后,一直被赞美的米饭还是白白的,只有一点黄,且散发出淡淡的香味儿;被用力骂的米饭变得又黑又臭;第三碗米饭因为无人理睬,更加糟糕,甚至还长出了霉菌。米饭是否真的对人的情绪有感觉我们暂且不论,但我们可以感受到言语暗示对人、事、物的影响是很大的,无论什么时候你都要注意给孩子积极的暗示,永远不能对别人说"我这孩子胆小""我这孩子笨"一类的话,很多孩子的弱点就是小时候被周边环境或者父母暗示出来的。

暗示用得好,就像一阵润物无声的细雨,悄悄滋润着孩子稚嫩的心灵,对培养孩子规范的举止、优良的品性、良好的习惯具有很重要的意义。在你不断地积极暗示下,孩子的行为将发生奇迹般的变化,那些积极的心理暗示就像阳光雨露,成为他们成长中最不可缺少的"养料"。学会积极暗示,每一个孩子最终都会像鲜花一样绚丽绽放,我们收获的必将是百花盛开,春色满园。

你会鼓励孩子吗？

许小娟

"宝贝你真棒！""你好聪明哟！""我好喜欢你哟！"多么熟悉的话语，身为父母的我们常常会这样表扬孩子，希望孩子从我们的话语中获得自信，帮助孩子获得积极的自我认可。看完《正面管教》后才知道，不当的表扬反而影响孩子的成长，过多的表扬会使孩子迷失在别人的赞美声中，甚至为了寻求别人的认可，变成了讨好者。只有不断地鼓励，才能让孩子渐渐学会自己解决问题，培养人生技能，从而成就美丽人生。

去年暑假，学校组织了一个葛兰杯朗读大赛，比赛要求选定课文展示朗读。初赛结束时，儿子朗诵的《我们爱你呀，中国》获得了在场家长和学生的一致掌声。晚上儿子凑过来问："妈妈，我朗诵还行吧？"我脱口而出："儿子当然很棒啦！"小家伙一脸得意，我立刻意识到应该换一种说话的方式："不需要妈妈辅导，你就能晋级，这说明你有这方面的天赋，我希望还能看到你在这个比赛过程中的付出和收获。继续加油，争取复赛晋级！"

复赛前两天，我临时建议他换一个朗诵内容《我骄傲，我是中国人》，因为有很多孩子都朗诵了《我们爱你呀，中国》，这两篇文章在内容和情感基调上有很多的相似之处。没想到儿子一个劲儿地摇头说："最近我要排练学校的节目呢，肯定来不及。"《正面管教》这篇文章里提到过：要从冲突上退出来才能赢得合作的可能。于是我进一步鼓励他："来，妈妈相信你的能力，我来陪着你一起记忆，咱们来比赛谁记得快！"可是儿子却坚持不换。于是我诚恳地对他说："妈妈事先没有和你一起商量，临时变化，这是我的不对，妈妈向你道歉。但是，我们另辟蹊径，这样取胜的把握会更大。不断求索、不断挑战，这种意义远远超出了比赛本身。这两个难度系数不一样的，我们需要不断挑战，妈妈相信你一定能行，我们先来背两段试试看嘛。"儿子一边不情愿地嘟着嘴去背诵，一边不住地嘀咕道："太难了，我肯定完成不了。"

面对他的不配合，我和善而坚定地说："人的记忆力是惊人的，咱们今天来挑战一下，完成这样一篇文章的背诵，需要多长时间？要想提高记忆效率，我们应该怎么做？"于是儿子静下心来自己朗读思考，累了就在网上学习别人朗诵的视频，一遍遍对着音乐练习，一个晚上，就完成了任务。我对儿子说："干得好！我感受到了你的努力和认真！可是比赛只有两天了，妈妈建议你今天把内容全部记住，明天还要配音乐、练动作呢。"儿子在我的建议下，不到两天就完成了，而且朗诵得有模有样。复赛快要开始时，儿子又胆怯地问我："妈妈，万一我记得不熟，怎么办呢？"我笑着鼓励他说："努力到无能为力，你已经尽力了，这就是最大的收获！"儿子冲我一笑，自信满满地走上了演讲台。当儿子顺利进入十强的时候，感激地对我说："原来我的爆发力这么强，谢谢老妈的鼓励！"

鼓励让我学会了智慧地引导，同时也让儿子学会了自我评价，感受到自身存在的价值！善于运用鼓励，每个孩子都会找到奋力前行的力量！

唯一的敌人是自己

许小娟

暑假里,儿子看见小区里的同龄孩子在玩滑板,脸上不自觉地流露出羡慕的神情。

我试探着问:"你想学吗?要不咱们也买一个?"

"我才不想学呢!有什么好玩的!"

好吧,是我自讨没趣。

没几天又遇见那位追风少年,儿子的眼睛依然紧盯不放,生怕错过任何一个细小的动作。我又试探着问:"你想试试吗?"儿子头摇得像拨浪鼓似的。

我失望至极,但仍然充满信心地鼓励他:"光羡慕别人有什么用?你连尝试的勇气都没有,怎么就知道自己不行呢?"儿子什么都没说,眼睛里的光渐渐暗淡了下去,很受伤似地说:"你厉害,那你试试呀!"这下我无语了,真是个胆小鬼!

孩子天生就是挑战者、冒险家,为何他那么感兴趣却不敢尝试呢?还记得他小时候想要学溜冰,我们觉得危险,不让他玩,他却一定要学,不过后来重重地摔了一跤,膝盖和手腕都摔破了,从此以后再也不碰溜冰鞋了。难道是那场摔跤给他留下了阴影,让他变得胆怯了?从此再也不敢轻易尝试了?

比马龙效应告诉我们,自我认定的力量非常惊人。如果一个人认为自己不行,那他连简单的尝试都会缺乏自信去挑战。反之,即使困难重重,也没有什么力量能限制我们去创造奇迹。

这让我联想到不久前看到的一个故事,于是我尝试着问他:"你觉得用一条铁链能拴住小木桩上的大象吗?"儿子说:"当然不能,大象的力气大得很呢!"

"如果这头大象从吃奶的时候就一直被铁链拴在木桩上,那时它也曾费力挣扎,却一直摆脱不了,即使它后来长成力量无穷的大象,还是认定自己挣脱不了这样的束缚,它就会完全放弃再做尝试了。"

儿子若有所思,片刻过后,他仰起头微笑着看着我说:"妈妈,我明白你的意思了。一个人的唯一敌人是自己。人往往是被自己打败的。笛福在《鲁滨孙漂流记》中也说过:'害怕危险的心理比危险本身还要可怕一万倍。'我想试试看,可以吗?"我对他竖起大拇指:"好样的!"

是的,唯一的敌人是自己,意念、心念之于人可以是万夫莫敌,也可以是万念俱灰。每个孩子都是在饱受挫折、挣扎于自信与胆怯的过程中才逐渐成长起来的。

当孩子胆怯、不敢前行的时候,许多家长的焦虑油然而生,自恃见多识广的家长往往还会蔑视孩子的能力不足,忍不住口不择言地批评责备,想通过负面的话语刺激孩子"见贤思齐",这样做效果甚微,甚至导致孩子破罐子破摔,双方关系变得更加紧张,从而失去帮助孩子成长的机会。

如果我们真正走进孩子的内心,接纳他们的无助,激发他们可贵的进取心,就能让孩子发掘自己内在的潜能,进而帮助孩子建立自己的自信宝库,无所畏惧地在人生道路上前行。

相"识"不相"见"

赵 红

近日去日本游玩,看到满大街的日文,居然有一大半都是中文繁体字,一看就感觉熟悉,意思也与中文差不多。细看下来,还挺有意思。

"愛"有心才有爱,"親"经常见面才是亲人,中国的繁体字加上日本的文字符号,无不透出一个信息,爱一个人就是要见面,就是要互相陪伴,用心去体会生活中的点点滴滴。

生活中的人与人之间,往往相识不相见。网络上的朋友聊得热火朝天,却从未见过面。老师和家长经常微信、QQ交流,却不知对方长什么样。更有甚者,父母和孩子同住一个城市,却很少相聚团圆。通信发达,人们隔着屏幕传递亲情,倾诉思念,因总是被琐事羁绊,无法相见。渐渐地,人与人之间淡漠了,疏远了,不知何时,打个电话都是奢侈了。

我们总是抱怨现在的孩子难教育,但是你为孩子做了什么,你用自己的行动告诉孩子怎么做了吗?你捧着手机浏览,却让孩子去写作业;你看着精彩的节目,却让孩子去看书;你半夜未归,在外应酬欢娱,却让孩子在家快点上床睡觉……这样的场景似乎司空见惯:一家三四个人,每人一部手机,你浏览你的新闻,我打我的游戏,他看着搞笑的视频。相见还不如不见,似乎见着也不相知。印度著名诗人泰戈尔说:"世界上最远的距离,不是生与死的距离,而是我站在你面前,你不知道我爱你。"孩子就在你身边,你真的知道孩子需要什么吗?

最近网络上报道了一则令人心痛的新闻,双胞胎姐妹在海滩玩耍,不慎溺亡,她们的母亲就在不远处发了条短信,就找不到自己的孩子了。父母的一点疏忽,就把孩子推向了死神。目不转睛,处处留心,是照顾孩子、陪伴孩子成长过程中最重要的事情,千万别把孩子推向黑暗的深渊。

不少学生亲口告诉我,自己的父母爱手机胜过爱他(她),也经常有孩子向我倾诉,父母因忙于工作、应酬而很少陪伴自己。但是他们的父母觉得自己奔波是为了给孩子更好的生活,通过接触,我也能感受到这些家长对孩子浓浓的爱意。但是孩子为什么没有感受到呢?确保把爱的信息传递给孩子,是父母能够给予自己孩子的最伟大礼物。孩子对自己的认知,是通过父母对自己的评价来建立的。当孩子感受到爱、归属感和自我价值感时,他们就有了开发自己的全部潜能,从而成长为一个快乐、对社会有所贡献的人的基础。当爱的信息得到传递时,父母对孩子的积极影响就传递给了他们。

帮助孩子感受到爱的最简单的方式,就是每天说很多次"我爱你"。要多给孩子拥抱和亲吻,要和孩子一起计划特别时光的安排。孩子们需要与父亲、母亲单独相处的时间,不要忘记和孩子一起玩耍,更重要的是要花时间一起享受乐趣。要在活动中留下一些家庭乐趣的美好回忆,而不是待在一起,却隔着一层"厚厚"的屏幕。安藤樱在《小偷家族》中说道:"不是把孩子生下来就有资格做父母的。"我们要在做父母的路途中不断努力、不断进步,因为为人父母、为人子女知道:缺心之爱不温暖,不见之亲不相知。

写给终于升上围棋三段的儿子

许文明

泽，祝贺你，终于拿到了围棋业余三段的证书！这张证书你已经盼了整整一年，对吗？

还记得你二年级国庆节的时候，那是你第一次去打段位赛，比赛地点还远在如皋，妈妈陪你去参加围棋定段比赛。一天半的时间，娘俩有了第一次一起入住宾馆的经历。在那一天半里，你要完成七局围棋赛，每一局的输与赢，都将影响着你最终的成绩，也会影响你下一局比赛的心情。妈妈是不自信的，不能确认残忍的七局，每局赢或输后该怎样给你做心理疏导。还记得每一局比赛前，我们几个妈妈都要尾随着你们到比赛场地，看看你们有没有静下心来。看到其他孩子或嘻嘻哈哈，或东张西望，你却正襟危坐，目光注视着对手，妈妈一阵窃喜：这孩子，相当坚毅！就是那次比赛，你五连胜拿下围棋一段，爸爸妈妈很为你骄傲！

一年后，还是国庆，你参加一段升二段的围棋比赛。前六局，你赢了四局，老师特地过来嘱咐你："胜负就在最后一局，赢了，铁定上二段，输了，就没有指望！"深知你秉性的爸爸妈妈也只能鼓励你："下棋的时候一定要慢点，再慢点！只要你全力以赴，相信你一定可以。"那时，你坚定地点点头。

当其他孩子陆陆续续下完最后一局棋出来了，你却迟迟不见人影。此时，爸爸妈妈是欣喜的：一向做事莽撞，落子速度很快的你这次一定是当回事了，很小心地在下呢！一会儿，有熟识的小朋友出来，告诉妈妈："许蒋泽正在和黄佳楠比最后一局。"黄佳楠是妈妈的学生，棋龄比你长很多，而且据妈妈对黄佳楠的了解，那么稳重的一个孩子，和他下棋，在性格上、技术上，你都是处于劣势的。果不其然，当这一轮比赛差不多都结束了的时候，你耷拉着脑袋出来了，那沮丧的样子，一眼就知道了结果！

回老家的路上，妈妈和你分析得失，安慰你：这个结果爸妈还是可以接受的，因为你小分高，所以只赢了四局的你最后一局才正好遇到赢了五局的黄佳楠，和黄佳楠下棋，你确实胜算不大，但是你坚持到了最后，说明你已经尽力了！棋如人生，实力当然是最重要的，但有时候，也需要一点点运气！并不是所有的努力都一定有回报的！这次你输了，说明运气不够好之外，实力确实也还差一点，有了这次积淀，下次，你一定能够成功！话未说完，好消息到了：因为你小分高，因为你碰到的对手分数高，你上了二段！我们都松了口气：确实是个很完美的结局！同时，我们都心照不宣地有了一个美美的想法：照这样，一年升一段，你小学结束升个四段甚至五段不是没有可能！

打完二段的你已经是小学中年级的学生了，渐渐地，爸爸妈妈开始放手让你自己去打比赛，有空可以陪你去，没空就让你搭朋友家车去。其实，爸爸妈妈也是想告诉你，你已经长大了，风雨来了要学会自己承担！可是，每次比赛的结果都不是很理想。记得三年级的暑假结束前，当我们都认为你差不多应该能升三段的时候，你第一天比赛完回来告诉我们：你第一、二局都赢了，但是第三局遇到了大人心里就慌了，觉得打败大人太难，就这样，兵败如山倒，你接连输了三局。望着你含泪的双眼，妈妈再一次鼓励你：人生不可能一帆风顺，但一定要奋斗不止！虽然这次比赛你已经没有希望赢了，而且第二天爸爸妈妈没空陪你去，但是你自己一定要坚持去完成比赛！

因为没有完成既定的计划打上三段，所以从四年级开始，你没有放弃任何一场升段赛的机会，屡战屡败，屡败屡战，而且着了魔似的每次都是先赢后输。其实现在仔细想想，并不是着了魔，而是你想赢的心太急切了，每次下棋都不那么淡定，而且，你每次都是信心满满的，轻敌也是很重要的因素。骄傲、轻敌、心急，你的缺点在围棋比赛中暴露无遗！也好，这样也算是达到送你学围棋的目的了：认清自己的问题，再不断改正！

这次暑假结束前的围棋比赛，爸爸妈妈依然要上班没有陪你去，也没有在比赛期间给你打一个电话，只是默默地关注着公众号上不断更新的成绩：第一局胜，第二局输，第三局胜，第四局胜……胜了六局的你回家后，那么波澜不惊地吐出三个字："我过了！"真好，有大孩子的风范！真好，付出，总会有回报，只不过有时候你要接受更多的考验！

泽，到现在，你正好有了五年的学围棋生涯，仅以此做个小结，将来，还有更长的路等着你，孩子，加油！

一声叹息，泄露了心中的秘密

李小琴

吃晚饭时，心阳和我谈到她们班一个孩子：在小测验中得了九十分，回家后被他妈妈狠狠地批评了。

"狠狠地批评？那是什么样的？"我好奇地问。

"就是严厉地教训了一番，说什么粗心啊，怎么考得那么差劲啊，还生气地把试卷扔到他的脸上！反正，考得不好，孩子挺可怜的。"

"啊？怎么会这样呢？九十分不是挺好的嘛？"我疑惑地说。

"因为这次考试，全班九十分以上的有三十几个呢！"心阳道出了原因。

"噢，是这样啊！我觉得他的妈妈要求比我高，更希望孩子优秀，对吧？"我想了一想，看着心阳说，"我好像从来没有这样狠狠地批评过你。"

"那当然喽！"心阳放下筷子，愉快地说，"我记得一年级的时候，我拼音搞不懂，默写不及格，你没有生气，反而安慰我说，可能是遗传，因为你小学低年级的时候成绩也不好，到了三年级以后，脑子就开窍了，成绩就好起来了。你记得吗？"

"记得。当时，我其实也挺担心的。我教过一年级，自然知道拼音默写不及格意味着什么。可是，和你的学习成绩相比，我更看重你的学习兴趣。"看着心阳清澈的眼眸，我肯定地告诉她。

"嗯，还有一次小测验，全班只有几个人考了九十分以下，我就是其中的一个。你还记得当初是怎么和我说的吗？"心阳接着问。

"不记得了。总之，我知道自己没有批评你。因为我提醒过自己，自己曾经也是一个差生，更要理解你考不好时候的心理。只要你努力了，不管结果怎样，我都会坦然接受。我会尽自己的能力，去帮助你、呵护你，而不是去指责你、嘲笑你。"我微笑着说。

"嗯，这一点，我同意。前不久，你英语考了七十九分，你妈妈一回家就告诉了我。说中午的时候，你已经告诉了她，当时你还笑着和她说的。妈妈也笑着和你说：做好心理准备，回家后，我可能会批评你。但是，妈妈猜测你心里应该挺难过的，让我不要多说你了。"阿民不由自主地说。

"其实，妈妈的确做得很好！"心阳看着我，眼睛亮晶晶的，"但是，我还是能感觉妈妈曾经对我失望过。"

"是吗？"我觉得不可思议，回想自己所做的行为，没有发现自己表现过对她的失望呀！我记得自己一直是鼓励她、欣赏她的。

"嗯。那次小测验，只有几个人考到九十分以下，你虽然对我说：没有关系，慢慢来。但是，说完这句话以后，你又盯着试卷看了一会儿，然后叹了一口气。就是那声叹息，我知道，你对我失望了，对不对？"心阳狡黠地看着我，问道。

嗯，我不能否认自己的真实想法。我的确对她有过失望，而且那是早在她上幼儿园的时候。有一次家长开放日,我观察了她一堂课,发现她反应不够灵活,老师讲课时,她注意力不集中,不善于倾听,整堂课没有回答一个问题。单纯的她,只会时不时回过头来冲着我傻笑。我当时虽然也掩饰着情绪,不断地朝她微笑着,心里却泛着酸楚。那晚,在夜深人静之时,我问过自己:"如果心阳在学习之初,像曾经的自己,懵懵懂懂,学习感到吃力,该用什么样的态度去对待她?"然后,我告诉自己:要尽力隐藏自己失落或是失望的情绪,给她温暖,给她鼓励,和她一起努力。

然而,没想到,一年级的她,竟然能够从我的一声叹息中,感受到我真实的想法,而且记忆犹新,在几年后的某一天,告诉我。如果她不说,我永远都不知道,还一直庆幸自己做得很不错。可见,家长不经意的一言一行对孩子影响多么深远!李镇西先生说:"做最好的家长就是:家长要成为孩子人格的榜样;成为孩子的知心朋友;家长和孩子共同阅读;和孩子一起写作,哪怕只是一句话。只有家长好好学习,孩子才能天天向上。"我深以为然。不要认为孩子还小,什么都不懂,其实他们有着最纯真的眼睛,有着最敏感的心灵,有时也能够感受到家长行为背后所包含的情绪、情感。

为人父母,需要不断成长;智慧家长,需要不断修炼。

和大家分享一首马迪·金的小诗,让我们一起走进孩子的心。

如果您能记住

如果您能记住,您走一步,我要走三步才能赶上;
如果您能理解,我观察世界的眼睛比您的眼睛矮三英寸;
如果您能在我乐意的时候让我自己试试,而不是把我推到前面或挡在后面;
如果您能满怀爱心地感受我的人生,不剥夺我自我决定的需要,
那么我将长大、学习和改变。
如果您能记住,我需要时间获得您已有的生活经验;
如果您能理解,我只讲诉那些相对我的成熟程度来说有意义的事情;
如果您能在我可以时让我独自迈出一步,而不是把我猛推出去或拉回来;
如果您能用您的希望感受我的生活,而不破坏我对现实的感觉,
那么我将长大、学习和改变。
如果您能记住,我像您一样,失败后再试需要勇气;
如果您能理解,我必须自己弄清我是谁;
如果您在我想要时让我自己寻找自己的路,而不是为我选择您认为我该走的路;
如果您能用您的爱感受我的人生,而不破坏我自由呼吸的空间,
那么我将长大、学习和改变。

一桶爆米花

杜云云

事件回顾：

周末，陪孩子一起去看电影《哆啦A梦》，孩子一边津津有味地吃着爆米花，一边全神贯注地看着电影，心情无比愉悦。疲惫的我看着动画片，略有些无聊，辗转想换个舒适一些的坐姿小憩一会儿，意外发生了。我一个侧转，打翻了孩子才吃了一小半的爆米花，包装盒直直地扣在了地上，发出了一声空响，孩子正要拿爆米花的手悬在半空，我们四目相对，空气突然凝固，时间仿佛静止。我看着撒了一地的爆米花，心里很是自责，我破坏了孩子刚刚才开启的美妙的观影感受，心想：孩子要发脾气了吧。没曾想，孩子放下悬着的手，说："妈妈，你是不小心的，没事的。"说着就去收拾满地的爆米花。我做错了事情，孩子反馈给我的不是责备，而是原谅和理解，这让我的内心很温暖。

曾经和孩子相处时也常常会有这样的事情发生，有时她无意间打翻了碗筷，一脸的惊恐和自责，我们通常的做法是：检查她有没有受伤，然后请她帮助我们一起打扫，分散和缓解她的害怕的心理。当她的紧张、自责情绪有所缓解后，再告诉她下次一定要小心，因为有可能会伤害到自己。从"爆米花事件"中孩子的反应可以看出，我们的处理方式潜移默化地被孩子习得并运用了。

毕淑敏在《附耳细说》里说，父母常常以为小孩子是没有或是缺乏自尊心的，随意地大声呵斥他们，为了一点小小的过错，唠叨不止。不管是什么场合，有什么人在场，只顾自己说得痛快，全然不理会小小的孩子是否承受得了。以为只要是良药，再苦涩，孩子也应该脸不变心不跳地吞下去，孩子越痛苦，越说明对这次教育的印象深刻，越能够起举一反三的效力。这样的父母，实在是想错了。比如，孩子成绩考得糟糕了，面对的是很多方面的压力，这些压力来自同伴、老师以及他内心对"优秀"的渴望，而此刻又叠加了担忧和恐惧，甚至产生了对自己能力的怀疑。如果此时，家长眼中只有分数，眼中只有"别人家的孩子"，将孩子一通斥责，喋喋不休地告诉孩子应该怎样，孩子不忏悔不反思决不罢休。这样的处理方式，孩子担忧和恐惧的情绪非但没有得到排解，反而不断地积压，这对于孩子良好人格的培养不仅没有益处，父母和孩子的关系也会日渐恶化。

在《正面管教》中有这样一句话：当孩子们觉得你理解他们的观点时，他们就受到鼓舞。一旦他们觉得被理解了，就会更愿意听取你的观点，并努力找出解决问题的方法。教育，真正的挑战从来都不是孩子的"错误行为"，而是成人如何利用每一个"错误"教会孩子生活技能和品格。当然，想要孩子怎么样，家长要先做到这个样子，因为孩子通过模仿行为来学习，而不是通过听成年人说教。当我们的心里有孩子，选择用尊重、平等的方式来处理问题，孩子给予的回馈就是更多的爱和尊重。

有效沟通，让你和孩子更贴心

祝燕飞

最近，班上不少家长和我交流，说孩子到了青春期，非常叛逆，根本无法沟通。出现这种状况的时候，很多家长都在孩子身上找原因，那家长有没有在自己身上找找原因？家长在和孩子交流沟通的过程中，说对话了吗？

我们来设想一下：假如你的儿子放学后要参加学校的足球队，本来跟你约好训练完后在校门口接他。可是训练完了之后你去接他，他却没有在校门口等你，让你找了他半天。如果你遇到这种情况，你会怎么对你的孩子说呢？

你可能会这样说："你给我记住，以后必须在我们约好的地方等我！"

你可能会这样说："如果你再不在约好的地方等我，以后你就不要参加足球队训练了。"

你可能会这样说："儿子，你不应该那样做。"

又或许你会这样对孩子说：你为什么三番两次不听话？你踢完了球，就不能去我们约好的地方吗？

第一种说法是直接命令、指示、指挥；第二种说法是警告、训诫，甚至威胁；第三种说法是劝告、说教；第四种说法是给出建议，提出意见或解决方案。从这些语言中，我们发现很多父母和孩子说话的时候，都是直接给孩子一个"解决问题的方案"，这个就是父母经常对孩子做的事情。父母不会等待孩子主动做出体谅他们的行为，而是直接告诉他们必须怎样或者应该怎样做。很多时候，你和孩子之间的事情都是由你来定调子，由你来控制。别忘了，孩子也是独立的人，也有自己的想法、情感。随着孩子年龄的增长，他们会越来越讨厌你这样对他说话，可能会反驳，可能索性充耳不闻，这样就出现了家长们口中的叛逆和无法沟通。

大家有没有发现，上面那些父母说的话，都是以"你"字开头的，如果这样和孩子沟通，结果都会是无效沟通。作为家长，我们在说话的时候，可以换一种说话的方式来和孩子进行有效沟通。

研究表明，如果父母和孩子交流时，所说的话中包含着这三部分内容——行为、感受、影响，孩子就会更愿意与父母交流，更愿意改变他们的不好行为。

行为，是指一个孩子所做的事情或所说的话。家长先对孩子不好的行为做一个简单描述，他做了什么令你烦恼，而不是你直接对这种行为进行评判。

感受，是父母对孩子不好行为的感受。面对孩子的不好行为，父母需要了解自己的真实感受：我是不是生气了、害怕了、担心了？或是感到尴尬、没面子等？

影响，就是这种不好的行为对父母产生的影响。通常，一种实际而具体的影响就是让你耗费钱财、时间。它可能会使你目前无法做你想要做的事，或是需要做的事。它可能使你的身体受到伤害，使你疲倦，或者使你疼痛或不适。

再回过头来看看开头提到那个孩子踢球后不在约定地方等父母的事情，我们用上刚才的方法，可以这样说："你训练完了，没有在我们约好的地方等我，我很担心。我浪费了很多时间到处找你，一家人晚饭都不能及时吃，还麻烦了许多人。"我想孩子听你这样说了，一定会意识到自己行为的不对，会体谅父母，他的行为一定会有所改变。

　　随着年龄的增长，孩子的自我意识越来越强，父母在和孩子交流的时候更应该心平气和地以朋友的身份进行沟通。当遇上有什么令我们不能接受的行为时，不要一味地批评指责或直接给出建议，我们可以试着用上"行为＋感受＋影响"这样的说话方式来和孩子进行有效沟通，说不定会有意想不到的效果哦！

"特别的时光",真心的陪伴

李小琴

"姨妈好,姨妈好!"小汤圆(办公室同事的女儿,上幼儿园中班)一进办公室就快乐地和我打招呼。我忙着批改作业,但又着急地想要抱她,真是有点矛盾呢!谁知,她放下小书包,跑到我的身边,摇着我的手臂,撒娇地唤着:"姨妈好!"我立即放下手中的笔,张开双臂,迅速地抱住了她。她软软的、暖暖的小身子马上依偎在我的怀里,她的头紧紧地靠在我的肩膀上,我的心一下子就被萌化了。

这是我和她约定的"每日一抱":只要她走进我们办公室,只要我在,我们就要放下一切,拥抱一回。这样颇有仪式感的举动,我们已经坚持了一个多月了,这样一段"特别的时光",我们每天都在期待着,这让我和她的关系变得更加亲密。

"父母能为孩子做的令人鼓舞的事情之一,就是定期计划陪孩子享受特别的时光。这种'计划好的特别时间'与'不得已的时间''随意的时间'相比,大不一样。"这是我在《正面管教》([美]简·尼尔森)一书中看到的一段话,读后颇有感触。

我们一家三口也曾约定过,每周日到附近风景点去玩玩,或是参观一座寺庙,或是游走一条古街,或是走进一个公园,沐浴清风与阳光,聊聊天说说地,过一种恬静而舒适的生活。我觉得女儿心阳很期待每周这一天的到来,很喜欢这段"特别的时光",因为这一天,我们只属于彼此。心阳说她能感觉到自己对于我们来说,很重要。

有一次,我们去常州恐龙园玩。心阳兴致勃勃,她拉着我的手,不时地仰着脑袋对我微笑。我也被她的快乐感染了。我们排队观看海狮、海豹表演,人很多,但丝毫没有影响到她的心情。转眼,一个小时过去了,但队伍还是很长,我有点不耐烦了。心阳在这个时候说要去洗手间。洗手间排队的人也很多,她去了很长时间也没有回来,而观看下一场表演的时间已经到了,我很焦急。等她满头大汗地赶来时,我们已经进不去了。心阳很是遗憾,我忍不住抱怨她在关键时候掉链子。她却很认真地告诉我:"进不去没有关系,可以再等,别忘了我们出来玩就是为了快乐的!"

望着她的眼睛,我心中的雾霾散去了。"在亲子关系里,父母和孩子的沟通无论采用什么方式,重要的是最终的结果。孩子的进步似乎是自然而然且无可阻挡的那么一个过程,家长只要用全心的爱去陪伴,并静静地等待和欣赏就已足够。"刘称莲在《陪孩子走过小学六年》这本书中曾这样写着。是的,我曾经告诉她,周日我们一起出去玩,就是为了生活更快乐!她记住了,而我却忘了……

"安排好的特别的时光是对你的一个提醒,提醒你当初为什么要孩子——是为了和他们在一起的快乐。"记得自己的初心,才能和孩子走更远的路,才能更好地和孩子一起成长!安排一个"特别的时光",会让孩子更有归属感和价值感,也会让生活更具仪式感。

如何安排"特别的时光",又需要注意什么呢?《正面管教》中提出的一些观点,我们可以借鉴一下:

1. 列清单：把要和孩子一起做的事情列清单，列尽可能想到的所有的事情。

2. 筛选清单：和孩子一起筛选清单，将超出金额和时间范围的挪出来另外安排。

3. 确定"特别的时光"的时间：根据孩子年龄、孩子的需求、家长的时间安排，可以确定每天晚上某个时间段或周末某一个时间段为"特别的时光"。

4. 在"特别的时光"内不受打扰，这段时间属于孩子，要全心全意陪伴孩子。

让我们安排并珍惜这样的"特别的时光"吧！愿我们的岁月可回首，未来亦可期。

你的戳心话，我的远天涯

李小琴

良言一句三冬暖，恶语伤人六月寒。

道理大家似乎都懂。但一遇到特定场合，又有多少人能管好自己的嘴，不逞口舌之快？

"你给我滚！这里不是你家，你去捡垃圾吧！"

"你有没有脑子？"

"你咋不去'死'呢？你别跟别人说我是你妈！"

"上什么学？成绩这么差！扫厕所去吧！"

……

在一次心理健康课上，我进行了一次无记名的问卷调查——你父母的戳心话、暖心话排行榜。我想根据孩子的心理状况，进行相应地指导。但是，当看到了家长在盛怒之下如利剑一般的话语，我的心疼了。我想起了漫画家几米曾说："小孩宁愿被仙人掌刺伤，也不愿听见大人对他的冷嘲热讽。"但是，真正了解孩子心的大人又有多少呢？

记得那天看完孩子们写下的内容之后，我似有万语千言，又不知从何说起，只能沉默良久。我想到了要开一次家长会，想到了要进行一次家访，想到了要与孩子进行一回促膝交流，甚至想到了回家后，要与自己的女儿进行一场倾心谈话。

心动之后，就展开了行动。吃晚餐时，我微笑地和女儿谈起了这个问卷调查，也询问了她的想法。可能是当时气氛太过美好，她一股脑地数落了我和爱人的诸多不是："我不会的作业题请教爸爸时，他有时会轻蔑地说：'这么简单，你都不会！'说得我再也不想问他了；我表现不太好的时候，妈妈就会说：'怎么这个样子，太让我失望了。走开，我现在不想看到你！'；我想到外面吃点好吃的，有时你们会说：'就知道吃！作业做好了吗？课外书读了吗？用点心思在学习上！'……"

女儿绘声绘色地描述，惟妙惟肖地模仿，似情景再现，让我和爱人又好笑又好气。但如果不是有这样的机会让她说出来，我还觉得自己一直做得挺不错的。

口能吐玫瑰，也能吐蒺藜。孩子是一面镜子，让我清晰地看到了一直忽视的东西，她照出了我的不足。我不禁再次翻看那天学生在课上写的文字，其中一个孩子的心声让我终于明白了许多孩子和父母心与心之间遥远的距离是如何产生的：

"每一次他们骂我，总会说出一些侮辱性的词汇和一些无理的言论。但说后，他们从不承认，反而认为是我的理解有问题。"

"老师，麻烦你跟我孩子说一说，我的话他不听！""老师，我的孩子现在不愿意和我说一句话，我不知道他在想什么，你能帮我了解一下吗？""老师，我的孩子昨晚不做作业，你今天重重惩罚他，让他多抄写几遍，再不行，打也可以！"……当教师的，经常能听到家长这样说。他们这些话的背后，是愤慨，是伤心，是无奈，是无措！其实他们不知道，正是自己的戳心话，如蒺藜一般，让孩子心灵伤痕累累，疲惫不堪，最终只能选择挑衅、反抗，甚至长久地沉默。

父母的"口下不留情",让孩子的心"远走天涯",从此,世界上最遥远的距离就形成了。所以,做父母的,遇事要少一些抱怨、指责、数落,多一点心平气和、温柔细致。因为,你今天对待孩子的态度,很有可能在未来的岁月里,孩子——"回报"给你!

诗人顾城在《我总觉得》中这样写道——

> 我总觉得,
> 星星曾生长在一起,
> 像一串绿葡萄,
> 因为天体的转动,
> 滚落到四方。
>
> 我总觉得,
> 人类曾聚集在一起,
> 像一碟小彩豆,
> 因为陆地的破裂,
> 迸溅到各方。
>
> 我总觉得,
> 心灵曾依恋在一起,
> 像一窝野蜜蜂,
> 因为生活的风暴,
> 飞散在远方。

是呀,我也总觉得心灵曾是依恋在一起的,尤其是父母与孩子。可是,因为言语的"风暴",导致感情的"破裂",所以最后渐行渐远,心生怨念,相看两厌。所以,为了家庭的幸福,家长们要"学会好好说话",要修炼"一开口就让人喜欢你"的真功!

附:孩子写下的10句戳心话,你中招了吗?

我当初就不该生你的,你就是来气我的。没有你,我自己过得老好了。

你再表现不好,我就不要你了。

我对你很失望。

你看看人家,再看看自己,像什么样子!

我说不行就不行!

你要上学吗?你还要上学干什么!

你是猪吗?猪估计都比你考得好!

我不是你妈,你以后不要再叫我妈了!

你除了吃饭,还会干什么?

为什么你一写作业就摸东摸西?

一个孩子在戳心话排行榜的最后写道:不说了,说多了都是累,心累,身累,有泪。

"别人家的孩子"

赵 红

案例呈现：

家人、朋友一起聚餐，饭桌上，爸爸再次谈起某某家的孩子考取了通中（当地最好的高中），谁家的孩子将来肯定会考取通中，又说到自家的孩子暑假东奔西跑地补课（孩子考取了一般的高中），爷爷又笑着说："就我们家的孙子最不灵光了。"儿子瞬间就对他爸爸发飙了，吼了他爸爸两句，说他什么都不懂就不要瞎说。儿子的态度有些恶劣，引来了朋友小小的说教，说他不应该对爸爸这个态度，妈妈当时也有一股火在心头，但是在公共场合没有发出来。

行为分析：

爸爸不应该在公共聚餐场合，夸奖别人家的孩子多么优秀，特别是在自家孩子在场的情况下。爷爷的话其实是一种谦虚的说法，但是在孩子看来，是对自己的瞧不起。妈妈还算理智，没有当场教育，毕竟孩子大了，已经上高中了。

故事后续：

聚餐结束，妈妈和孩子谈心，告诉他不应该在公共场合这样对待自己的爸爸，别人看了会觉得你没有教养。儿子委屈地说："当爸爸总是夸奖别人家的孩子的时候，他考虑到我的感受了吗？爷爷总说我不如人家的孩子，是什么意思呢？"妈妈告诉孩子，虽然爷爷、爸爸的做法伤害了你，但你也不应该当着大人的面发火、吼叫，应该回家后找爸爸好好谈谈，说出你自己的感受和想法，相信爸爸以后也会注意到的。孩子接受了建议，觉得妈妈说得有理。同时妈妈也告诉孩子："每个人都有自己的高度，不必总是看到别人的长处，做最好的自己就行。考取一所最好的学校，不等于是拥有了最精彩的人生。不要和别人比，要和自己比、和过去的自己比，看看自己进步了没有。"

总结反思：

很多父母爱拿"别人家的孩子"来比较，目的是为了给自己家的孩子一个努力奋斗的目标。事实上，这样做不仅没有起到激励的作用，还会损伤孩子的自尊心和自信心，甚至影响孩子对父母的信任，导致父母和孩子的关系恶化。"健康的自尊"是孩子培养出"我能行"的信念的基础。

生活中很多不经意间的小事，往往成了家庭教育中的硬伤，不知不觉中拉大了父母和孩子之间的裂缝。父母一味地掌控着生活中的主导权，不给予孩子自由呼吸的空间，使得很多问题孩子由此产生了。

《蜘蛛侠》教我们如何"尊重"

杜云云

系列电影《蜘蛛侠》备受大众喜爱,"能力越大责任越大"的蜘蛛侠,满足了大家对于"英雄"的幻想。最近我看了《蜘蛛侠:英雄归来》,这一部将蜘蛛侠放置到校园中,贴合了青少年的心理,活力十足,其中的一个情节让我回味了好久。

爱炫酷、急于证明自己的蜘蛛侠屡屡犯错,遭到钢铁侠的训斥,收回了战服。蜘蛛侠灰心丧气之时,却依然不忘努力成长。他逐渐懂得不能依赖装备,而要靠自己,最终重新赢得了钢铁侠的认可。钢铁侠邀请他到复仇者联盟基地,小蜘蛛侠内心的狂喜可想而知。当钢铁侠重新将崭新的战服交给他,并告诉他即将召开新闻发布会宣告蜘蛛侠成为复仇者时,蜘蛛侠却拒绝了。蜘蛛侠拒绝了?是的。钢铁侠知道这是蜘蛛侠一直以来的愿望,所以在钢铁侠的预设当中,蜘蛛侠应该是欣喜到发狂,迫不及待接过战衣,和他威风地站在世界各地的记者面前,接受蜂拥而至的话筒和闪光灯的"洗礼"。可是,蜘蛛侠拒绝了。他一句:"我想我还没有准备好,我还有其他事情要去做。"就把钢铁侠的好意给回绝了。

试想:如果你给你的孩子准备了一场聚会,主角是你的孩子,宾客们都已经到场了,而你的孩子却说:"爸爸,我还没有准备好,我不会参加这次聚会。"你会如何做?

做法一:好言相劝。"体谅爸爸妈妈,这么多人都为你而来,你不出现,爸爸妈妈会很难堪的。"

做法二:斥责,让孩子服从权威。"所有的一切都准备好了,你没有发表意见的机会,一切都等这场聚会结束了再说!"

……

我当时脑补过如果这一幕发生在我身上,我可能的所有做法。但唯独没有想到钢铁侠的做法:"好,你完全可以按照你的想法去做。"待小蜘蛛侠转身离开后,钢铁侠独自去面对那些远道而来的记者。

我们通常知道要"尊重"孩子,可是我们却总是帮孩子做出决定,或者是我们已经做出了决定让孩子选择服从还是不服从。如果孩子选择了不服从,我们也会努力地"说服"孩子服从,这完全背离了"尊重"的本质。

要想真正"尊重"孩子,我们可能要再去琢磨琢磨这部电影中,钢铁侠这位"家长"的做法了。

第四部分
累积一生福气：生活方式篇

好的教育源于生活中的点点滴滴，所有的生活细节其实都不是小节。"没有绝对的小地方，只有绝对的小眼光"，孩子良好的生活习惯、生活方式，会为未来幸福的时光涂抹亮丽的底色。

"1、2、3"，你数过吗？

祝燕飞

曾经和一些同龄的父母谈论过："假如，你的孩子听到你吩咐他做事后，不立即照办，你会怎么做？"说法很多，很多妈妈都说到跟孩子数"1、2、3"这个方法。

作为两个男孩子的妈妈，我在家里也会经常严厉地数着"1、2、3"。孩子如果在数到"3"还不去做这件事，定然会受到一些惩罚。用这样强硬的方法，表面上孩子似乎屈服了，实际上他们会有些不情愿地去做我吩咐的事情。

直到有一天，我在一篇如何教育好家中男孩子的书中读到："孩子犯错跟他数数，看似你赢得思考处理方式的时间，但糟糕的是，给了孩子思考应该怎么来应付你的机会。他以后会有更多的机会，为自己所犯的错误寻找借口，做事犹豫、优柔寡断的性格就会慢慢形成。这样做的最大后果就是，这会让他成年后极难取得成功，无论是哪个方面。"

看到这段文字的时候，我内心一惊，在我大儿子身上，我的确看到了许多的毛病：他对别人要求很高，对自己却要求很低；喜欢为自己的错误找借口；胆子小，做事优柔寡断，做什么事都要请示，哪怕在家里上厕所、洗澡这样的小事都会向我请示。这些缺点有的或许是先天性格造成的，有的难道不是因为我经常数"1、2、3"造成的吗？当我意识到这一点的时候，"1、2、3"从此在我家里就消失了。

为什么孩子犯错时，你一定不要"数到3"？因为"数到3"，意味着对于纠正这件事，其实可以讨价还价。父母不马上回应或纠正，而是"数到3"，甚至会导致后期孩子对父母翻白眼或者直接顶嘴，使孩子变得更为偏激。

其实，解决孩子犯错的方法很简单：用正面强化和鼓励来温柔地哄他，建立起他自己的自信，养成立刻执行的习惯就好了。重要的是，你必须在此之前，发现他们的动力源是什么，这样会让你事半功倍。

另外，当孩子表现很好的时候，父母也要毫不犹豫地进行表扬，这一点和纠正他的错误，同等重要。因为，不能发现美好的事物，我们将会永远毁掉那些美好的行为。

"换个杯子",把日子过成诗

杜云云

偶然间听到一对母子的对话,妈妈问:"你说这个奶茶不就是养乐多加上了雪碧嘛,干吗不自己直接去买现成的兑来喝呢?"女儿说:"换了一个杯子,这样才有'感觉'嘛!"这种"换个杯子",得到的令人愉悦的感觉就可以说是一种"仪式感"给人带来的感觉。"仪式感"是一种对生活热爱、认真且敬畏的态度。

李思园在《生活需要仪式感》一书中说:仪式感就是使某一天与其他日子不同,使某一时刻与其他时刻不同。当日子清苦而平淡时,仪式感能让你心怀期望,消除困顿……仪式感,会让你在平凡又琐碎的日子里,找到诗意的生活。

和孩子的相处过程中,如果也能有一些仪式感,日子会渐渐温暖如诗意一般,和孩子的亲子关系也会改善。生活中的仪式感无处不在,只是我们渐渐忽视,应付着过日子罢了。可以把哪些生活细节变得有仪式感呢?

一、美好的早餐时光,只差一个盘子的距离

孩子吃早饭总是拖拉,常常半天吃不上几口,一天的开始,常常就是从早餐时的鸡飞狗跳开始。但是,每次外出旅游,在酒店吃早餐的时候,又是另一番景象。孩子自己铺好餐布,在盘子里摆好食物,倒好牛奶,吃得认真又愉快。同样是鸡蛋、牛奶,换了个地方怎么就如此不同呢?我们打趣说:外面的饭菜好吃点!其实不就差了那些"五花八门"的盘子嘛,就是这些盘子,给早餐带来了不一样的感觉,这个感觉就是"仪式感"。朋友圈里,有朋友会分享自己精心准备的早饭,食物大体相同,就是换了一个盘子、一个杯子而已,却让人食欲大增,使吃早饭成了一件特别期待和享受的事情。

二、每天一个热情的拥抱

孩子越大,家长和孩子之间的情感交流反而会越少,而情感交流对于孩子的成长是至关重要的,家长和孩子之间聊的话题越来越少,似乎除了学习还是学习。如果在孩子出门前、回家后,家长给予一个拍肩的肯定,一个热情的鼓励,没有条件,没有交换,仅仅只是一个温暖的拥抱,就能使孩子感受到爱,感受到家才是最温暖的港湾。

三、每天共读一首诗——聊聊诗,吐吐槽

每天晚上,花上半个小时的时间,和孩子一起朗诵一首小诗,没有什么朗读技巧的条条框框,只是亲子共读,一起赏析交谈。此刻窗外有虫鸣、月光,屋内有朗读、交谈,这样的仪式感不需要花费过多的金钱,获得的却是金钱换不来的美好时光。

仪式感和刻意、矫情、做作、虚伪无关,是一种热爱生活的方式。和孩子相处时,每天来点仪式感,从换个杯子开始,和孩子一起热爱生活,享受诗意人生。

你还有哪些独家的"仪式感"?期待着你的分享。

孩子总是丢三落四,怎么办?

李小琴

"妈妈,我的红领巾忘在家里了,你帮我送过来吧!""爸爸,刚刚买的《日有所诵》,我带去操场就弄丢了。""老师,我的铅笔不见了,你能帮我问同学借一支吗?"

……

每次听到孩子这样的话语,我们都会情不自禁地一声叹息吧?

其实,很多孩子(甚至成年人)都有丢三落四的毛病。虽然你已经善意地提醒了他"N"次,甚至惩罚他"N"次,依然治标不治本,最终败给了他"N+1"次的粗心大意。

他,丢三落四的习惯,依然倔强地保持着;你,头疼不已、火冒三丈,却又无可奈何着。

那么,如何改掉孩子丢三落四的习惯呢?

我觉得可以从以下几个方面进行尝试。

一、东西放在固定的地方

上一年级的时候,老师就会要求学生在课间准备好下一节课的学习用品,并且摆放在固定的地方。如书本放在左上角,文具放在正前方的凹槽里。这样,上课时,学生就能迅速拿到需要的用品,节约大量的时间。

我女儿上一年级的时候,我就教会她如何整理书包,每一样物品怎样放在固定的位置。同时,我连续监督、检查了她两个星期的书包,这样她就养成了好习惯。

其实,生活中的物品也要分类摆放,这样才有序,如剪刀、直尺、水笔等放在固定的书桌里;近期读的几本书放在床头上;袜子、内衣放在固定的抽屉里等。这样在使用时,寻找起来方便快捷,也不会弄丢。

二、东西放在绝对不会忘记的地方

我教女儿将第二天早上必须要带但又可能会忽略的东西全都准备好,提前放在门口。这是一条上学时必经之路,也是绝对不会忘记的地方,想要走过去,就得拿起来。

如果你觉得地上不够干净,可以在门背后准备一个挂钩,将物品放在袋子里,挂在上面,这样不仅方便,也不会忘记。

三、贴上醒目的"专属标签"

女儿刚刚上一年级时,回来时常难过地跟我说丢了铅笔、橡皮之类的东西。虽然这些物品不值多少钱,但还是会给学习、生活带来许多不便。有一次,因为买一块橡皮,我们走了许多路,耗费了许多时间。女儿很苦恼,我也挺生气,不仅批评了她,还惩罚了她,但是收效甚微。

后来,我当了一年级的班主任,经常发现讲台上有许多铅笔、直尺、橡皮无人认领。因为孩子们买的这些学习用品都"长"得差不多,所以询问是谁的,孩子们只是看了又看,眼神中充满犹豫,却不会走上台来认领。与此同时,我也不断接到家长电话,询问孩子的学习用品总是弄丢的原因。

我灵机一动，让每个孩子在自己的物品上写上班级、姓名，如果是书本，上面还可以写上班主任的名字，以及家长的联系号码。有了这样的"专属标签"，孩子丢东西的概率大大降低。这一招效果很好，我自己后来也常用，比如在U盘、水笔上写上名字，就基本不会丢了。

四、想到，马上就去做

有时候，我们会忘记某样东西或者某件事情，是因为我们有"一会儿再做"的侥幸心理。比如，有一次我忘记将手机带到单位了，就是因为当时看到手机在充电，心想再充一会电也好，出门的时候再带也不迟。结果，到了单位，要用手机时，才想起还在家充电呢！

孩子们会丢三落四，也有"一会儿再做"的原因。女儿说当初将《日有所诵》弄丢，就是因为在玩耍之前没有将它放到教室里。其实，她有过将其放到教室里的念头，但一闪而过，没有立即行动，只是想等玩好了，再顺便带走也不迟。然而，她开心地玩了一段时间后，就将书抛到九霄云外了。放学前，听到老师布置背诵内容，她才想起这本书，再去寻找时，已经不见了踪影。而书上又没有写班级、姓名，所以即便哪个孩子捡到了，也不知该还给谁。

所以，想到了，不拖延，马上就去做，往往能避免丢失一些东西或忘记事情。需要提醒的是：使用完某一样东西，也要记得物归原位，不要等以后，不要给自己忘掉的机会。不要怕麻烦，要立即行动，现在多花几分钟，将来说不定能节约好几个小时呢！

五、好记性，不如烂笔头

大部分人小时候都有粗枝大叶、丢东西的经历，但长大以后就慢慢好了。其实，改掉这种坏习惯的人，不是老师，也不是家长，而是孩子自己。

我看过一篇介绍日本小学的文章，说日本如今还在采用最原始的方法——用书面通知或者让孩子自己在小本子上记录，由他们自己管理自己的学习和生活。我觉得这种方式很好，我也一直在用。虽然现在交流、互动的平台很发达，比如微信群、QQ群，老师在群里发信息布置作业、提醒带东西到学校很方便。在家长支持、配合、监督之下，孩子都能记得，这样看似效果很不错，但家长作为第三方身份介入孩子的学习、生活，代替他们做事，长此以往，未见得能有效地培养孩子自治自理的能力。

因此，要帮助孩子克服忘性而不是代替他做事。最好的教育，便是自我教育。所以，我觉得让孩子将作业或是需要带到学校的东西写在本子上，做好一样，就打个钩，是一种简单易行的方式。孩子如果忘记抄写，又不记得带，就免不了接受一次批评教育，这样对于养成孩子自我承担责任、自觉进行反思的习惯，也有一定的效果。"一个黄金教育时机胜过一万次唠叨，如果孩子没有意识到自己是人生的主人公，需自己承担责任，家长再着急，再努力改变他，恐怕也收效甚微。"

我觉得这样原始的方法，也适合大人，而且一经养成，便会受益终身。比如去超市之前，把要买的物品一一罗列出来，在购买的时候，再进行核对，就会事半功倍了。

六、学做计划

记得有一次，我班的杨可伊、黄子宸找我，向我询问可不可以将本周四中午的时间交给她们，因为同学们想给敬爱的班主任王老师过一个难忘的生日派对。据说，她们无意中知道了王老师的生日,就悄悄策划了这件事。我很诧异,但还是欣然同意了。

他们准备工作做得很充分:在黑板上用彩笔写上了"生日快乐",还挂起了彩灯、彩带,进行了装饰,营造了温馨气氛。他们拜托我将王老师请进教室,孩子们为她唱生日歌,献上蛋糕与小礼物,有些学生甚至带来了乐器,为王老师表演了节目。

孩子们心意满满,创意无限,让我们为之动容。在策划这个派对时,班里的每个人都做了精心的准备,制订了计划,所以办得很成功。

由此,我想到了:不要以为孩子小不需要做什么计划,其实一个人会做计划的时期越早,人生也越容易成功。比如一个学期中,孩子要看几本好书、了解几位名人、看几部经典电影、参观几座博物馆等,都可以写出来,完成一样,划去一样。当然,一天中,孩子要完成的事情,也可以写下来贴在明显的地方,以便及时对照,查漏补缺。

荀子在《劝学》中写道:"不积跬步,无以至千里;不积小流,无以成江海。"不论做什么,只要找到正确的方向,坚持下去,就会功到自然成。所以,请相信只要找到"丢三落四"的原因,寻到合适的妙招,我们就可以理直气壮地说:再见吧,丢三落四的坏习惯!

把犯错误当成一种学习

祝燕飞

家长和老师们都有这样美好的愿景：孩子们不经过练习、不犯错误，就能获得智慧，且具有精确的判断力。但现实生活中，这是不可能的。世界上的每个人都会不断地犯错误，只要他或她活着。

班上的小浩是个调皮的男孩子，教室的黑板上似乎永远挂着他的名字：早读课不认真读书、排队时讲话导致班级扣分、垃圾扔到别人的座位下、作业不及时订正、说脏话、动手打人……以往他犯错误的时候，我用得最多的是惩罚：不读书就到我办公室多读几遍；下课打人那就取消课间休息时间去订正作业；为了让他不影响其他人，安排他一个人坐。这样惩罚并没有让小浩的行为有所好转，他甚至越来越反叛，班上的同学也越来越把他当个独立的个体来看待。班上可不仅仅只有一个小浩，每天处理孩子们的小错误，让我感觉焦头烂额。

这天，班上几个班干部急匆匆地来办公室报告："小浩又打人了，把小杰的鼻子打出血了。"我急忙回到教室，止住了小杰的鼻血，问他俩是怎么回事，可是两个人却一声不吭。因为学习了《教室里的正面管教》一书，我这一次并没有简单粗暴地去惩罚他。

下午的班会课上，我尝试着让班上的每一个人说说自己犯过的一个错误以及从中学到了什么。孩子们畅所欲言，谈了自己在错误中的收获，有的说从错误中认识到说谎的危害；有的说从错误中学到了要尊重别人；有的说从错误中感受到父母对自己的爱……很多回答真的出乎我的意料！然后我又让孩子们联系自身的实际讨论：如果一个人犯了错误，又试图掩盖自己的错误，会有什么后果？当一个人勇敢承认自己的错误，道歉并努力解决所造成的问题时，又会是怎样的情形？班上的小元第一个站起来，说了自己没做作业然后对老师、家长说谎的经历，说一个谎用了好多谎来自圆其说，感觉好累。后来自己主动和老师承认了错误，老师也原谅了他。一石激起千层浪，孩子们纷纷说起了自己犯错误的经历，都认识到当自己犯了错误，主动承认错误、及时道歉并努力承担责任，是很容易得到别人的原谅。

班会结束后，那件打架事件中的一个当事人来找我了，小杰真诚地说："老师，今天我和小浩打架是我不对，我先说他是个学渣，还说他喜欢班长是不自量力，是癞蛤蟆想吃天鹅肉。我不应该说这些伤害别人而又无聊的话，我应该向小浩道歉。"于是，我将小浩喊来，小元真诚地向小浩道歉。小浩没想过班上还会有同学向他道歉，抓了抓头，不好意思地说："我应该向你道歉，动手打人肯定是不对的。"

生活中，我们每个人都会犯错误，更何况这些年幼无知的孩子呢！一味地隐藏错误，只会让我们无法从中学习，无法改进。所以，我们应该把错误当作学习的机会，为自己的错误承担责任。在一个班级中，如果全班的学生都真正理解了他们可以通过犯错误来学习时，每个学生作为个体就不会介意为自己的错误承担责任了。在这样的集体中，孩子们不惧怕犯错误，他们会将错误看作是从同学们那里获得有价值的帮助机会。长此以往，作为班主任的我们，也会从烦琐的班级管理中解脱出来。

抱怨的孩子不快乐

赵 红

一次带小朋友去KFC,偶然间得到了一套《托马斯绘本系列》,小朋友很惊喜,再加上配套的玩具,更是爱不释手,很快就翻阅了起来。当读到《爱抱怨的邓肯(不一样的小火车)》时,小朋友嘟哝着说:"以后我不抱怨了,别人会因为我的抱怨而受到影响不开心。"我问他那应该怎么做呢?他说:"每天都要开开心心的,而且要有正能量。"小孩子还知道正能量,看来绘本对孩子的影响不小。

小朋友之所以有这样的感受,就是因为他平时喜欢抱怨,他妈妈跟我聊起过他最糟糕的一天。那天放学一回到家,他就抱怨老师布置的作业多,做了没多久又跟妈妈说:"老师不公平,讲习题的时候总是喊某个孩子回答问题,不喊我。"一个二年级的孩子已经有了公平意识,这种感到愤慨的情绪严重影响了他,直到吃晚饭,他仍然不能释怀,又抱怨妈妈做的菜不好吃,不是他喜欢吃的。这时候,在他眼里似乎全世界都在和他作对。

这一天,为了能让他及时完成作业,妈妈对他抱怨作业多这件事进行了引导,让他接受已经发生的事情,因为已经发生的事情不会因为抱怨而改变,一味地抱怨,只会让自己感觉更痛苦。妈妈鼓励他从多角度想问题,看到事情的积极方面,寻求解决的途径。老师多布置了作业,也是因为快要期末考试了,希望在考试之前让学生多掌握、多巩固。或许作业是比平时多了点,但只要抓紧做,其实也不会做到很晚,提高自己写作业的效率也许更有用。孩子在妈妈的安抚下,静下心来写作业,很快就完成了所有作业。

小火车邓肯也是这样一个爱抱怨的家伙,他抱怨自己擦不到油,抱怨没有时间休息,抱怨每天做相同的工作,甚至中途把乘客丢下。当他身处一个优秀的团队时,他变得积极向上,不再抱怨,努力解决问题,得到了同伴和乘客的赞扬。小朋友读到《最棒的团队之不再抱怨的邓肯》时,同样感受到了邓肯及同伴的快乐。他还兴致勃勃地把这个故事讲给我们大家听。讲完,他还骄傲地说:"我已经很长时间没有抱怨了,我和邓肯一样棒。"

孩子抱怨是一种情绪的发泄,孩子渴望得到别人的理解。你是不是常常听到以下的抱怨:

(对老师的不满)

"我的同桌上课不听讲,老师为什么让我跟他坐呢?"

"我就一次没有完成作业,老师就狠狠批评了我一顿,真是小题大做。"

"我的字写得挺好的,为什么拿不到星呢?老师就是不喜欢我。"

(对同伴的不满)

"今天下课玩的时候,小A居然没有邀请我参加。"

"我今天没带尺子,小B不愿意借给我,让我不能完成作业。"

"今天我和小C打架了,是他先打我的,不能怪我。"

……

首先，不论孩子抱怨什么，也不管孩子为什么要抱怨，坐下来认真倾听，即使孩子说的时候很生气或是你觉得孩子不对，也不要发表意见或是反驳，只要适时地给予一定回应："哦，是这样啊！你很生气，是吗？"当孩子情绪得到疏解，他才会静下心来跟你沟通交流，听取你的意见。

其次，针对孩子抱怨的不同事情，及时正确引导，不要火上浇油，责怪别人。也不要不屑一顾，置之不理。要鼓励孩子停止抱怨，找到解决问题的方法，而不是让孩子被动地等待环境或别人做出改变来顺应自己的需求。

最后，鼓励孩子去尝试自己的解决方法，明白"想法决定感受"。有时候孩子感到难受、愤怒、不平，并不是事情本身的原因，而是自己对事情的看法，如上述抱怨老师安排不听讲的同学和自己坐，他感到不舒服的不是这个同桌不听讲，而是老师让我跟他坐在一起。当孩子改变了想法，感受也会随之改变，如当他觉得老师安排这位同学和自己坐，是认为自己可以影响这位同学，能帮助这位同学，他就会感到自豪，从心底不抵触，也不抱怨了。要经常鼓励孩子看到事情乐观积极的一面，为自己的想法和情绪承担责任，做自己思想和情绪的主人。

鱼只有不抱怨水有激浪，才能得到寻欢遨游的空间；鸟只有不抱怨风有狂暴，才能得到自由翱翔的空间；人只有不抱怨生活有苦难，才能得到美好的灿烂人生。

孩子撒谎，怎么办？

姜 慧

曾经有这样一个孩子，经常拿同学东西，跟家长沟通之后，不良行为依然不见好转。再次与家长联系，家长说："老师，我狠狠揍过他，天天回去都问他有没有拿别人东西，他都告诉我没有拿。"言语间，似乎是在质疑老师的情况反馈。老师将具体情况再次如实描述了一遍，家长问："他为什么撒谎啊？"

是啊，为什么？这个问题很关键！

这也是困扰着许多家长的问题，值得探讨。

在孩子幼年时期，家长就不失时机地在他们心中建立起道德标准，告诉他们什么是对，什么是错。现在更有大量的绘本图文并茂地帮助父母培养孩子言行的基本规范。"做一个诚实的人，就是要说真话；做一个诚实的人，大家都会信任你；当你把不属于自己的东西还给别人时，你就是一个诚实的人……"英国的情商培养绘本《诚实》，就清楚明白地告诉孩子什么是"诚实"，让"诚实"有章可循。

残酷的是，孩子还是会撒谎。面对孩子的谎言，家长往往将孩子一时错误的行为上升到道德层面，认为这是孩子的人品出了问题。人品出了问题，又怎么能够成人呢？于是如临大敌地给孩子贴上"坏孩子"的标签，说出一些类似"你这不诚实的小孩！""撒谎绝对无法容忍！"的话语。

多伦多大学发展心理学家李康教授团队发现：2岁孩子中，30%会撒谎；3岁，撒谎率达到50%；4岁后，撒谎的概率上升到80%。可以说，撒谎是成长中不可避免的事情，与道德、家教、性格、性别都没有关系！撒谎还是孩子"做人"的一项高级技能，科学家的实验表明：会撒谎的孩子，在记忆、语言表达、执行能力方面都比不会撒谎的孩子分数要高。当然，这并不意味着我们可以纵容、鼓励孩子说谎。

孩子撒谎，我们首先要做的是冷静分析孩子说谎背后的具体原因。

低龄孩童对时间、空间、人物等认知都比较模糊，再加上想象力丰富的特点，常常会把想象和现实混为一谈。低年级老师们在处理孩子们的"纠纷"时，经常遇到这种情况：同一件事，先后向同一个孩子了解情况，会得到不同答案。或者向一群孩子了解情况，每个人说的截然不同。这是一种情况。

《狼来了》这个故事常常被家长用来教育孩子不要撒谎，故事里的小牧童几次三番地说谎又是因为什么呢？其实，就像孩子用哭闹的手段引起家长的关注一样，这个在山上放羊的小牧童太孤单，于是心中的婴儿自我膨胀，不顾后果无事生非。这是另一种情况。

哲学家罗素说："孩子不诚实几乎总是恐惧的结果。"面对孩子的谎言，家长的第一反应多半是："说，是不是你干的？"急于揪出谎言，似乎这样就能让孩子羞愧，从而让谎言彻底消失。然而，简单粗暴的教育方式，往往适得其反，很可能真的就把孩子推向"说谎"之路。绘本《我不敢说我怕被骂》的故事中有这样一段情节：小女孩莫伊拉因为羞愧和害怕，肚子里藏了太多的秘密,以致什么也吃不下,晚餐变成了"一场灾难"。莫伊拉的"怕"从何而来呢?从书名中可以推想:之前她做错事被指责过,出于自我保护,选择了撒谎。这是第三种情况,最为常见。

接下来,咱们"对症下药"。

第一种情况,如果家长把低龄儿童提供的错误信息和说谎混为一谈,责怪孩子就有失公正了。不妨和孩子一起享受下即兴编故事的乐趣,告诉孩子:"你的想象很有趣!"同时在玩耍中教会孩子用"我假装""我想""我希望"这样的句式表达自己的想象,帮助孩子认识"真实"和"虚假"。不必担心孩子以后会满嘴跑火车,随着逻辑思维能力的日渐成熟,他们会不断从新的角度理解什么是诚实。

第二种情况,孩子通过撒谎来寻求关注,那么平时父母则要多关心、多陪伴孩子。我的一名学生,由外公外婆照顾抚养,问他喜欢以前生活的城市还是现在居住的城市,他立即说了一堆以前生活的地方多么糟糕的话。然而,从他不同寻常的声音和表情中,我们"听懂"这个孩子非常思念远方的父母。知晓了孩子谎话背后的"真声音",我们才能正确地给予孩子更多的关心和帮助。

第三种情况,创造可以诚实的安全心理空间,是每个父母面对孩子的谎言时最需要学习的教育艺术。我们要鼓励孩子说出真相,在孩子实情相告之后,不要批评惩罚,而要教给他以后遇到此类问题时的处理办法。

一次考试卷发下来后,一个孩子拿着试卷告诉我:"老师,这道题我错了,您没有发现!"这样的孩子,一定是要及时大力表扬,"因为你的诚实,不光不扣分还要给你加分!"另一个孩子拿着试卷也来找我:"老师,这道题我是对的啊,您为什么扣我分?""咦,是对的!"仔细一看,这道题上有修改的痕迹。是严厉批评孩子"不诚实",还是看到孩子行为背后隐藏着的那颗"上进心"呢?我拉去孩子的手走到门外,低声对孩子说:"你希望自己考得更好一点,是吗?可是我看到了修改的痕迹。诚实比分数更重要,我更欣赏诚实的孩子。你告诉老师,是不是刚改过来的?"孩子点点头承认。"你说了真话,知错就改,老师喜欢你,这件事只有我俩知道!好,现在把这道题出错的原因分析给老师听,这样下次再遇到就不会错了——"至此,这件事就过去了,不会再有"秋后算账"。

没有人喜欢撒谎。撒谎时,孩子的内心是慌张的、易碎的,而家难道不应该是安宁的避风港吗?当孩子意识到即使拐错弯道,背后仍然有人在爱着他们、帮助他们,他们就一定会认识到自己的错误,想办法弥补自己的过失,重新获得那些爱他们的人的信任!生活在一个充满安全感的家中,即使孩子还是会撒谎,但那谎言可能是别样的欣慰——他咬着牙流着泪忍着痛,却笑着跟家人说:"放心,我挺好的!"

最后,需要再次提醒的是:父母不要"教"孩子说谎!许多家长没有意识到自己生活中的一些细节给孩子带来的负面影响,比如:孩子淘气时,大人说"警察叔叔马上把你带走";孩子哭闹时,大人说"再哭我就不要你了";大人明明在玩手游,看见孩子来了,慌忙把手机扣过来,说自己正在看电子书……实验证明,经常被骗的孩子更爱撒谎。身教大于言传,班杜拉说:"孩子们都能学会看到的行为。"如果孩子习惯性撒谎,各位家长,请别急着去教育孩子,不妨先审视一下自己。

和"手机瘾"说再见

祝燕飞

网课结束后,孩子回归校园,恢复以往的学习生活。最近一段时间,作为一名班主任,我处理班上孩子的事都是关于手机的:有小团体每天约着打游戏的,有因为手机和父母闹僵的,有半夜起来偷手机玩游戏的,有一做作业就拿手机搜答案的。这些都是网课的后遗症,很多孩子对手机已经有了依赖性。这又让我想到了那句话:要想毁掉一个孩子,就给他一部手机吧!

结束网课后,如何让孩子摆脱对手机、平板的依赖,家长可以从以下几方面去努力:

一、用大量的课余时间去阅读

给孩子提供一个良好阅读的环境,提供足够的适合他这个年龄段读的书,家里最好有书橱。如果条件允许,能够开辟一处专门读书的地方,让孩子更方便地接触到书,让他随处都可以看到书,毕竟网络里的那些游戏或信息没法跟书相比。培养阅读的习惯,是预防孩子手机成瘾的一个好方法。

二、安排丰富多彩的活动

正常上学期间,孩子有学习任务,他们接触手机、网络的机会很少。但是到了周末,孩子的时间比较多,有的家长要加班,没有时间去管孩子,就给孩子手机,这样孩子就有时间去上网、玩游戏了。家长必须珍惜这一段美好的时光,因为等孩子大了,你想去陪伴他也许都没有机会了。在周末、节假日,建议家长们多陪伴孩子,去公园里走走,到附近的图书馆读读书,去泳池游个泳等;平时,在孩子写完作业后,鼓励他约上附近的小朋友去运动……这些健康快乐的活动把孩子的时间占得满满的,他就无暇顾及手机、迷恋网络了。

三、给孩子做好榜样

很多父母本身就是手机控、游戏迷,不少家长一有空就捧着手机,孩子问他问题也不理不睬,而且还当着孩子的面玩游戏,如此,孩子怎么会不玩游戏?父母是孩子的一面镜子,如果我们不希望孩子花费大量的时间在手机上,那么,做父母的应该率先垂范,在孩子面前少玩手机游戏,陪伴孩子的时候不碰手机,真正做到高质量的陪伴。

四、规定合理的上网时间

关于上网的时间,要尽早规定,因为孩子越小越容易养成习惯。如到了周末,允许孩子上网一个小时或者更长时间。这个规定可以有些弹性,但是弹性不能太大。之所以有弹性,是从游戏的角度考虑,游戏的过关等设计不是以时间计算的。如果孩子玩游戏,一个小时正好玩到一半,强行让他上交手机,孩子就算不玩了,心思也收不回来。不如给他定个时间,在第一关没有完成的情况下可以延长,但绝对不能开始第二关的游戏。这一点,非常考验家长的恒心。因为规定了时间就要执行,而且要坚持不懈地执行,不要对孩子有恻隐之心,因为我们的目的就是让孩子养成习惯。习惯一旦养成,孩子就会自觉遵守。

五、满足孩子内心的渴望

每个孩子的内心都渴望爱、肯定、赞赏、尊重,如果这些渴望能被满足,他们的言行就会比较正常,否则就会出现偏差。日常生活和学习中,对孩子的每一点进步,家长们要感到满足并赞赏、夸奖孩子。爸爸妈妈的接纳、肯定,又不断满足着孩子内心的渴望,不断地夸赞和鼓励又让孩子时时有成就感,孩子便没有必要到虚拟的网络世界寻求安慰。

我们很多成年人对手机都有戒不掉的瘾,更何况是孩子呢?我们家长要有足够的耐心,不断引导,帮助孩子戒掉"手机瘾",健康、合理地上网。最后送一句话给大家:孩子越骂越逆反,只要你忍住骂他的冲动,时间长了,你会慢慢发现孩子正在像你所希望的那样发展。

妈妈是超人

赵 红

Superman超人，是不是说超人只能是男人呢？其实，在我们现实生活中，女超人比比皆是，妈妈上得厅堂、下得厨房，会画画，会唱歌，参加孩子学校活动时活力四射。

女人≠超人，但当女人的身份发生变化后，就变成了可能。

妈妈＝超人，母亲身上的爆发力是无法估量的。

从小到大，儿子都喜欢看超人的系列影片，最崇拜的就是超人。

小时候，儿子就说："我妈妈是超人，什么事都能办到。"

长大了，我告诉儿子："我不是超人，我也有很多东西不会。"

又一个星期，儿子放假回来了。

"妈妈，电影院在放什么？"

"我不懂啊，你自己查呀！"

"妈妈，我们什么时候放寒假啊？"

"我还不知道呢。"

"妈妈，帮我找几篇好的作文，让我看看。"

"你们高中的作文，我怎么知道哪些是好的，你不是总说我是小学生作文的水平吗？"

儿子愤愤地说："你怎么什么都不懂？"

是啊！曾几何时，那个超人妈妈已经什么都不会了。但是为什么妈妈就需要什么都会呢？

细细回忆起来，我就是那个"包办型"妈妈。儿子小时候，吃的、穿的、用的、看的、学的……都是我说了算。有次在超市购物，儿子要买自己看中的零食，我告诉他："这些东西好看不好吃，买回家不好吃你也要吃掉。要不就听我的，买这款饼干。"儿子怕不好吃，只好放弃。现在想来，我为什么不让他自己去鉴别，自己去尝试，当他懂得如何挑选时，就不会再买错了。

做个女超人还不如培养自己的孩子成为超人。

要培养孩子独立自主的能力，就要为孩子创造各种独立做事的条件，不当"拐杖"，而当"向导"。

儿子逐渐长大，当我意识到他很多事情总是拿不定主意，自己不敢做主，什么事情都依赖我的时候，我开始反思，我决定做个懒妈妈。

暑假去哪里游玩，让他做攻略，确定行程；出去旅游，我手无缚鸡之力，重物都是儿子提；今天不想做饭，让他去炒个小菜；家里的大大小小事情，大家坐下来一起商量，一起决策。

慢慢地，我发现很多事情，是儿子做了决定然后才告诉我理由的，比如高二选科、需要报什么补习班、双休日在家的计划等都是他自己规划的，我只是帮助他一起分析，一起甄选。

这样岂不更好，我省力了，他成长了。

我不做超人，我只愿做一个聪明的女人，一个在背后默默望着孩子渐行渐远的母亲。那远去的背影，坚毅而有力，积聚着超人的力量。

明理有套路，孩子更友善

朱爱霞

"我吃饱了，你们慢慢吃！"小灿灿看了大家一眼，略带羞涩地说道，"妈妈，我先去练球。你吃好了，可以陪我打球吗？"

"嗯，好的啊！"我愉快地答应了。

这句表明自己已用完餐的话，自从去年暑假教会他后，他由当初的隔三差五要提醒才记得说起，到现在自然而然地说出来，也不过短短半年。

"有匪君子，如切如磋，如琢如磨"，生了儿子，我自然希望他能成为谦谦君子，温润如玉。古语又云：行有余力，则以学文。"文"是锦上添花，"行"才是根基所在。生活中点点细节、暖暖几言，只要我示范引导得当，只要他勤加模仿练习，假以时日，定然能"有匪君子，如金如锡，如圭如璧"。

"我吃好了，两位慢用！"一天与灿灿、熠熠兄弟俩吃饭时，我这样说道。

"'两位慢用'是什么意思？"小灿灿疑惑地看着我。

"'两位'，就是你和哥哥两个人。'慢用'，就是慢慢吃。如果一起吃饭时，没有吃完的人还有很多，我们就统称为你们慢慢吃。若是只有一个人，就说你慢用；两个人，两位慢用；三个人，三位慢用。"我慢慢地解释着，"一般，超过三个人，我们就不具体地说数字了。中国人一般以三为界。这样说，显得对一起吃饭的人更尊重！"

"不过，在正式场合跟长辈吃饭，还要加上称呼，桌上的所有人都要一一说过去。比如我吃饱了，奶奶您慢用，爷爷您慢用，叔叔您慢用……"小灿灿若有所悟。

"要不我们试试？你跟哥哥说一下。"我提议道。

小灿灿抿嘴一笑，想了一下，说道："我吃饱了，哥哥你慢用！"

"很好，你再跟妈妈和哥哥说一下，可以这样说：'我吃饱了，妈妈、哥哥你们慢用！'"我趁热打铁，鼓励着。

小灿灿干脆利落地说了出来。

"非常好，这就是有礼貌，懂得用餐礼仪的好孩子，如果说的时候，能用眼睛看着对方就更好了！不用觉得不好意思，多多练习，大家都喜欢懂礼貌的孩子！"

年前放假的最后一天，我带灿灿坐校车，那是灿灿第一次坐校车。

曾经一段时间，我也坐过校车，那是刚到这个学校时。每次上车，我都是安静地坐着，很少主动跟车上的同事打招呼。不熟悉是一个原因，更重要的是我本就是不善言辞的人，骨子里还是偏内向的，能不说话就尽量不说话。

可那次，我主动与车上熟悉的老师问好，也用微笑与平时没怎么交集的其他老师示意问好。坐下后，我对灿灿说："灿灿，今天车上的老师，都是妈妈同事，我们跟大家问个好，好吗？"

小灿灿忸怩着："我不会。"

"妈妈教你,你就说:'各位老师大家好,我是朱谢燃,是朱老师的儿子!给大家拜个早年!祝各位老师新年快乐!'"我用期待的眼神鼓励他。

小灿灿轻轻地念着,念了一会儿。我问:"可以了吗?站起来,面对大家,声音要高一点,让所有人都听见,要笑着说。"

小灿灿鼓起勇气,站了起来,大声地对所有老师问好!老师们不仅给予了掌声,还纷纷回应道:"朱谢燃好!"小灿灿脸一红,坐了下来,偎依到我怀里。

下车时,我又吩咐道:"要说各位老师再见哟!"

我内向,小灿灿也像我,但这并不妨碍我们做个有礼貌,待人和善的人!

那些一路从小就彬彬有礼的孩子,总比后来明事理的孩子看起来淡定得多,大气得多,因为教养刻在了骨子里。

从带灿灿跨进一年级大门的那天起,每天早上进校门时,我与保安师傅问好的时候,都会吩咐灿灿:"叫保安爷爷好!"一次、两次、十次、三十次……半年下来,灿灿也养成了进出校门主动向保安爷爷问好的习惯。

"满天星"足球培训回来的那天,先生接他时晚了点。回来后,我问道:"爸爸去接你晚了,你在哪里等的?"

"传达室。"

"走的时候,灿灿主动跟保安师傅说了'谢谢爷爷,爷爷再见'。"先生在一旁补充道。先生知道我对于孩子的礼貌待人非常重视。

先生也是个内向的人,很不喜欢主动与人问好。记得带先生第一次回家,从庄线上走过时,他看到我对每一个认识的人,都要叫人,都要问好,惊讶得眼珠都要掉在地上了。

"伯伯好,你也要叫伯伯好!"我嘱咐先生道。

"伯伯好!"

"二奶奶好!"

"二奶奶好!"

"吴家爷爷好!"

"吴家爷爷好!"

……

我叫什么,先生跟着叫什么!

就这样,先生也多年跟随成了习惯:可以不说话,但见面一定得叫人问好!

不爱闲聊,喜欢安静,性格使然;主动问好,谦虚有礼,这就是教养,也是良好人际关系的起点!

小时候,爸爸妈妈教我叫人时总是说:"叫人不亏本,舌头打个滚。"

当然不亏本,还有得赚。

记得好多年前,大雪消融后,先生开着摩托车带我回娘家,那时庄线上还是砂石路,烂泥裹着石子塞得踏板摩托车的轮子都转不动了,我和先生正用树枝挑得满头大汗,只听有人喊道："哦,朱家的霞儿嘛,车子跑不动了？来来来,我拿个水枪来冲冲,就好了!"我抬头一看,是张家伯伯,赶忙道谢！

"谢什么谢,你朱家霞儿在门口走,没有伯伯不开口！要是曹家的两个伢子,我才不高兴理睬。平常见了,就像不认得。"张家伯伯边说边用水枪帮我们冲洗车子。

这件事,对先生的触动很大。如果说,曾经主动叫人,是受我的影响,从那以后,他从心底里认同了那句老话"叫人不亏本,舌头打个滚"！

去年亲戚结婚请喝喜酒,我和大儿子熠熠晚上才去,到那儿后,发现婆婆家多年未见的亲戚,尤其是长辈都到了,且已经坐下了,大概有三圆桌。我把已经坐下的熠熠喊了起来,吩咐道："熠熠,来叫人!"

"大舅舅好！熠熠叫舅爷爷好！"

"三姨妈好！熠熠叫姨奶奶好！"

"表姐夫好！熠熠叫姨父好！"

……

挨次把所有的亲戚长辈都叫了一遍。大家都乐呵呵地说："不要叫了,不要叫了,别难为孩子了！"

这怎么是难为孩子呢？这是长辈对孩子疼爱的谦辞,但小辈不能不懂礼数！多年未见,小辈不主动亲近长辈,那些年近古稀耄耋之年的长者,怎知谁是谁家的孩子呢？血浓于水！也得你去把它搅和浓了才行啊！

多多叫人,叫多了,自然就认识、熟悉、亲近了！

昨天出校门时,小灿灿主动问好后,门卫师傅回应道："灿灿好！"你看,保安师傅都认识小灿灿了！

说话间,万老师从身边走过,对我挥手道："朱老师好,下班了！"

我赶紧回道："嗨,万老师好,下班了,明天见！灿灿,叫阿姨好！"

小灿灿亲亲热热地叫了一声阿姨好,问我道："妈妈,是不是以后你叫什么人,我也得叫什么？"

"是啊,不过你得想想怎么叫,比妈妈年轻的就叫阿姨,再年轻的就叫姐姐。以后不要等妈妈吩咐,要自己主动叫人。这样别人才能认识你,才知道你是妈妈的孩子,你有困难时,认识你的叔叔阿姨才会主动帮你！"

成长的道路上多一个人指点,孩子就多一份前进的力量,主动友善、谦卑有礼,则是这力量不竭的源泉！

哈佛大学花 75 年,追踪 754 人,发现良好的人际关系是人类幸福的源泉！

就让我们从教会孩子温柔得体地说"我吃饱了,您慢用!""保安爷爷好!"起步,引领孩子踏上幸福的人生之路。

愿每个孩子都能明理、得体、快乐！

让孩子远离诱惑

李小琴

今晚,我和女儿去一家小店吃晚餐。

这家店布置温馨,里面有一台彩电,播放着好看的综艺节目。我记不清是第几次来这儿了,最让我印象深刻的是小店主人有一对活泼可爱的双胞胎儿子,他们经常在空的位置上写作业,遇到不会的题目,不时请教妈妈,妈妈总是会抽空微笑着解答。这样的场景,安静而美好,让我觉得温暖、心动。但是,今晚没有看到两个儿子。

于是,我问道:"你的两个儿子呢?"

那个妈妈的脸上顿时漾起了笑容:"不让他们在这里写作业了。客人时常会找他们聊上几句,他们不搭理吧,显得没有礼貌,回应客人吧,思考问题就会被打断。有时电视里播放的节目好看,他们也会被吸引,注意力不能集中。我就让他们在家写作业了。"

噢,原来如此。

想想,其实是有道理的。我也曾建议过家长在孩子写作业的时候,尽量不要在旁边看电视、聊天,要为孩子创设一个安静的氛围,这样更利于他们高效地学习。有些人或许不以为然,说什么"心静,一切都静",或是什么"心远地自偏",甚至拿出毛主席在闹市中读书、居里夫人小时候忘我学习到连被小伙伴捉弄都不知道之类的小故事来反驳。可是,又有几个孩子能有伟人的这般定力,能达到如此境界呢?

我想到了教一年级的时候,有个孩子送给我一个又大又红的苹果,我直接放在讲台上就走了。下午想起来的时候,跑去一看,发现没有了。于是询问是谁拿的,大家指着一个小女孩,说是她拿的。那个小女孩立马就哭了,说不是自己拿的,是苹果跑到自己嘴里的。我听了哈哈一笑,多么有趣的回答!我理解她,没有和她说什么道理。你想,一个充满诱惑的大苹果放在她的眼前,要让她不去看、不心动,得用多大的意志力呀!所以,苹果自然就"跑"到她的嘴里了。如果这事有错,错在我,我忽视了孩子们的正常心理与需求。

所以,不要试图让孩子去战胜诱惑,因为尝试的意义不大,有可能最终还让自己伤心、失望。最好的办法就是让孩子远离诱惑。

对于已经有金钱概念的孩子,他有很想要的东西,但你却不肯给他买,那么,请你将钱不要放在一个他看得见、随手可拿的地方;对于爱上电子产品的孩子,一玩游戏就放不下来的,请不要将电子产品轻易地交到他的手上,如果他需要用,给他的时候要有约定;对于很喜欢喝饮料、吃甜食的孩子,当每天的糖摄入量已经超过 50 克时,就要让他远离"甜蜜的诱惑"……

冷静下来,反观自身,面对现实中各种或明或暗的诱惑,大人们很多时候都把持不住、分辨不清,我们又怎能奢望孩子去战胜诱惑呢?这样的要求,实在不符合孩子心理成长的规律呀!

诱惑是一种神奇的东西,它之所以存在,是因为人的本能"需要"。一旦它出现了,是很难拒绝的,人会被欲念刺激,并受之折磨。有时诱惑是精神上的,有时则是物质上的。如果经常让孩子处在诱惑下,他就会变得多疑,做事时患得患失。这对孩子意志力的锻炼或培养没任何帮助,说不定还会弄巧成拙,孩子心智的发展反而会受到严重影响!

不去和诱惑较劲,别去试孩子的定力,应该让孩子离诱惑越远越好。

什么时候让孩子自己洗澡？

朱爱霞

"妈妈，我先洗澡了。"吃完晚饭，小灿灿一边抹嘴巴，一边望着我快乐地说。

"妈妈，我去洗澡了。"踢完球回来，浑身湿漉漉的小灿灿一跨进家门，就开始脱衣服，"妈妈，你帮我拿衣服。"

"妈妈，我还想再洗一次澡，汗黏在身上难受。"

……

今年入夏以来，我就渐渐放手让小灿灿自己洗澡了。

一开始，他先自己洗，我在旁边看着，吩咐着：耳朵后面要洗到……脚丫子刷刷干净……打肥皂的时候把花洒关掉……腋窝里的泡沫要冲干净……最后，他没有洗到的部位，我再帮着洗一下。

大概三四次后，他就能按顺序自己独立洗澡了。我只要给他拿好衣服就行了，有时间就陪在卫生间里，没时间就让他自己洗。

但是，外婆不乐意，每次见我不帮孩子洗澡，就很不高兴。有一次，外婆来了，小灿灿自己洗澡，外婆气得不仅不搭理我了，还把小灿灿抓在手里，自己帮孩子洗澡，担心小孩子自己洗不干净。我说，孩子自己会洗澡，就让他自己多练练，洗多了自然就能洗干净了。

小灿灿刚上大班，外婆舍不得孩子，总觉得孩子小，得帮着点，放不开手。于是我好奇去问了问身边的妈妈，这么大的孩子自己洗澡吗？

浩宇妈妈说，提到洗澡就头疼，孩子怕洗澡，每次都得来硬的，指望他自己洗，现在是想都不敢想，在家能自己安静地吃饭就不错了。在幼儿园自己吃得挺好，一回家，就得奶奶喂，不然就只顾着玩，不好好吃。彤彤妈妈说，女孩子生理构造特殊，让孩子自己洗不放心，怕感染。一次，我发现小灿灿看书时，不时地去抓裤子，我问："怎么了？"小灿灿说："有点痒。"我一愣，是不是洗澡时没有翻开来洗，夏天流汗多，可能有点小炎症？我把小灿灿带到卫生间手把手教会他洗，嘱咐他，以后都得这样翻开来把褶皱里冲干净。

其实无论男孩女孩，生殖器的清洗都要科学合理，才能保证身体健康。这个部位是洗澡的重点，只要爸妈教得细致，孩子是可以自己洗干净的。

现在小灿灿不仅能自己洗澡，还能自己准备好衣服，洗完后，再把卫生间地面拖干净。

自此，我觉得自己一下解放了，接下去也更有信心陪伴孩子读书、识字了。

孩子的吃饭、洗澡、穿衣等自理能力越早养成，孩子越有自信，亲子关系也越融洽。

一个人只有把自己的身体照顾好，才能关心别人，关注外面的世界。只有当孩子不再需要大人帮助管理身体时，他内心的自主意识才能觉醒。

古人云：行有余力，则以学文！最迟在一年级前，教会孩子独立吃饭、洗澡、穿衣、整理自己的物品，养成良好的生活习惯，才能在上小学后，养成良好的学习习惯。

收叠衣物，小孩子也行！

朱爱霞

晚上回到家，灿灿收衣服，叠衣服，我做饭。

小小的个子，高举着撑衣杆，奋力地叉着挂着衣服的衣架！终于费力地叉下了一件，然后把衣架上的衣服取下来，细致地折叠起来。

"上衣都挂到衣橱里，裤子折起来，送到各自的衣橱里，袜子卷起来全部放到抽屉里。"我吩咐道。

"哦。"灿灿干脆地应答着。

"妈妈，这是谁的？"

"哥哥的。"

"这是谁的，妈妈？"

"爸爸的。"

哥哥与爸爸的个子差不多高，难怪灿灿分不清，有时候我也分不清楚。

小灿灿一边干活，一边哼着小调。

等我把菜炒好，灿灿的衣服也整理结束了。

这是灿灿第一次，一个人把全家的衣物收拾好。其间，不知道谁的衣物时，还跑过来追问我。

这个暑假，我开始安排灿灿跟着哥哥熠熠学做家务。

有时，灿灿卷一双袜子；有时，灿灿笨手笨脚地叠一条短裤；有时，灿灿被熠熠差遣着送衣物到各人的衣柜里。小灿灿一半当游戏，一半感到新奇，一般都能跟着熠熠做得有模有样。

这样的情景总能隔三差五地上演一番。

"哥哥洗碗，小弟弟叠衣服。"吃完晚饭，我总是这样吩咐道。

"妈妈呢？"灿灿不情愿地问我。

我笑着说："妈妈负责欣赏和指导！小灿灿和哥哥不会的可以来问妈妈。"

有时候，我会问："今天谁洗碗？谁叠衣服？"

熠熠会说："我叠衣服，灿灿洗碗。"

我接着说："今天碗多，哥哥洗，下次碗少的时候，就给灿灿洗。灿灿叠得衣服整齐，让灿灿叠。"

原本有点勉强的灿灿也就欣然接受，高高兴兴地叠衣服去了。

今天，哥哥不在家，我说灿灿收衣服，妈妈做饭。灿灿就自然而然地去做了。

吃完晚饭，我去喂狗，灿灿洗碗。

灿灿今年6岁，下半年上大班。今年在学习叠衣服之前，天气渐暖的时候，我就教他自己洗澡。虽然那时他外婆对我的做法很生气，但事实是教了两三次后灿灿就学会了。拿换洗衣物、洗头洗澡、整理浴室，做得井井有条。今年夏天特别热，他觉得汗多得难受时，随时都可以自己洗澡，而不必求助我们，等待大人有空。

总是听到有人说，要让孩子独立自主。想法很好，但我们大人给孩子独立自主的空间和练习的机会了吗？

独立自主是需要学习的，需要爸妈有意识地手把手地教会孩子后，放手让孩子自己照顾自己。

孩子不难学会，难就难在大人总觉得孩子小，尤其是祖父母辈总要追着喂饭，帮着洗澡……可是，不让孩子承担家务，孩子又怎能感受到自身的成长以及身为家庭一员的责任呢？

谁来买单？

赵 红

班级拍摄毕业相册，需要缴纳150元钱，班上的小王带了钱来还没交，就告诉我"不翼而飞"了，说是放在课桌上的盒子里的，盒子在，钱不见了。言下之意就是被人偷了。

在询问未果的情况下，我采取了最原始的做法，让学生之间帮忙找找看，还是没有找到。对于此类失窃案子，一般没有人证物证的情况下，基本都是不了了之，因为任何的怀疑都是对别人的一种伤害。

小王告诉我他不拍班级毕业照了，说是他妈妈的意思。我有点不太相信，以为是他丢了钱怕父母骂，没敢告诉父母而撒谎了。我打了电话向他妈妈求证，先说了一下钱弄丢的事，也表达了歉意，因为实在是找不到。没想到，他妈妈气鼓鼓地跟我说，孩子不拍毕业相册了。我一听，就感觉她有点气愤，不仅生孩子的气，也在跟自己赌气，言语中似乎还流露着对老师"不作为"的不满。

她这样的情绪深深地影响了孩子，因为孩子告诉我不拍时也是这种语气，不难想象当时的情景。当孩子非常愧疚地告知父母钱丢了时，妈妈愤怒地说："丢了就别拍了……"一场"暴风骤雨"。

孩子不愿意拍毕业相册吗？答案是否定的。但是为什么孩子没有真实地表达出自己的意愿？可想而知，妈妈的愤怒让他恐惧。大人处理事情的态度严重影响了孩子。在这件事情中，孩子固然有保管不力的责任，老师也有教育不到位的责任，但如何处理好这件事，避免以后不再发生此类事情，才是我们首先要思考的问题。父母最好的做法是耐心地了解情况，也可以和老师联系沟通。同时告诉孩子：钱为什么会丢，以后怎么保管，现在怎么办，怎样让孩子从中吸取教训。父母还可以提议，钱可以先由父母垫上，让孩子通过干家务或是其他方式还给父母，我想孩子肯定愿意。

这件事情，应该让孩子承担主要责任，让他为自己的过失买单，但绝不是用一生中唯一一次的小学毕业照来"买单"。妈妈没有正视问题的关键点，把懊恼、愤怒的情绪传递给了孩子，留给孩子一个遗憾，同时也把孩子推得越来越远。当我问及父母怎么和小王交流这件事时，小王轻描淡写地说："妈妈没说什么，就是不拍了。"此时，我从小王脸上看到的是落寞和无奈。尽管后来经过交流沟通，他妈妈同意孩子参加拍摄了，但是这件事给孩子留下的阴影不知何时才能散去。

有些父母认为："若要想孩子做得更好，就得先要让他感受更糟。"这是一个荒诞的观念，他们在面对孩子的过失时，总会用不同的方法对孩子进行惩罚。我们常常拒绝孩子以负责任的方式来解决问题，然后却反过来埋怨孩子，嫌他们没有责任感。让孩子为自己的行为买单，绝不是仅有惩罚这一种方法。只有在和善、有尊严的氛围中，才能培养出有责任感的孩子。

相信孩子，他可以！

祝燕飞

暑假的第一个早晨，一个多么美好的早晨，孩子们和我迎来了两个月的假期。

按照制订的计划，七点钟，我兴奋地喊两个儿子起床，老二揉揉蒙眬的双眼，嘴里嘟哝着："老妈，我的衣服呢？"

"你的衣服当然在你的衣橱里。"我回答道。

"你为什么不帮我把衣服拿好了？"老二质问道。

我一愣，说道："你都九岁的孩子了，这种小事自己可以做的。"

他不乐意了，大声冲我叫道："奶奶在这儿的时候，天天都帮我拿好衣服，还帮我穿好袜子呢。"

我深呼吸一口气，对老二说道："我可以把你刚才的行为当成起床气，但是这可不是一个好孩子的行为。现在奶奶回家了，妈妈要照顾你和哥哥，很多事情你们要自己去做。妈妈相信你是可以自己拿衣服，并且穿好衣服的。"

老二翘着嘴巴，不情愿地从衣橱里拿了衣服，穿戴整齐，自己去洗脸刷牙了。

接下来的每个早晨，老二都是自己拿衣服自己穿，有时候搭配不合理时，我也会给出一些建议。假期中，老二为了方便自己拿衣服，每天还会提前把自己的衣服折叠好放在衣橱里，慢慢也学会了自己搭配衣服。

"老妈，你看我这样穿帅吗？"假期的早晨，在欣赏、点评小帅哥的衣着中醒来，也是一件美好的事情。

现在的孩子都很幸福，爸爸妈妈、爷爷奶奶、外公外婆六个人围着他转，家长们恨不得把能包办的全包办了。长此以往，这些泡在蜜罐里的孩子觉得家长们为自己所做的一切都理所应当，有时一旦做得少了，反而心生怨气。一旦孩子有了这样的思维模式，便觉得别人对自己好是应该的，对自己不好就是不对的。很多时候，我们父母总是用爱的名义，助长了孩子心底的受之无愧感，亲手培养了"小白眼狼"。

所以作为父母，我们不要替孩子做任何他自己能做的事情，这样其实是剥夺了他们通过自己的体验来发展自己能力的机会。我们不妨放一放手，相信孩子，他可以的！

小仪式，改变你的小生活

赵 红

有一天，有个学生悄悄告诉我："老师，小灵妈妈来接他，每天都穿着睡衣，而且是同一件。"说完还捂着嘴笑了起来。"你怎么知道的？"我问他。他说："我每天都和他一起走，他妈妈都是等在校门口东边的汽车旁，我就看到了。"没想到小家伙还留意了这事，他肯定也不是故意去盯着，只是无意间发现了。我接着问他："穿睡衣来接孩子，有什么问题吗？"他嘟嘟囔囔："总觉得不好看，睡衣不是在家里穿的吗？来接自己的孩子，应该穿得漂漂亮亮的。"什么样的场合穿什么衣服，应该算一种常识，也是基本礼仪，连孩子都知道的事，大人却不以为然。不要以为大家都不认识自己，就对自己降低了要求。穿着具有仪式感，让自己精致一些、自信一些，也是对别人的一种尊重，也会给别人带来愉悦。

这不禁让我想起了疫情期间的宅家生活。微信上不少美丽的女人吐槽："一个新年，我用一件睡衣打发了。"不用上班，不能乱窜，每天的生活可能从一日三餐变成了两餐，因为我们只能待在家里，因为没人能看到我们，因此我们可以随性生活。所以假期里线上学习的时候，有学生在网络上吐槽："我们老师直播，每天都穿同一件睡衣。"于是，在和学生视频上课的时候，我稍加关注，就发现有的孩子蓬头垢面，睡眼蒙眬；有的孩子躺着、歪着上课；还有的孩子甚至是在闹哄哄的车间上课……一切的随意似乎都隐藏在了镜头里，却又无形地展现在眼前。在学生发来的朗读视频里，我看到站得笔直、坐得端正的学生读书字正腔圆；懒散地窝在沙发里或随意地坐在椅子上的学生读书哼唱、拖腔。生活中小小的仪式感，会让你更加精神饱满，做事情更有参与度、专注度，从而体验到的都是愉悦和完美。

法国童话《小王子》里说，仪式感就是使某一天与其他日子不同，使某一时刻与其他时刻不同。中国人向来是注重仪式感的。生活中真正的仪式感是什么？即便一个人时，也要对自己的生活负责，永不懈怠，不偷懒，穿戴漂亮地去接孩子，去拥抱孩子；不能出门也可以侍弄花花草草，读一本喜欢的书，品一杯美酒，做一顿香甜可口的饭菜。学会爱自己，才有能力爱别人。每一个仪式感需求的背后，都藏着一份爱的表达。

仪式感未必是某个特定的日子或时刻，更多的是一种人对生活的态度。父母对孩子每一刻的成长，每一个特殊的日子，都不会错过。曾经教过一个学生，因生病造成了智力缺陷，她爸爸远在北京工作，他告诉我，孩子的每个生日，不管有多忙，他都会赶回来为她庆祝；每一次开学，他都不会缺席，他会买好新书包、新文具，亲自送女儿上学，并和老师打招呼。孩子每每说起爸爸，脸上的小幸福油然而生，那是一种被关爱、被重视的满足。父母认真对待孩子的每一个人生经历，甚至每一个小瞬间，带给孩子的就是认同、尊重、信任。

每天的认真工作、学习或者健身，都是让自己和自己的生活变得更好、变得与众不同的途径。生活的仪式感，并没有你想象的那么苛刻，可能是每天的一个早安吻，晚安的一个小祝福；可能只是周末的一次陪伴，孩子毕业典礼的一次到场；也可能是一句土得掉渣的节日祝福……不存在于每时每刻，却能持之以恒。小小仪式，会在不经意间改变你的生活。

孩子胡搅蛮缠，怎么办？

赵 红

临近过年，妈妈准备带女儿去商场买新衣服。兴高采烈地刚到商场，女儿却满脸不耐烦地说："好无聊啊！"妈妈说："不是来给你买衣服的吗？怎么就无聊了呢？"女儿不开心地说："我不想买衣服，我要买乐高。"妈妈不予理睬，开启了逛街模式，但是女儿不配合的态度惹恼了妈妈，但凡妈妈让女儿试穿衣服，女儿都不愿意，就说一句："我要买乐高。"反复几次，妈妈失去了耐心。

结果无非两种：一是妈妈受不了女儿的胡搅蛮缠，很不情愿地为女儿买了乐高，女儿达成所愿。二是乐高、衣服都没买成，母女俩败兴而归。

这些场景，似乎在每个有熊孩子的家庭都上演过：

好好地吃着饭，孩子非要吃方便面，否则就不吃。

嘴干了，让孩子喝白开水，孩子非要喝饮料，不达目的不罢休。

想买的玩具得不到，就赖在商场不走了。

想玩游戏，父母不给，缠着爷爷奶奶要手机。

对于孩子们这些胡搅蛮缠的行为，该怎么办呢？

首先，寻根源，换位思考，理智看待。

孩子这样胡搅蛮缠是因为父母曾经的允诺没有兑现？还是孩子长期的愿望没有得到实现？抑或是孩子无理取闹和父母对着干是希望得到父母的理解？找到孩子胡搅蛮缠的原因，才能针对各种不同的情况从根源上解决问题。不管是要买玩具，还是要喝饮料，或是要玩游戏……这些都是孩子最本能的要求，也许不合理，也许有他自己的理由，但是如果父母只是生硬地拒绝，既不能打消孩子的念头，也不利于亲子的良好沟通。

站在孩子的角度，他们认为自己的要求很合理。乐高多好玩啊，既能开发智力，又是娱乐玩具，但是父母认为玩乐高没有好处，或许还有价格的原因在内。父母和孩子的观念不一致，导致孩子纠缠要买，父母死活不同意，本来愉快的购物却扫兴收场。那么，作为家长，有时候孩子提出要求时，是否可以主动地探究一下孩子的内心，探究一下他要达到的目的，研究后再决定是否可行。

再次，不迁就，立规矩，善于反思。

孩子胡搅蛮缠大多是为了满足在父母看来是不合理的要求，而有时候父母会处于各种各样的考虑迁就孩子，这种情况下就非常容易养成孩子继续胡搅蛮缠的坏习惯，让孩子更加肆无忌惮。所以，父母也要进行反思，孩子之所以会胡搅蛮缠，是不是因为他曾经在胡搅蛮缠之后达到了自己的目的。无论何种原因都不要轻易迁就孩子的胡搅蛮缠，一定要给他立下做事的规矩，并严格执行。比如玩游戏，孩子玩什么游戏、什么情况下可以玩、玩多久，父母要有明确的规定。和孩子事先有约定，才能真正解决问题。

有的家长管教孩子时没有一个统一的标准，自己心情好时，孩子的要求都会同意；自己情绪糟糕时,怎么看孩子都不顺眼,对孩子提出的任何要求都不予理睬,甚至失信于孩子。其实这在孩子看来,胡搅蛮缠的是父母。结果导致孩子自己的心中没有一个做事的是非标准,当家长以成人的是非标准来要求孩子时,孩子自然就显得爱胡搅蛮缠了。

推荐一本互动绘本《别让鸽子开巴士》,主要讲巴士司机临时有事,离开前特别嘱咐读者,千万"别让鸽子开巴士"！可是鸽子使出百般伎俩:苦苦哀求、撒个小谎、拍马屁、套近乎、耍赖……千方百计想坐上驾驶座,你会同意让鸽子开巴士吗？莫·威廉斯的这个故事,适合亲子共读,而且要互动表演来读,才能读出这本书的幽默韵味来。把孩子叫到身边,和他玩一场说"不"的游戏,你要当鸽子,因为孩子有个很重要的使命——别让鸽子开巴士！

这本绘本,帮助孩子学会换位思考,体会父母说"不"的原因,明白父母为什么要拒绝自己不合理的要求,学会承担责任。同读这本绘本,把"胡搅蛮缠"变成一次愉快的亲子沟通吧！

这样的喜欢，孩子"承受"不起

赵　红

儿子小时候在家没有人带，就跟着他爸爸去工厂里上班，工厂里的叔叔阿姨、爷爷奶奶都很宠爱这个憨厚的小胖墩。冬日里的一天，他跟着爸爸从厂里回来，我发现他的棉袄袖口都是已经发硬的鼻涕、鼻屎。我责怪他怎么擦在衣服袖口，他委屈地说："是厂里那个伯伯教我的。"看着儿子因感冒不断地流鼻涕，随即在袖口上擦了擦，鼻子都擦破了，心理不禁一阵难受，不由得埋怨起老公来："你们厂里人也真是的，怎么这样教儿子，你也不阻止，不纠正。"老公说："你让我怎么说？他也是喜欢儿子，才会逗逗儿子的，也是看他好玩。"是的，人家是出于喜欢逗弄孩子，并没有恶意去教坏儿子，也许根本没有意识到自己行为的不当。

之后一段时间，我慢慢发现儿子养成了很多不良习惯：随地大小便，说脏话，把摔鸡蛋当成一种乐趣……无疑，又是那些喜欢他的人的无意之举。我无法指责别人什么，只好耐心地告诉儿子怎样做是对的，怎样做是不对的，有时也会采用强制手段。虽然儿子的言行逐渐得到了一些转变，但是过程真的很漫长。儿子上了幼儿园后，我再也不让儿子去他爸爸的工厂里了，也许远离也是一种办法。

幼小的孩子懵懂无知，对大人说的话都会当真，这些行为看似开玩笑，是对孩子的喜欢，实际上却会潜移默化地影响孩子。孩子没有明辨是非的能力，次数多了，孩子养成了习惯，对以后的成长极为不利。这样的"喜欢"宁愿不要！

前几天碰到一个老朋友，多日未见，谈起她的外孙女，话匣子就关不上了，言语间无不流露着对小外孙女的喜爱之情。两三岁的小丫头聪明可爱，每次到外婆家，隔壁邻居就逗她，问她姓什么，一开始她都会高兴地告诉别人姓A（爸爸的姓），邻居就会说，你要姓B（妈妈的姓），否则下次你就不要到外婆家来了。之后，小丫头到奶奶家还是说姓A，到外婆家，别人再问她姓什么，她就说不知道。被熟人逗弄后孩子左右为难，不得不回避原本的事实。邻居是因喜欢而逗孩子，可孩子的世界很简单，无意识的行为却影响着孩子的心理，误导孩子明辨是非。

在这些熟人看来，孩子"接受"逗弄是可爱，"反击"逗弄是机灵。但他们不明白的是，在孩子的成长过程中，对所受到的影响来说，一点一滴的引导都会影响孩子的一生。对孩子来说，这样的喜欢，是他们承受不起的。

作为家长，面对这种隐性的伤害现象，很多人更多的是无奈，毕竟不是故意的，也没有直接伤害到孩子。指责行不通，劝说也要不着痕迹，也许启齿真的很难。那父母应该如何去做呢？父母要做的是及时对孩子进行正确引导，不怕麻烦地、耐心地纠正，直至孩子养成良好的习惯。密切关注这种"特殊时刻"，现场委婉地指出不当之处，以免对孩子造成终生的影响。和这些孩子经常接触的熟悉的人多谈谈如何教育孩子的话题，他们意识到了，问题也就迎刃而解了。

家庭、社会都是孩子的学校，一旦教育不当，孩子就会成为一个精神上"贫穷"的人。开拓肥沃的土壤，带着爱去播种、养育，我们都可以做到。

义卖后,写给亲爱的爸爸妈妈们

许文明

亲爱的爸爸妈妈们:

你们好啊!虽然不常见面,但是通过孩子,我们的心始终在一起,所以,今天我们在一起推心置腹地聊个天吧。

周三,义卖在孩子们的期待中如期举行,为了检验孩子们是否学会了合理定价,为了让义卖时留守摊位的孩子学会合理规划空间,学会怎样叫卖,我提前一天让孩子们带来了义卖物品。对于三年级的孩子来说,教会他们如何挑选商品,如何讨价还价,我只需一句话概括内容。重要的是,我要让学生学会兜售自己的商品,是的,我要把财商的培养提上议程。

周三早晨,在教室,我按照自己的计划,布置了义卖的环节:四个大组各占用一块餐垫,摆好义卖物品,由组长负责组织志愿者留下来义卖。活动进行到一半时,可以由另一组组员替换来当志愿者。最后,我不忘提醒:我们要比比四个大组的销售额哦。但是早读结束后到了操场才发现,因为场地的限制,只能用两块餐垫,提前来做准备的孩子们已经协商好两两组合用一个餐垫,义卖物品也摆得整整齐齐的了。很好,根据实际情况,及时调整,学会变通,我毫不吝惜地赞赏了他们的做法。

孩子们带来的义卖物品数量差不多,可当义卖结束回到教室清点时,义卖善款却有了很大的区别:多的组筹得两百多、三百多,可最少的一组只有两位数。耐心地调查了解后,发现这是由多种因素导致,最主要的原因是叫卖不够积极,推销方式欠妥。但是,也有一些让人匪夷所思的因素:营业额最少的那个组里一个马虎的男孩子居然没有理解分组的意义,自己也没有准备整理义卖善款的袋子,随手就将义卖所得善款放到了别组的袋子里。另一个男孩子的做法更为奇怪,当我问他义卖进行到一半组员来接替他,为什么没有将营业额交给组员时,他的回答是他把营业额带走了,然后买了自己心仪的物品。面对这个令人啼笑皆非的回答,我无法生气。据他平时的表现,他一定不会以公谋私,而且,告诉我结果时他也是那么平静爽气,唯一的解释是这个孩子压根儿不知道义卖的意义。责任在谁?我想责任主要在于我,怎么分组,怎么比营业额,我只说了一遍,孩子可能没有听见,也可能没有听明白,而我,却自以为是地认为三年级的孩子有了前两年的经验积累肯定懂了,没有追问他们究竟有没有听明白。爸爸妈妈们,通过这件事,你们有没有发现,这些孩子生活能力比较缺失,集体观念比较淡薄。比起那些自始至终都在那儿变着法儿叫卖、"巧舌如簧"地推销的孩子,这些孩子在这方面确实有很多需要学习的地方。据我的了解,上面提到的两个孩子成绩都非常不错,但平时在家都是饭来张口、衣来伸手,不仅如此,大到人生规划,小到做个手抄报,都是由爸爸妈妈包办,妥妥帖帖是没得说,但是,总感觉缺了孩子应有的童真、稚趣。这么想来,就难怪他们在活动中缺乏集体主义观念了。

所以,在活动结束时,我进行了总结:"孩子们,红领巾义卖告诉我们,决定一个人的将来，一定不只是成绩，能力同样很重要！希望孩子们在学习之余，多走进生活，掌握基本的生活技能，获得生活的常识，培养生活的能力！"孩子们似懂非懂地点点头……

　　写这封信，就是希望和爸爸妈妈们也沟通一下，孩子的未来一定是由孩子自己去创造。在这个竞争激烈的社会，拥有独立的人格是多么重要！从今天起，记得，让孩子独立整理自己的房间，让孩子参与到可以参与的一些家庭计划中去，我相信，我们的孩子一定更加优秀。

始终与你们并肩作战的许老师

2019 年 4 月

一起断舍离

赵 红

首次接触断舍离,是读了日本山下英子的书《断舍离》,她把自己称为杂物管理咨询师,她帮助人们把住所收拾干净,通过整理房间来整理自己,通过收拾物品来了解自己,整理自己内心的混沌,让人生变得开心。不是心灵改变了行动,而是行动带来了心灵的变化。

她的观点:

断——断绝想要进入自己家的不需要的东西。

舍——舍弃家里到处泛滥的破烂儿。

离——脱离对物品的执念。

尽管断舍离是针对物来说的,但是其实主角不是物而是人,是我们自己。读了这本书,让我学会了对家的整理和收拾,在收拾家里杂物的同时,也整理了内心的杂念。不由得也让我想到了在家庭生活中,对自己情绪的断舍离。人的烦恼、暴躁、郁闷等就像人内心的杂物一样,要尽快清除掉,学会断舍离。"往者不可谏,来者犹可追。"被糟糕的情绪控制,只会越来越不开心。家庭中夫妻之间、父母与子女之间相处的过程,就是要不断舍掉一些东西,卸掉心上的负累。

家庭中,夫妻感情冷淡甚至破裂,对子女教育无能为力,亲子关系恶劣,无非就是人的情绪、观念、行为造成了不可调和的矛盾,学会断舍离,多多少少能客观地看待自己,看清自己属于哪种类型的人。

一、不能自控,被负面情绪控制的人

很多成年人,在外受了气,工作遇到了挫折,生活压力大,把家当成了自己的发泄桶,特别是面对自己的父母、爱人、孩子的时候,肆无忌惮地谩骂。记住,你的爱人、父母或子女都是你最亲的人,你说的每句话、你的任何举动都可能影响到他们的情绪。如果你频繁地把负面情绪带回家,自然会把负面情绪传染给他们,那么你的家庭生活还有幸福可言吗?

某女士是个脾气急躁、情绪外露的人,遇到问题喜欢发泄出来,无可厚非这也是一种解压的方法,但是作为她的家人就遭罪了,经常性地要受到她的"魔音"侵袭。长此以往,家再也不是家人温暖的港湾了。作为爱人,无法指责她的行为,曾一度夫妻关系很紧张。孩子们也不愿意多待在家里。她也意识到了自己的问题所在,尝试改变自己,一开始她还能控制自己的情绪,有所收敛,对待工作中的问题、和人相处的矛盾尝试着做自我排解。可后来慢慢地,她又回归到了原来的状态。

有一天,她生闷气开始收拾自己的衣柜,把自己多年未穿的衣服全部处理掉了,把漂亮的衣服一件件整齐地挂烫好。她看着大变样的衣柜,心情前所未有的好。从此她发现每当自己心情烦闷时,通过整理、收拾物品能调整好心态。她以衣柜的断舍离为契机,找到可以控制自己情绪的方法,直接和自己的内心对话,学会了自我消化负面情绪。

二、不愿改变自己,只想改变别人来获得幸福的人

有一句话是这样说的:"改变自己是神,改变别人是神经病。"虽然意思是说改变自己很难做到,但是总想去改变别人似乎也是遥不可及的事。在我们的家庭生活中,总有些人想通过改变家人思维、观念、行为来获得自我感官的幸福感,殊不知在家庭和谐的路上越走越远。

有一对小夫妻,来自两个完全不同的家庭,他们的生活习惯完全不一样。女孩注重生活情调,喜欢买贵的物品。男孩来自普通家庭,主张东西只要好用,生活只要舒适就行。结婚以后,生活在柴米油盐中,再也没有了谈恋爱时那些甜蜜和浪漫。因为生活观念的不同,他们屡屡争吵,甚至谈到了离婚。两个人都认为自己的生活方式是对的,要求对方为自己改变。男孩怕女孩乱花钱,控制了女孩的经济来源。女孩每天都很不开心,总觉得自己嫁错了人。

现实的生活需要两个人共同包容,互相变通地去经营,而不是完全沉溺在过去生活方式的死海中。当女孩需要购买昂贵的物品时,丈夫可以帮助她一起进行筛选,不是控制。当男孩舍不得花钱时,妻子也可以和他一起精打细算,做出生活规划。小家庭的幸福不是通过改变别人来获得的,如果你每天试着悄悄地改变一下自己,而不是诉苦或抱怨,那么你一定会发现,对方也在悄悄地改变——朝着你所希望的方向。

三、担忧未来,不珍惜当下的人

担忧未来的人,脑子里总会有一些没来由的想象:"这样东西今天没买,明天会不会断货、会不会涨价?""过几天就要年终考核了,我的业绩能不能过关?能不能拿到奖金?""孩子要考试,不知道复习得是不是充分?"……诸多的忧虑让自己陷入一种担忧的恶性循环中,也严重影响了自己的家庭生活。

其实静下心来想,我们很多时候的焦躁都是因为太过于担心未来,人对不可控的事都会或多或少的心慌。因为在乎所以焦虑,因为焦虑所以迁怒,所以想不到当下我们更应该做的是什么。钱钟书先生说:"似乎我们总是很容易忽略当下的生活,忽略许多美好的时光。而当所有的时光在被辜负被浪费后,才能从记忆里将某一段拎出,拍拍上面沉积的灰尘,感叹它是最好的。"

实施断舍离,发现最适合自己的"现在",那是最好不过的。

很多人说:"我就是这种人,就是扔不掉这些情绪。"简单粗暴地给自己定了性。仔细推敲他们的话,他们并非扔不掉,而是根本不想扔。想要幸福,我们首先需要放下对幸福的执念。在家庭生活中,我们要整理好自己的心情,收拾掉心中的破烂儿。对于断舍离,我认为:

断——断绝负面情绪进入家庭。

舍——舍弃情绪中的固有定式。

离——脱离对别人的掌控欲。

第五部分
决定未来模样：品性养成篇

　　孩子的品性决定着人生的高度，决定着他未来能走多远。毫不夸张地说，品性比天赋更重要，它是孩子最靠谱的"竞争力"。在童年时期，养成良好的品性，会受益终身，在未来的日子里熠熠生辉。

放手,让孩子自由地飞吧

许小娟

> 给我一双翅膀,让我自由地飞翔;给我一双翅膀,让我拥有冲破云霄的力量,期待着最后的怒放……
>
> ——题记

暑假里,朋友送儿子一辆自行车,山地车的造型,酷酷的。从来没有骑过自行车的儿子,一开始有点不自信,怯怯地接过自行车,在楼下空地上不知所措。后来在我们的示范下,他很快就掌握了要领,不一会儿就能骑行了,于是他想在小区里骑车练练胆子。但是我坚决不同意,一是因为刚刚学会,骑车技术不熟练,怕他自己摔伤了;二是因为小区里车辆行人多,万一发生剐蹭,到时候不知如何收场。在我的强烈反对下,儿子只好怏怏地回家了。

第二天,平时爱赖床的儿子一大早就起来了,然后提出想骑车的事,又被我否决了,因为早上上班、买菜的人多,特别不安全。儿子嘟囔着嘴,什么也没说。中午我正想回房间睡午觉,儿子跑过来说:"这会儿外面人不多,我可以去骑一会儿车吗?"我看着外面如火般毒辣的太阳,笑着对他说:"这么热的天,不怕中暑吗?"儿子期待的眼神一下子失望了,于是我郑重承诺:睡完午觉三四点的时候,肯定带他下去练习。

一觉醒来,屋里没人,儿子不知所踪。正当我着急担心的时候,楼下传来了清脆的铃铛声,我连忙跑下楼去,只见他在小区里熟练地骑着车子,旁边还站着两三个同龄的小伙伴。儿子一边骑车还一边讲解着:"转弯要慢慢的,不能急刹车……"不一会儿,另一个小孩接过他手里的自行车也骑起来……好小子,分明是趁我不注意,自作主张嘛!短短的时间里,不仅自己学会了,而且还当起了师傅呢。儿子抬头看见我,朝我挤了挤眼睛说:"妈妈,我已经会骑自行车了,我们会注意安全的,你放心吧!"看着儿子飞扬的笑脸,我暗暗羞愧于自己曾经一再剥夺了他独立成长的机会……

歌德说:"不能主宰自己的人,永远是一个奴隶。"独立自主的能力不是天生的,我们常常用爱的名义成为孩子飞翔的羁绊,总认为孩子还小,应该生活在自己的庇护之下,殊不知什么事都不敢让孩子去尝试,既影响了孩子的独立性,也不利于孩子良好意志品质的养成。父母不可能永远在孩子的身边,孩子不可能永远躲在没有风雨的温室里。与其援手扶助,不如传递给孩子飞翔的勇气和前行的力量。我们的孩子是搏击长空的雄鹰还是温室里的花朵?这取决于父母的态度和方法。孩子的潜能是无限的,当雏鹰羽翼渐渐丰满的时候,就应该放手让他去蔚蓝的天空里自由飞翔,我们唯一能做的就是放手目送他离开……

让孩子长成"自己的样子"

李小琴

我午觉醒来,看见心阳还在看《中国新声代》。

也许是看得太投入,她嘴里还在情不自禁地哼唱着,非常享受。她根本没有注意到我站在门口好一会儿了。

"能不能不看了?我睡前,你在看电视;我醒来,你还在看。一点儿自觉性都没有,什么时候准备看书啊?"我走到她身边问道。

"妈妈,马上就结束了。过一会儿,我就去看书,好吗?"她的目光中充满渴望。

"好吧!"我勉强同意。

"谢谢妈妈!"她继续看。

我摇了摇头,走出房间。这个暑假,我布置她阅读四大名著的青少年版,还有白落梅的一些作品。我发现,她真正静下心来读书的时间并不多,很多时候都在看电视、听歌。

等她过来后,我和她聊天,说很希望她成为一个"书"女,并且告诉她,我觉得她读书的样子是最美的。她听后点点头,然后又问我:"那你为什么自己不当这样的人?我看你暑假不是在睡觉,就是在看《楚乔传》《我的前半生》这些电视剧,看书时间少得可怜。"

我被她问得哑口无言了。是的,我都没有仔细想想我在干什么,自己做不到的事情,还偏偏"语重心长"地教导她去做。实在是……

我有点难为情地承认:"妈妈确实做得不好,我会尽力改正。"

心阳很高兴:"其实吧,我觉得听歌也蛮好的。有许多歌词写得很好,像诗一样美。听歌让我很享受的。"

我被说服了,微笑着:"你说得有道理,我觉得生命中有许多美好的事情,听歌和读书一样重要。如果你喜欢,就继续……"

"太好了!"心阳高兴地站起来,抱抱我。真没有想到,心阳的观点被我理解、欣赏后,她会这样的欢喜。她已经好久没有主动拥抱我了。

说来也巧,几天后,我的一位亲戚邀请我们去KTV。那一天,我和心阳爸爸对她简直是刮目相看。本以为第一次带她去,她会拘谨。谁知她像个"小麦霸",一首接一首地唱,好多我们没有听过的歌,她都"奇迹般"地唱出来了,而且唱得相当不错。

原来,她唱歌的时候这样神采飞扬、自信满满,一点不逊色于她读书的样子。成为"她自己的样子",更让我们眼前一亮。

今天,我读到漫画家几米的一段话,觉得很有哲理:"大人都爱说孩子是他们的一面镜子,孩子说什么做什么,都是大人的反射,要让孩子有好模样,大人应该先做好榜样。可是,我不想要变成好模样,也不需要好榜样,我要自己长大,变成自己的样子,我讨厌变成别人的镜子。"

所以,如果真爱孩子,就让他(她)长成自己的样子吧!

让"每一粒种子"长成她想要的样子

许小娟

公园的一块青草地上,一位妈妈正在教孩子练习走路:"来,宝贝,慢慢地走,到妈妈这里来。""不怕不怕,有妈妈在呢……"妈妈蹲着身子,满脸的笑意,一遍又一遍地耐心地鼓励着。孩子怯生生地迈开双脚,即使摔倒了,也会努力地爬起来,接着又开始慢慢地挪动着……看到这一幕,我心里涌动着阵阵温暖,同时一种无以名状的情绪迅速弥漫开来……

一、学会放手

在孩子的成长过程中,会有许多未知的路途需要他们自己去探索,如果父母总是紧抓在手,不敢让孩子自己去尝试,那孩子又怎能独立行走呢?人生总会有无数的第一次:第一次独立入睡、第一次独自购物、第一次独自坐车出行……孩子只有在真实的实践摸索中才能一步步获得成长。正如著名的心理学家让·皮亚杰所说,发展既不是起源于先天的成熟,也不是起源于后天的经验,而是起源于动作、实践。孩子在学走路的时候,不是跟在后面催他们走路,也不是扶着他们走路,而是应该鼓励他们前行。孩子没有尝试过跌倒,又怎么会掌握平衡呢?

有些家长生怕孩子在成长的过程中受到伤害,于是主动帮助孩子扫除前进路上的一切障碍。这样的"过度教养",会影响孩子的思考方法和做事方式,换来的是孩子面对社会的不适和独自面对世界的恐惧。北大一名高才生,美国排名前50大学的研究生,却12年不曾回家过年,最终与父母决裂。后来写下万字长文,控诉父母在他成长过程中对他充满"控制"的爱。而他的父母,昔日的50后大学生,面对儿子的远离与决裂,痛彻心扉,却不知道自己"无微不至"的爱已经变成了一种伤害。"在这个世界上,所有的爱都是以聚合为目的,只有父母对孩子的爱是以分离为目的的。"总有一天孩子会离你远去,与其在他独自面对世界时才放手,为何不早点让他学会独立,在他无助、困难的时候给予指导和帮助?这样他就能早一点预判未知路上的风险,早一些学会克服独立的恐惧。学会放手,这是为人父母应有的修为。

二、耐心陪伴

不知从什么时候起,我们总是急于求成,太希望改变眼前这个孩子,于是丢失了当初陪伴孩子慢慢学步的那份耐心:孩子想要按墙壁开关,父母快人一步,打开了电灯;孩子想要拿高处的玩具,父母直接抱着他们取下玩具。孩子失去了动脑思考的机会,不会去寻求别人帮助,更不会自己去想办法解决问题。久而久之,孩子不会思考、不会自理、不会交往……于是家长又开始抱怨起来:别人家的孩子怎么那么优秀呢?当你羡慕别人家的孩子会做各式点心,而自己的孩子连简单的煲饭也不会时,请别忽略了——人家的家长手把手地一遍又一遍地示范,而你们家只是点外卖或者下馆子;当你羡慕别人家的孩子写得一手好作文的时候,请别忽略了——人家在孩子小的时候开始坚持亲子共读,即使工作再忙,每天都能坚持交流分享彼此的点点滴滴,而你经常出差,孩子交给了爷爷奶奶,哪里会给他讲故事读书;当你羡慕别人家的孩子体格很好,运动能力强,请别忽略了——人家一有空就带孩子去户外骑车、放风筝、踏青……而你的孩子整天坐在电视机前看着一集又一集的动画片;当你羡慕别人家的孩子数学成绩很好,逻辑思维很棒,请别忽略了——人家在孩子很小的时候,就带着孩子玩数学游戏、搭积木,吃饭的时候有意识地让孩子对应家里的人口来分配碗筷,讲数学绘本,和孩子一起玩数独,而你除了数落和责怪以外,有没有在他迷惘懵懂的时候,给他一点陪伴和指引,让他看得清要走的路,鼓励他自己独立去奋斗……

没有温暖的陪伴,哪怕明明父母双全,孩子的整个世界也是灰暗的,他依然只是个"孤儿"。有些家长错误地认为:现在孩子还小,只要吃饱穿暖就行,等孩子上高中学习紧要的时候,再多陪伴孩子。殊不知童年是孩子最需要温暖陪伴的时候,而父母的陪伴也是有保质期的。台湾有个作家说,父母的"有效期"很短,只有十年。等孩子大了,有了自己的朋友圈,父母的陪伴作用已经微乎其微了。在你不知道珍惜陪伴的时候,上帝自会将这份甜蜜的礼物收回。欠下的债总是要还的,你能做的,要么乖乖退场,要么等着被孩子扔下舞台。

每个孩子都是一粒种子,每粒种子的花期也都各不相同,甚至有的孩子只是铁树还不会开花,但能否茁壮成长,能否长成想要的模样,需要家长默默耕耘、适时放手。只有等他有了足够的视野、足够的力量时,他要选择是否开花、什么时候开花,就是他的事情了。而那个时候父母要做的,就是转过身,默默地祝福和想念。

"负责"不等于"监管"

杜云云

和家长们交流的时候常常听到他们抱怨:"我每天回家什么事情都不做,就陪着他写作业,他还总是磨蹭,字也写不好看,被我撕了重写,他还不乐意,总是和我对着干。"

这样的家长负责吗?负责!她牺牲了自己大量的时间和精力,只是"为了孩子"。可是她的方法用对了吗?先给大家讲一个我自己的经历。

拿到驾照有一段时间了,家里人还是不放心我开车。比如我的老姐,从她坐上副驾驶那一刻,我就开始紧张。因为接下来,就会如当初参加驾考一样度日如年。"哎呀!下坡慢点,往左边开点!"……她一责备,我反而出错更多了,整个车厢里的气氛都很紧张,真是相当不愉快的经历。但凡老姐坐在车上,我每次都会出错,甚至还会不停地问"接下来我该怎么办""我现在可以超车吧"……失去了自己的判断和主见,依赖她的帮助,成了一个"初学者"。

这种"监管式"的负责给别人带来了无形的心理压力,监视人似乎永远在等待着被监视人的下一个错误,并且坚定不移地相信:"他一定还会出错!"这种想法慢慢会转移到"被监视人"身上,他们会认为自己确实不行,直至完全依赖。

长此以往的监管式的照顾,让孩子长期处于紧张的学习状态里,逐渐丢掉了自信,甚至会依赖身边有这样一位"监管员",如果哪天监管员不出现,他就会感觉到无所适从。

所以,给孩子一个宽松的心理环境,和他们建立一个他们自己也加入其中的"平等契约"。比如这项作业你准备什么时间完成?你的规划是什么?需要我配合你做些什么吗?好,你加油干!

对孩子负责,不是监管、控制,而是尊重、懂得、信任。

把握契机就是最好的教育

许小娟

教育是一门艺术,它既不能光靠那些苍白无力的说教,也不能异化为扭曲的暴力教育。许多家长深谙此道,常常因冥思教育方法而绞尽脑汁,但是往往毫无奏效。殊不知,只有把握契机进行教育,才能使教育起到事半功倍的作用,才能使教育真正成为一瓢警醒混沌者的凉水、一种激励奋发向上的力量。

在日常生活中,那些随时随地都有可能发生的看似平凡的小事情,都蕴藏着大量的具有教育意义的机会。我们要有目的地随机应变地加以利用,把这些素材和机会变成教育契机,从而引领孩子逐渐养成良好的习惯,进而塑造美好的心灵。

一、把握契机,培养良好的习惯

"好习惯胜过好老师",孙云晓教授说,"习惯决定孩子的命运。"良好的习惯让孩子终身受益,但是好习惯的培养不是一蹴而就的,尤其是低幼年级的孩子,自觉性较差,缺乏一定的自制能力,这给习惯养成教育带来一定的困难。因此要及时把握教育契机,因时制宜,播下良好习惯的种子。

记得儿子朗朗小时候活泼好动,精力充沛,午睡是他最头疼的事。每天吃完午饭,班上别的小朋友都乖乖地进入梦乡,朗朗却总是翻来覆去睡不着。久而久之,下午活动课上,朗朗经常出现无精打采的状况。

当老师将这一情形告诉我时,我深感焦急:午间休息是孩子一天生活中的重要环节。及时补充睡眠,不仅能调节脑部,恢复精力,而且直接影响孩子的生长发育、身体健康、学习情况。没有良好的午睡习惯,既给老师的管理带来了麻烦,又影响了孩子的"健康充电"。

晚饭过后,照例是我们母子散步聊天的温馨时刻。我们一边漫步,一边闲谈,我们都非常享受这样的美好时光。

今晚的夜色,非常美丽。轻柔的晚风拂过耳畔,一弯新月斜挂在天上,周围繁星点点。聊着聊着,我突然想起孩子午睡的事情,就随口问道:"今天你午睡了吗?"小家伙狡猾地说:"你猜猜?"不用说,肯定没有好好睡。他那明亮的眼睛忽闪忽闪的,多么像天上闪烁的星星。我陡然心生一计,指着星空问:

"朗朗,你喜欢星星吗?"

"当然喜欢!一闪一闪的!好漂亮呀!"

"那白天星星哪儿去了?你知道吗?"

"我当然知道:白天太阳出来,星星就回家了。"

"真聪明!星星宝宝白天回家去睡觉了,这样晚上才有精神,才能把大地照得特别亮。"停了停,我接着又说,"如果星星宝宝有一点亮,说明他们白天只睡了一会儿。"

"如果晚上我们看不到星星宝宝,就说明他们今天不乖,白天没有睡觉。对不对?"

"是呀。你们小朋友也跟星星宝宝一样,要多睡觉,这样才有精神,眼睛才会像星星一样闪亮闪亮的。"

朗朗不好意思地低下头来,说:"妈妈,对不起!我今天只睡了一会儿。"

看见他犯错似地低下了头,我微笑着说:"孩子,老师让小朋友多睡觉,这样身体才会长得快,大脑才会更聪明。如果你睡不着,可以闭目养神,但是千万不能影响别的小朋友。我相信朗朗会做一个听话的好孩子!让我们来和星星比睡觉,看谁的眼睛更亮!"小家伙郑重其事地点点头说:"我的眼睛一定比星星亮!"

三个星期下来,朗朗已经养成了午休的好习惯,每天放学回来,他总是忽闪着一双大眼睛,神气十足地给我讲述他在学校里的点点滴滴。有时他还要我做裁判:比一比他和星星谁的眼睛更亮……

二、把握契机,浸润美好的心灵

孩子纯洁的心灵就像一张白纸,容易受到外界的刺激和影响。正如诗人沃尔特·惠特曼所说:"有一个孩子每天向前走去,他看见最初的东西,那东西就变成他生命的一部分。"现在的孩子多数习惯以自我为中心,不懂得分享,更不懂得感恩。如果孩子在出现自私自利的苗头时,家长能把握契机,用《孔融让梨》等故事巧妙引导,就能深深触动孩子的心灵,从而很快与错误划清界限,美德芬芳就会慢慢地浸润孩子的心灵。

总之,教育契机稍纵即逝,很难把握,家长要有意识地发现、捕捉契机。当契机未到时,要善于等待;当契机来临时,要立即抓住;当契机已过,应善于迂回并创设新的契机。只有把握契机的教育,才是最好的教育,才能做到真爱无痕,水到渠成。把握了教育契机,就能发现孩子思想上的矛盾点和兴趣点,就能更敏感地触动孩子的心灵,就会使孩子处于教育的最佳状态,从而获得最有效的教育。

第六部分
沟通促进理解：师生交往篇

在教育中，师生之间良好的沟通，会让教师注视孩子的目光更加柔软、温和、充满光亮；会让孩子主动地靠近教师，"亲其师，信其道"；也会让教育更加温暖、更有力量、更能贴近心灵飞翔。

"惩罚"不是"擦星星"

赵 红

一度迷惘，一说："不打不骂不罚是培养不出优秀的孩子的。"一说："教育拒绝惩罚。"神对人说："爱你所以惩罚你。"

翻开《教室里的正面管教》，一行字映入我的脑海："教育，有一个令人遗憾的方面，就是老师们往往看不到自己的劳动成果。他们播下种子，但是体验不到收获。然而，在正面管教的教室里，老师们不必将劳作和播种的任务全部由自己承担起来。"在正面管教的教室里，学生们一起解决问题，学习互相尊重、合作和协作。教师应该做一个和善而坚定的领导者。

对孩子最大的惩罚，不是打骂，而是摧毁自尊和信心。

高科技的发展带给教育一定的便利，和家长通信方便了，作业可以在网上做了，甚至对孩子的奖罚、评价都能在手机上查阅……

于是，一张张随手拍也就那么自然且理所应当了，踩踏草坪的、攀爬假山的、在栏杆上吊着玩的、在校园里打闹的……都作为证据被保留了下来，传入群中，让班主任认领肇事者，放入大屏幕，作为反面教材。此番种种，我就纳闷了：有时间去拍这些证据，还不如告诉这些孩子这样的行为有什么危险，问问孩子的行为目的。这些照片可能还会发到家长手中，原本一个小小的行为就被无限地放大，这些孩子被贴上了"坏孩子"的标签。

曾经就有一个朋友的孩子，遭遇了此事，回家难免遭到了父母的一顿狠打，他痛哭流涕地喊道："对，我就是一个坏孩子，全校都知道我是一个调皮鬼。"令人震惊的哭喊，震撼着我的心灵。等他平息了之后，再去问他："为什么要去草坪上玩？"他委屈地告诉我："我看到一只漂亮的虫子，就想去抓它，还没有抓到虫子，就被老师抓住了。"老师当时就拍了照片，找到了孩子的班主任。如果这位老师能多嘴问一问，并告诉他一些昆虫的常识，或是听听孩子的心声，让他自己来判断自己的行为，事情也不会变得如此糟糕。也许这是个负责任的老师，但是这样的惩罚对一个孩子来说承受太重——让这个孩子认为自己是一个全校有名的坏孩子。当一位老师对孩子坚定地惩罚时，孩子对自身价值的判断就会变得困惑："我现在是个好孩子，还是个坏孩子呢？"惩罚，是孩子们需要为自己做的事情或没做到的事情付出代价，也就是说，"为了让孩子们做得更好，我们必须首先让他们感觉更糟"。这种方式通常会导致孩子怨恨、反叛、退缩、失去自信。

很喜欢美国诗人谢尔·希尔弗斯坦的小诗《总得有人去擦星星》：

> 总得有人去擦星星，
> 它们看起来灰蒙蒙。
> 总得有人去擦星星，
> 因为那些八哥、海鸥和老鹰
> 都抱怨星星又旧又生锈，

> 想要个新的我们没有。
> 所以还是带上水桶和抹布，
> 总得有人去擦星星。

简单的诗句，童话般的感受，一读再读，感觉到的是温暖和敞亮。我们总会遇到这样的孩子：脏污的小脸、茫然的眼睛、这样的缺点、那样的陋习……他们多像一颗颗沾满灰尘、布满污垢的星星。他们绝不需要我们用惩罚来摧毁，因为摧毁了就没有新的了。

老师应该帮助学生培养自己解决问题的能力，也许一开始他们并不那么情愿和兴奋，因为他们被命令惯了、惩罚惯了。然而，一旦他们体验到被尊重和自我满足时，他们就能成功地应对这一挑战，解决自身存在的问题。在一个和善而坚定的老师的领导下，这些孩子能作出转变，但不会一夜之间完全改变。老师只要轻轻一擦，哪怕再灰蒙蒙的星星，都会散发出他自身的光芒。

不要伤害"查理"

杜云云

最近,有个男孩小刚一直被一个问题困扰,他写下了他的烦恼交给我看,文章里详细记录了他和另外一个男孩小强的冲突,小刚在最后说:"为什么小强就是和我作对?"

事情要追溯到上周,小刚因为小强抢了他的文具,追着小强要抢回文具,小强嘲笑地说了一句:"你好弱啊!(还有一句骂人的话)"这句话激怒了小刚,小刚和小强扭打起来。而之前,小强和小刚的冲突也不断,曾经还发生过小强用红领巾勒小刚脖子的事情。

当时处理他们冲突的时候,我通常扮演的更像一个"法官"的角色,调查事情的来龙去脉,认定谁是挑起问题的一方,并且批评其中一方。很明显,这样的处理方式并不成功,因为"欺负"还在继续,我也为如何寻找正确的解决途径而困扰。

《教室里的正面管教》无疑为我打开了一扇窗,它指出:"惩罚一个欺负人的孩子,而不理解或调查造成这种行为的根本原因,只会为以后产生更多这种行为提供沃土。"对于成年人来说,"认真对待恃强凌弱行为,相信孩子说的是事实,以及孩子们需要帮助""努力帮助孩子们灌输个人责任感,并在那些做出不良行为的孩子们改正自己的行为并做出弥补时进行指导"。

我尝试着用《教室里的正面管教》里的"活动:查理"在班级里开一次班会。

班会课上,我让每一个孩子画了一幅人像,名字叫"查理",大家画得很认真。再让孩子们说一些伤害"查理"的话语,每说一个大家就揉一次纸团。大多数孩子都舍不得揉,揉得小心翼翼,当一幅幅画被揉成了一个个纸团,大家都沉默了。我告诉大家每提供一次帮助,就可以得到抚平纸团的机会。大家踊跃发言,提出了解决办法,其中包括那个小强,他说:"让伤害查理的人和他道歉,忘记曾经的不愉快。"最后,看着渐渐被抚平的"查理",大家在宽松的气氛中渐渐达成共识:粗鲁的行为和话语对一个人造成的伤害,虽然可以得到好转,但无法完全修复,我们所要做的,是尽可能不让伤害发生。

"查理"其实就代表着孩子自己,每个人都不想身体上有"褶皱",即使鼓励和安慰能抚平创伤,但伤害会一直存在。将这种感觉"移情"到对待他人身上,给予更多的理解,降低伤害发生的频率。

期待着小强和小刚之间的关系能有所改变……

错误，是成长的勋章

李小琴

去年九月初，北京第二实验小学副校长、特级教师、全国名师华应龙在北京电视台进行开学寄语演讲："错若化开，成长自来！"这短短的八个字，如一缕春风，吹进了我的心房，让我感受到华校长的教育情怀与教学机智，也让我勾起了对往昔的回忆。

工作伊始，我对学生要求非常严格。如果有学生犯错，我会进行严厉批评，比如学生上自习课说话，我会让他们抄一篇课文以示惩罚；有学生上学忘了戴红领巾，班级被扣了分，我会让他在全班做检讨，为自己犯下的"低级错误"公开道歉。那时的我，很是欣赏孔子的得意弟子颜渊，因为孔子评价颜渊"不贰过，不迁怒"。因此，我也以此为高标准要求自己的学生。刚开始的时候，我觉得效果明显，班风班貌积极向上。然而时间一长，我发现有些学生对我的做法颇有微词，与我的心理距离越拉越远。连我最信任的优秀学生也在心语里坦言做我的班长，是一件很辛苦的事情。

我开始反思：怎样做，才能成为一个受学生欢迎的老师？孩子犯下的错误，我又该用怎样的态度来对待呢？

这时候，我看到了一篇文章，里面有一句话使我茅塞顿开——课堂是允许孩子犯错误的地方！我冷静地思考了一下自己的课堂，我们班孩子在面对我提出的问题时有两个特点：其一是大部分同学会低下头，怕被我喊到回答问题，因为如果简单的题目还答错了，我会批评的；其二是回答问题时，有的学生会紧张，因为语速太快，大脑跟不上，会出现略有结巴的现象，估计这和我时常打断他们说话有关。仔细想想，学生有不尽如人意的表现，有糟糕的情绪，很多时候是我有意无意间造成的。

"犯错专家"（wrongologist）的凯瑟琳·舒尔茨（Kathryn Schulz）是《纽约客》的编辑，她花了五年时间专门研究什么是"犯错"，并写下《我们为什么会犯错？》一书，在书中，她说道："犯错本身并不会让我们感觉糟糕，相反，当我们低头审视自己的时候才会发觉自己的错误。直到我们意识到自己错误的那一刻，沮丧、焦虑等不好的感觉才开始侵袭我们。"我觉得她说得对。于是，我开始改变自己。

学生有错误，温柔对待；学生犯错误，耐心等待。

果然，学生的表现越来越出色，我们之间的关系也变得亲密了。

然而，要做到华校长的"错若化开，成长自来"的境界，我仍需要努力地修炼自己。他能够真诚而幽默地说："孩子，你错得好！"如此心态与智慧，我现在"虽不能至，然心向往之"。

今天，我读到《教室里的正面管教》的一篇文章《活动：犯错误是学习的大好机会》，很有感触。这篇文章就是通过活动，帮助老师意识到自己对于"错误"的不健康观念，教给学生有关"错误"的健康观念。

书中提到，孩子一听到"错误"二字，想到的相关信息是：错误是不好的，你不该犯错误；如果你犯了错误，你就是愚蠢、坏、无能，或是个失败者；如果你犯了一个错误，不要让任何人发现,如果有人发现了,就要编一个借口,即使这个借口不是真的,更好的做法是找个借口或是责备他人,而不是承担责任;如果知道自己不能将事情做对或是做完美,最好不要冒险。看到这些文字,我不禁想到了自己,想到了学生,想到了身边的许多成年人,面对"错误",大部分人不都是这样认知的吗?

文章结束的时候,有一段文字,教会我们面对"错误",应该采用怎样合理的方式去贴近孩子的心灵:向孩子解释,所有这些想法都是关于"错误"的疯狂观念。跟学生们谈谈他们知道的一个因为试图掩盖自己的错误而使自己陷入困境的人。然后讨论一下,当一个人承认自己的错误、道歉并努力解决所造成的问题时,别人是多么容易原谅他。

很有道理!

前几天,我板书错了一个字,学生及时给我纠正出来,我立即改正,然后微笑地看着他,说:"谢谢你给我纠正了错误,你是我的一字之师!"孩子们都甜甜地笑了。昨天,我上课的时候,听到两个孩子窃窃私语,还笑出声来。一气之下,我直接批评了我以为的两个孩子,但很快就知道批评错了对象。全班同学都看着我,被误会的孩子很伤心,我鞠了一躬,说:"对不起,没有调查清楚就批评了你们,让你们受委屈了,请原谅我。"那两个孩子的眼中立刻有了神采,微笑地点点头,又摇摇头,说:"没关系!"全班同学情不自禁地鼓起了掌。

面对犯下的错误,我马上承认、道歉、努力地解决问题,而孩子们就会这样轻易地原谅了我,你看,他们多大度啊!

"永不做错事的人,往往不能做出任何事情来。"坦然面对错误吧!无论是孩子,还是我们自己,如果可以做到"错若化开",就能领略到"成长自来"的美好,因为,错误是我们成长的勋章!

温暖灵魂的阳光

赵　红

老师找学生谈话,家长找孩子谈话,在孩子的认知里,那就是"惩罚"的开始,所以此类谈话被孩子们戏称为"魔鬼的约见"。即使每一次你都是抱着万分的诚意,但却得不到积极的回应。

小正就把我的万分热情浇得满心冰凉。他是一个沉浸在自己阅读世界里的孩子,似乎只有在书本的世界里才能找到他的归属。我真的很想帮助他,让他感受到走出自己世界的那份快乐。

有天清晨,我走到他的座位前,邀请他走出教室聊聊天。他立马握紧拳头,一声不吭,表达自己的抗议。无论我用多温柔的声音告诉他只是想跟他聊聊天,还是轻轻地搂着他的胳膊,始终没能把他请离座位。想着没有沟通无法解决任何问题,我请来他的父母,最后是他的爸爸硬把他拉到办公室的。

交谈在不太和谐的氛围中开始了,随着深入了解,我发现小正慢慢放松了,从一开始的一言不发到偶尔也会说几句。在交谈的过程中,小正的妈妈满心无奈,爸爸看到小正不说话,只是强硬地告诉他回家没有好果子吃。从他的父母口中我了解到,小正平时在家是不被允许看书的。首先是因为写作业速度太慢,每天做到很晚。其次父母也不希望他眼里只有书,而忽视了其他一切。孩子的兴趣没有得到满足,家长的期望没有得到实现,父母与孩子的关系越来越糟糕,导致他们相处的氛围充满了无奈和斥责。小正的家庭处于这样一种状态之中,所以出现的很多问题无法得到解决。

鲁道夫·德雷克斯说过:"一个行为不当的孩子,是一个丧失信心的孩子。"我们给予孩子最周到的照顾,却忽略了给予肯定、赞美他们的语言,这样的语言胜似清晨美妙的音乐,永远在他人的记忆深处歌唱。我们常常会忽略赞美或肯定他们。如果,小正把书上看到的知识运用到生活中,父母能及时给予赞扬;如果,小正养成每天阅读的习惯能得到父母的肯定;如果,小正考试成绩有进步,父母能适当鼓励……那么现状是否迥然不同了呢? 后来我和小正约定,只要每天他能迅速完成作业,我会让他的父母允许他看书,而且还要跟他交流阅读所得,我还会推荐他成为班级和学校的阅读之星。

肯定、赞美对温暖人类的灵魂而言,就像阳光对于花朵一样,没有它,我们就无法成长开花。但是很多人只是敏于躲避别人的冷言冷语,却吝于把赞许的温暖阳光给予别人。让这缕阳光普照自己的孩子和别人家的孩子,让我们和孩子的谈话变成"天使的约见"。

信任，从蹲下身子开始

赵 红

这一天，上课铃声还没有响起，我信步跨入教室，看到的是这样一幅画面：小明趴在地上紧紧地抱住小强的腿不放，在拉扯中甚至脱下了小强的鞋子。看到我的出现，愤怒的小明依然如故，我轻声地劝他松开，他却丝毫不为之所动。无奈的我拿起手机拍下了此镜头，敏感的小明看见后，迅速从地上爬起来，欲夺我的手机，我急忙一收手，避开了他的抢夺。此时，上课铃响起了。

我让小明先回座位，这件事下课再解决。他站在窗口把窗子撞得"哐哐"作响，宣泄着内心的不满。为了不影响上课，我对他说："是不是要我喊你父母来，你才肯回座位？"他似乎比较忌惮父母来学校，不情不愿地回到座位，但是，却坐在地上看了整整一节课的书。

下课了，他仍然坐在地上，对我也是不理不睬。也许之前我的做法（拍照）惹怒了他，他觉得这是我要向他的父母告状的"证据"。虽然我没有用任何言语批评指责他，但是从我的这个举动中，他感受到了深深的敌意，这是对他的一种无声的谴责。其实，我颓唐地想，这也是我一种无能的表现。在拍照之前，我还真的有一闪而过想发给他的家长看的念头。之后，我很后悔自己的行为，对这样一个心思细腻的孩子，我高高在上的举措无声地传达出了行为背后的用意，违背了相互尊重的基本原则。很多家长和老师都认为，帮助孩子做得更好的最佳办法就是对他们做错事进行批评，这是一种错误的想法。

我走到小明身边，顺势蹲了下来，指了指他正在看的书，问他在看什么书，能不能给我介绍一下书本内容。他转向我，把书递给了我，原来是一本侦探小说，我说我也很喜欢，能不能借给我看，他说："这本书是我准备放到班级图书角的，还没有给图书管理员登记，你可以借去看的。"我拉着他的手，接着问他刚才是怎么回事，他的情绪开始缓和了，向我说出了缘由。原来是他向小强借书看，小强不愿意，还没有说明原因小强就要走，小明就揪着不放了。虽然小明的做法有点偏激，但是对一个嗜书如命的人来说，面对同学不愿意借书且没有任何理由，他感到不可思议和愤怒，所以就出现了开始的一幕。

我告诉他："同学是否愿意借书给你看，是他的自由，你不能强迫。况且，你要借书可以有很多途径，班级图书角、老师这里都是可以借的，图书角的书你可以去多挑几本看看。"他听了我的话，一下子笑开了花："我真的可以去图书角多借几本（班级规定是一次借一本）吗？"我说："只要及时归还，就能不断借阅，自然借的书比别人多啦！"他兴高采烈地跑向图书角去挑书了。孩子的快乐很简单，几本书能暖了他的心房，但真正温暖他的其实是一种平等的态度，让他感受到了理解和尊重。

永远用欣赏的眼光看学生，永远用宽容的心态面对学生。蹲下身子，是一个行为，更是一种态度，对孩子来说，这就是信任。处于同一高度，才会得到孩子的信任，才能更靠近孩子的心灵，感受他们的心跳和体温，最终与他们"心心相印"。苏霍姆林斯基说过："对人的热情，对人的信任，形象地说，是爱抚、温存的翅膀赖以飞翔的空气。"这是一种情怀，更是一种精神。

修炼一对善听耳——一次"失败"的班会

赵 红

如果说教育是一场修行,那作为教师必须要修炼的就是那对善于倾听的耳朵。耳朵是通向心灵的路,去倾听孩子们的每一次心跳,去捕捉孩子们的每个思维火花。

——题记

又是一堂语文课,我走进教室,和孩子们互相问好、感谢之后,开始了一趟语文指导之旅。十分钟后,惯例性地,底下开始了窃窃私语,我讲他也讲,我停他也停。接手这个班一个多学期了,这个问题始终无法得到解决,时刻困扰着我,不管采取什么措施,似乎都没有任何效果。当蜜蜂似的"嗡嗡"声再次响起,我竭力压制自己内心的火气。我准备这堂课好好解决这个问题,磨刀不误砍柴工,不如就学习一下《教室里的正面管教》,用班会的方式来处理吧。

我说:"这堂课,我要请大家帮个忙,每次上课,总有几个同学喜欢说悄悄话,影响了课堂纪律。你们一起找找原因,帮助我解决一下。"接下来的三分钟,教室里鸦雀无声,我继续说:"大家积极想办法,等于在帮我的忙,说对说错都没有关系。"此言一出,立马就打消了学生的顾虑,课堂里开始有小声讨论的声音了。打倒师道尊严,拉近师生之间的距离,是胜利召开班会的关键。

我给了他们足够思考的时间。在我的耐心等待中,小班干部们觉得再不发言,似乎对不起老师了,纷纷举起了手。

班长说:"老师,你上课提的问题太难了。"言下之意就是可以提些简单的问题。

副班长说:"老师,你上课对表现好的同学不加分,数学老师每堂课都会在'班级优化大师'(我们班一个评价学生表现的平台)里给我们加分。"言下之意就是你多加点分,那些同学就不说话了。

学习委员说:"老师,你布置作业时可以布置分层作业。"云里雾里了,这和上课讲话有关?

……

一听,不得了,都是对我提意见,完全出乎我的意料,我本以为他们会说某某同学为什么喜欢说话,或是应该怎么惩罚讲话的同学。无奈中又有点恼怒,怎么都成了我的不是了?语调不自觉地提高了八度:"难道我在语文课上只能提简单的问题?你们课堂听讲就是为了加分,举手回答问题就是为了加分?分层作业和课堂讲话有关系吗?"一连番问题抛出后,再也没有学生敢举手提出建议了。课堂氛围一度陷入了沉闷,班会课再也无法进行下去了。我只好宣布,关于这个问题,大家再好好思考一下,我们下一次班会课再讨论。

回想这次班会失败的原因,首先我没有做好充分的准备,是临时起意,对很多问题没有准备,且组织形式单一,班会气氛不融洽。最关键的还是我没有带着一份关爱、一份和善去倾听孩子们的心声。有这样一句感人至深的话："在你能触及头脑之前,必须先触及心灵。"当学生们感受到关爱时,他们就想要合作,而不是做出不良行为,他们就能自由自在地学习。我看似民主地让孩子们帮我解决问题,却只是为了我的课堂不被打扰,上课有更高的效率。

其实,我应该用倾听的姿态去回应:

"哦,那么怎么通过简单的问题把说话的同学带回课堂呢?"(倾听)

"同学们在课堂上怎样表现就可以在'班级优化大师'上加分呢?"(倾听)

"怎么给课堂表现不同的同学布置分层作业呢?"(倾听)

对教师来说,保持对学生的倾听很重要,老师们往往不自觉地匆忙介入,并开始对学生所说的事情进行长篇大论的说教,这会导致学生停止从中学习,不想再去解决问题,并且变得很戒备。

不管是课堂提出简单问题吸引爱说话的学生,采用加分制度鼓励学生,还是采取分层作业激励学生,和课堂联系起来,其实都在传递一个信息:学生需要教师来倾听。

孩子"告状"时，我这样做

李小琴

今天下午，在读《大师教你做父母——对话苏霍姆林斯基之二》这本书时，不经意看到这样一段文字："孩子常常有自己的恐惧、快乐、忧虑和痛苦。有高度情感修养的教师能根据孩子眼神中流露出的思想、情感、体验去感觉他的内心。"是的，孩子不说话时，我们要努力透过他的表现去察觉其中隐含的情感"潜台词"，更好地引导他们。那么如果孩子和我们真诚地交流，甚至是向我们告状，我们又该如何面对呢？

回首多年的班主任生涯，我接触过不少向我告状的孩子。面对不同类型的告状孩子，我都尝试去换位思考，"用他人的眼睛去看，用他人的耳朵去听，用他人的心去感受"①，拥有"共同体感觉"，寻找适合的解决方式。

一、认真倾听，保持沉默

"倾听，是教育的一种言说，是一种特殊的教育。有时，倾听本身就是处理教育事件的艺术和智慧。"成尚荣先生如是说，我很认同这一观点。其实，面对一些委屈、不平时，很多孩子都可以自行调节，只是在这一过程中，他们需要一个倾诉的对象，而老师或家长刚好是最适合倾听他们的对象。我第一次教低年级时，就发现许多孩子急匆匆地跑来"告状"，可是还没有等我说点什么，他们就又迅速地离开了。有时，只要倾听孩子，"小事"就自然而然"化了"了。

二、将计就计，巧妙化解

教育的最佳境界就是"春风化雨、润物无声"，以智慧巧妙地化解尴尬，以真诚坦然地面对"意外"，以幽默处理"告状"行为，这是每一个孩子都乐意接受的方式。

我第一次接触现任班级的学生时，课堂上就发生了一段"小插曲"。"淘气包"宇辰为了引起大家的注意，故意做鬼脸逗乐同学，干扰课堂秩序。我原本打算"冷处理"的，但是旁边的同学不打算"放过"他，直接喊道："李老师，小辰在做鬼脸。"全班孩子的目光都不约而同地投向小辰，告状的那个孩子有点幸灾乐祸。大家都笑着看小辰，等待我的处理，小辰则显得云淡风轻、满不在乎。我灵机一动："其实，我刚刚也看到了。我发现小辰有喜剧明星卓别林的天赋呢，不信，我们以热烈的掌声欢迎小辰上台为大家表演一分钟的鬼脸。"全班掌声雷动，小辰不好意思地摆摆手，而"告状"的孩子感到匪夷所思，吃惊地望着我，接着跟大家一样，鼓起了掌。我再次真诚地邀请小辰上台，他也就不推脱了，大大方方地到台上表演，下面的同学笑声、掌声不断。场面热烈、温馨，我情不自禁地说："感谢小辰同学为课堂带来了快乐。以后，我们只要上课感觉累了，就请小辰为大家表演做鬼脸或是其他的，好不好？""好——"大家兴奋地答道。小辰的眼中闪烁着幸福的光芒，略显羞涩地点点头。回自己座位时，我看到小辰调皮地冲那个告状的孩子挤眉弄眼，而那个孩子悄悄地竖起了大拇指。

---

① 选自《幸福的勇气》，[日]岸见一郎、[日]古贺史健著。

"别把我们儿时深恶痛绝的,加诸孩子身上;别把我们儿时抱怨父母的,再被孩子抱怨[①]",作为师者,我们也要拥有智慧和爱,温柔以待可爱的孩子们,并用自己理智、平和的态度,引导告状孩子朝正向发展。

三、出面干涉,进行保护

有的孩子年龄偏小,或是长得矮小,或是成绩不理想,或是性格柔弱等,缺乏自我保护能力,容易受到别人欺负。因此,当遇到自己无法处理的纠纷时,就会感到委屈、愤怒,到老师那儿"告状",这是他们在寻找帮助、安慰、同情与支持,获得心理上的安全感。这时,老师就不能听之任之,漠然视之了。出面干涉,保护弱小,教师责无旁贷。

我班以前转过来一个男孩,左耳失聪,右耳听力也不太好,所以别人和他交流,总是不够顺畅,造成了许多误会,他为此时常受到同班同学的欺负。有一天,他忍无可忍,跑到我办公室一口气告了三个男孩的状:一个男孩故意伸腿绊倒他;一个男孩嘲笑他,给他起不雅的绰号;一个男孩在他椅子上泼水,致使他坐下裤子都湿了。我认真地听完他义愤填膺的叙述,找到捉弄他的三个男孩,晓之以理、动之以情地教育了一番,让三个男孩认识到自己行为的不妥,随后他们主动向听力不好的男孩道了歉。之后,我在班级开展了班会"友善——生命里的一束光",通过讲述身边故事、新闻快报、小小辩论会、小品表演等方式,让学生们时而开怀一笑,时而蹙眉思考,时而热烈探讨,引导他们自查自心、自省自悟,从而友善对待他人。我还在班级倡导共读一本书——日本作家灰谷健次郎写的《兔之眼》,分享读书感悟。我深信:"孩子们的善良,会照亮所有人脚下的路,引领人们走向未来。"

四、化敌为友,握手言和

小乐和小浪是一对"冤家",看彼此都很不顺眼,容易为小事大动干戈。但由于两人身高相仿,所以总是"狭路相逢",要么成了同桌,要么成了前后桌。刚教这个班不久,小乐就找我,告诉我小浪如何如何不好,比如作业拖拉被数学老师批评,在学校旁边的小摊上购买零食(违反学校规定),未经老师同意去体育器材室拿足球等。总之,他希望我能把他的座位调得离小浪远远的,甚至有"此生不再相见"的想法。我委婉地与他沟通,希望他多关注一些小浪的优点,或许会有不一样的看法。他十分肯定地告诉我:"不可能!"估计他俩天生不对盘。

他离开办公室的时候,心结没有打开,表情依然忧郁。我知道,冰冻三尺非一日之寒,他们之间的矛盾很深,要"慢慢来"。

第二天,不知小乐来找我"告状"之事怎么被小浪知道了,他也愤愤不平地找到了我,痛快地告了小乐一状。看来他俩真是"心似双丝网,中有千千结"。我问小浪他想怎么办?他的答案与小乐惊人相似——调离现在的座位,眼不见,心不烦。于是,我找来小乐,当着小浪的面说明了情况,允诺他们可以将座位分开,并且提出了我的担忧:这样的做法可能效果不大,因为"治标不治本",他们之间的矛盾并没有因此而化解。可他们都觉得暂时的分离,是最好的选择。

于是,他们的座位分开了。好景不长,他们又一次"大打出手"了。处理他们事情时,双

[①] 选自《由内而外的教养》,[美]丹尼尔·西格尔、[美]玛丽·哈策尔著。

方各执一词,毫不相让。我微笑着说:"上次,你们提出要求,我听从了你们的决定。这次,你们能不能听从我的决定?"

他们都点点头表示同意,等待我的处理。让他们惊讶的是,我居然让他们友好地握一下对方的手。他们别扭着不动,我也不催促,静静地等待着。终于,小浪率先伸出了手,小乐也迟疑地伸出了手。他们看着对方的眼睛,笑了。趁热打铁,我接着说:"我给你俩布置一项特殊的作业,这项作业既考验你们的胆量,又考验你们的眼光,不知你们是否有信心完成这个高难度的作业?""有!"他俩异口同声地答道。

"好,从明天开始,你们每天用心地寻找对方的三个优点,并且及时地夸奖对方,持续时间是两周。怎么样?"他俩自信的脸庞刹那间变得为难起来,好一会儿,小浪才说:"我试一试吧!"

小乐也跟着说:"我努力吧!"

两周后,这对"冤家"欢天喜地,成了好朋友,放学时还能看到他们笑着肩并肩走出校门。小浪在心语中写道:"我明白了李老师的用心良苦。当我和小乐握手的一刹那,我们的心就靠得比以往都近了。夸奖让我收获了一个朋友,少了一个敌人。当然,我承认:刚开始夸小乐时,我觉得难以启齿。呵呵!"

其实,"化敌为友"不是什么神奇的事情,只要变一变,将告状时那个"可恶的他人,可怜的自己"抛弃,拥抱那个"闪光的他人,美好的自己",一切就会云开日出、云淡风轻,我们就能感到"生活明朗,万物可爱"。

五、开诚布公,自我解决

记得《闻香识女人》中主人公查理冒着被学校开除的风险,选择不去告发同学。这一举动让失明中校为他慷慨陈词:"我见过很多很多年轻的男孩,臂膀被扭,腿被炸断,那些都不及丑陋的灵魂可怕,灵魂不可能有义肢。"他视告密为灵魂的残疾,不支持正常的人做任何告密的事。其实,当"告状"被默许,便会向前一步,变成了"告密"。所以,对待学生的"告状行为",我们不能"姑且放过"。

我曾在一次晨会课提到随着年龄的增长,同学们要开始学会"自立",懂得不依靠别人,自己处理问题,知道什么样的话该说,什么样的话不能说。坦白而言,我不喜欢遇到一点点小事就"告状"的学生,我反对"打小报告"的行为。孔子提倡"亲亲相隐",人民网也曾刊登过这样一篇文章《不可培养告密者》,其中有一段话,我想和大家分享:"教孩子和同学友好相处。让孩子明白同学间的交往应该真诚、互相帮助、相互体谅。如果某位同学做错了什么或有什么缺点,不应该嘲笑、讽刺,也不应该向老师告状,而是坦诚地指出来,并帮助他改正。你只有做到这样,其他同学才会同样友好地对你。"

开诚布公,亮出我的观点后,"告状"的孩子日益减少,班级的氛围越来越和谐美好。我认为:"真正的英雄不是没有卑贱的情操,而是永不会被卑贱的情操所征服;真正的光明不是没有黑暗的时候,而是永不会被黑暗所湮没。"在孩子成长的道路上,我们应当努力地成为他们生活的导师和道德的引路人,教会他们明辨是非,教导他们用理性和智慧去处理发生在自己或同伴身上的不良行为。

用心去感受孩子吧,许多的智慧由此而生,教育会变得更有力量!

小欢喜

曹 越

绿荫蝉鸣,暑气难消。

今年暑期,我除了阅读之外,重温了一部电视剧《小欢喜》,这是一部家庭教育题材的电视剧,让我频频泪目。一句句金句,一段段场景,拨动了我敏感的神经。孩子们在父母面前的一声声呐喊,撞击着我的心灵,它让我思考,让我体味,让我忆起平淡教育生活中的点点涟漪。

一、我不是坏孩子,我只是成绩不好的孩子

疫情过后,我满怀欣喜,充满热情地回归校园,因为又能和那些校园中的小宝贝们见面了,他们天真烂漫,可爱活泼。在叽叽喳喳的课间,有无数的孩子围在我身边,说说笑笑,不亦乐乎。可是,我却渐渐发现,在教室的座位上,坐着一个文静的女孩子,默不作声,她似乎不爱亲近老师,也不爱与其他孩子玩闹。

这是怎样一个孩子?

一次课间,我来到她身边,轻声问道:"小文,为什么不出去和大家一起玩耍?"

"我想一个人玩儿。"

"和大家一起玩,没准儿你会更快乐,要不要去试试?"

"曹老师……我……不敢……"

"为什么呢?"

"我怕他们会笑话我。"

低下头、红着脸的她,让我想到了她的作业,想到了她的试卷,也想到了她的父母。

小文的父母忙于生计,家里还有一个备受父母宠爱的哥哥,家人关注她的时间非常少,回到家也没有人督促她写作业,有时甚至八九点钟才能吃上晚饭。之前我和她的父母沟通过几次,妈妈很想关心她,但是忙碌的物流生意让她应接不暇,父亲更加没时间了,和儿女的沟通机会微乎其微。放养式的家庭教育,不要谈良好的学习习惯,连良好的生活习惯都很难帮孩子养成。

文静的她想努力,但是没有人指导,惰性又时常伴随着她。小文知道自己的缺点,但是小小的人儿,怎能说变就变?

于是,我心疼她,暗自下决心帮助她养成良好的习惯。课间,一有空,我就坐到她的身边,和她一起整理课桌面,一起摆放学习工具,一起削铅笔,一起清理抽屉。渐渐地,文静的她更爱干净了,作业本也不再皱皱巴巴,她的点点进步我都看在眼里,时不时在全班进行表扬。一个月后,她还会时不时帮我整理办公桌,主动为小伙伴们擦黑板,也爱用笑脸迎接每一个小伙伴了。

她的笑脸映射着内心的小欢喜,她是有优点的,她是能为别人带来快乐的孩子,我相信自信将成为她向上的动力。衡量孩子的尺子永远不会只有一把,不断成长的方式也远远不

只是提高成绩那么一种,每一个孩子都是独一无二的存在,也许有不适合学习的孩子,但是我相信没有天生的"坏"孩子,得到足够爱的孩子就一定不会变"坏"。

二、让孩子先学会竖着看自己的人生

"人这一辈子从头走到尾,有一天你回首往事的时候,你所有的成功、失败、退步、进步、欢乐、喜悦、痛苦、悲伤全部都得竖着看,都在你自己身上。"小欢喜里的方家爸爸如是劝说妈妈。

是啊,孩子的成长不应该总是建立在"别人家的孩子"基础上的。

一天下课,数学老师来到办公室和我交流最近孩子们的课堂表现,我随手翻开孩子们才做的练习。这次练习大家做得都很好,几乎所有的孩子都是满分,可是当我看到帆帆的分数时心底一凉,又是全班最差的。帆帆这个孩子由于注意力不集中,做事效率很低,常常花上别人两倍多的时间也不能完成相同的内容。

和数学老师交流后,我提前来到教室候课。让我很意外的是,帆帆满面笑容,跑过来兴冲冲地对我说:"曹老师,这次数学考试我得了优!"那种喜悦、得意的表情像一朵遇见太阳的小小向日葵,慢慢绽放出它的光彩,它面对的方向,冬日的冰封不见了,全部暖日融融、生机勃勃、繁花满地。

我内心知道,班级里得到优星的小朋友很多,只有两三个人是优。可是看着帆帆的明朗的眉眼,一股莫名的情绪告诉我:鼓励他,鼓励他,他真的不容易。

于是我更加欣喜地竖起大拇指,用全班孩子都能听到的声音赞美道:"太了不起了!这一定是你抓紧时间完成练习获得的。原来你只要注意力集中,什么事儿都能做好!"

话音刚落,我感受到那笑容不仅仅是一朵小小的向日葵了,而瞬间变成了一颗闪耀的大太阳,那么灿烂,那么明媚!

接下来的几次语文课堂习字,帆帆居然都能在规定的时间内完成,并且书写质量逐渐提高!

优,对于帆帆来说,是历史上的最高分。教育者时常横向比较所有孩子,但是对于每个个体来说,竖向看他的成就,也许更能成就他的人生。

孩子的成长过程中,需要点点滴滴的鼓励来呼唤出他们内心的"小欢喜",我们要让孩子们在一个又一个"小欢喜"里成长,收获自信、快乐、向上、阳光的人生!

尘世是唯一的天堂

许小娟

还记得那天中午的天气真好,风儿在轻轻絮语,云儿也在淡淡微笑。这样的感觉已经久违了。每天忙得像一个陀螺,蜷曲在办公桌前,心仿佛也变成了一所长满绿霉的囚室。我甚至不敢放它出来,细嗅春天的气息,生怕自己沉醉不知归路。我不知道校园里那些娇柔粉红的桃花何时已经落英缤纷;我也不知道那些灿烂耀眼的迎春花何时已经长出了嫩叶;我更不知道那些美丽可爱的小蝴蝶是何时循着油菜的香味翩然而至的,就连那种午后享受读书的美好时光也离我久远矣……这样想着,我悄悄地拿起一本书靠着教室的窗子坐了下来。

我对《尘世是唯一的天堂》这本书可以说是一见倾心,只是从未曾静下心来细细品读,直至今日再读,才突然顿悟"尘世才是唯一的真实的天堂"。尽管是尘世,尽管是红尘俗世,尽管这样的尘世生活有时让我们厌倦麻木。可是这样的尘世只有一个,为何我们还任由莫名的心绪牵引,无止境地放大自己的不快?聪明的我们为何不好好享受它?享受其中的甘苦,享受其中的真实,享受其中的细小……我沉浸在书的天堂里,仿佛阳光也照射在心灵上,无比的温暖。

这时有一两个小家伙也凑过来读着书名,然后笑问:"什么是尘世呀?我知道什么是天堂,我喜欢天堂!"一孩子趣解道:"尘世一定有许多灰尘,我不喜欢!"我笑而不答:天真的孩子们,他们所知道的"天堂"是虚幻的,遥不可及的。他们不知道的尘世就是我们所拥有的生活,即在这美好的春光里享受到的大自然的馈赠。也许我不能给他们一个天堂,但我应该为他们搭建通往天堂的云梯。于是我大声宣布:"孩子们,今天老师和你们一起去寻找校园的春天,好吗?"孩子们显得异常兴奋,我相信,当我和他们并肩漫步在校园中时,我们都会觉得尘世是唯一的天堂。

陶行知说:"大自然就是活教材""生活是最好的老师"。大自然的生态环境为孩子的发展提供了潜在的机会,并对其产生直接或间接的影响。因此,我们要充分发挥自然资源的教育价值,把自然界作为一个大课堂,让孩子自由地进行观察、发现、探索,激发他们的探索兴趣。陶行知先生也曾有过一个很形象的比喻:社会即学校,就好像是把笼中的小鸟放到天空中,使它能任意翱翔,要把学校的一切伸张到大自然里去。那么,我们的老师和家长,请放下你的私心杂念,带着孩子走进自然、亲近自然、拥抱自然,让孩子在大自然中汲取丰富的知识源泉吧!

在鲜花盛开的季节,牵着孩子的手漫步田埂上、溪河边或躺在松软的草地上,感受大自然给予我们的恩惠,这是一件多么惬意的事情啊!让孩子的身心享受阳光雨露的滋养!让孩子的身心放松在看看蝌蚪、扑扑蝴蝶、追逐小鸟的快乐中!让孩子的身心乐在捡捡落叶、采采野花、挖挖红薯的野趣里!让孩子从喧嚣的闹市中重回自然,返璞归真,聆听大自然的天籁之音!

如果我们真的爱孩子,请带领他们走出课堂,走进大自然,让他们感受到尘世是最美的天堂!

平等，让孩子敞开心扉

杜云云

在我的包里，一直存放着一封信，自制的信封上写着："写给杜老师的信，家长不许看。"那封信的内容是：谢谢杜老师，帮我解决了疑惑。

写这封信的孩子叫小邹，他是个身材高大、壮实的哈尔滨人，随同父母一起来到了我们这个南方小城生活。他脾气特别暴躁，有一次课间和同学游戏发生了冲突，他竟然把消防栓上的玻璃给砸了，险些酿成大祸。他还经常把同学打伤，以致大家都不敢跟他玩耍。

后来，我去他的家里家访后才知道，小邹暴怒性格的背后有着家庭原因：在哈尔滨时，他爸爸是富甲一方的老板，那时候小邹过的是泡在蜜罐里的生活，但是后来发生了意外，弄得倾家荡产。不得已，他们来到这里打工，日子一下子过得艰难起来。尽管如此，他们仍然咬着牙，一定要给小邹最好的，因为他们觉得太亏欠孩子了。同时，他们总觉得有钱的时候，大家对他们都很好，现在没钱了，别人都瞧不起他们。

有一天，小邹气冲冲地跑进办公室，把手上的扫帚往地上一扔，问我："杜老师，为什么他们总瞧不起我？"

我听了一愣，心想：我应该和他谈一谈。

我拿了把椅子让他坐下来："你先消消气，气消了再慢慢说。"

过了一会儿，他说："我在打扫包干区，他们就欺负我，不给我用簸箕，我去拿，他们就故意把簸箕拿走。"

我对他说："接下来我说的话，你要做好准备，可能不好听。是的，你的判断是正确的，他们是瞧不起你。"

他有些诧异地看着我。

"如果现在让你选择一位同学做你的朋友，你选择小刘还是你自己呢？"

他低着头说："我选小刘。"

"为什么不选择你自己？"

"他成绩好，还懂礼貌。我经常不做作业，还打人、骂人、说脏话……"

"对呀，连你自己都不选择你自己当朋友。你看你坐在我的身边，我已经闻到你身上的味道了，是不是又好几天没有洗澡啦？"

他有些害羞地点点头。

"坐在你周围的人闻着这味道，估计敢怒不敢言啊。况且，哪有人敢选择你当朋友啊？你一不如意就会打人，和你做朋友，可是在拿自己的性命做赌注啊！"

他摸了摸头，不好意思地笑了。

"所以，你今天的判断是正确的，他们不喜欢这样的你。如果我今天帮了你，和他们说，你们不许瞧不起小邹，要和小邹做朋友。他们表面上答应了，内心会接受你吗？"

小邹摇摇头。

"所以,既然不喜欢大家这样对你,你就要从现在起改变自己,从每天洗澡开始,行吗?"

他点了点头,说:"杜老师,我明白了!"

"还要教你一个法宝:想要打别人时,停下来,给自己五秒钟的时间,想想:还有更好的解决办法吗?"

他站了起来,说:"我知道了,我知道我该怎么做了。"

再后来的一个早晨,我就接到了这封信。小邹后来怎么样了呢?他偶尔还是会忘记洗澡,我一个眼神他就明白了,第二天准会干干净净地来上学。让我欣喜的是,期末考试他的语文成绩竟然排名第五。

这件事让我明白,一次内在的改变,就是孩子成长中的一次蜕变,而这一切的改变,都源于一次平等的交流,因为,只有平等,才会让孩子打开心扉。

记住你的好

姜　慧

简·尼尔森的《正面管教》一书中有这么一张图片：

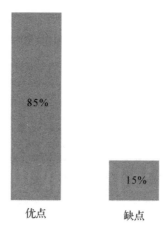

当你把 85% 的时间和精力都用来关注 15% 的消极方面时，消极方面就会膨胀，而积极方面不久就会消失。你看到什么就会得到什么。另一方面，如果你把 85% 的时间和精力用来认同并鼓励积极的方面，消极方面就会很快消失，而积极方面就会增长到 100%，因为这是你所看到的全部。当你关注积极方面时，你自己和别人都是受鼓舞的。

图 6.1　你看到了什么就得到什么

在与不少家长沟通过程中，我深深感受到咱们中国式家庭教育的"隐善扬恶"。我们习惯用"鸡蛋里挑骨头"的精神放大孩子的缺点，让自己深陷焦虑之中，却鲜少看见孩子的优点，对孩子给予必要的肯定和赞赏。而实际上，早在 1966 年，著名的"罗森塔尔效应"的教育心理研究实验就证明了：在特别重视和鼓励下，孩子将有着非同寻常的自我认同的力量。

阿德勒说："只有孩子们对未来满怀希望和欣喜，教育才成为可能。"

没错，教育的过程中，当我们只看到孩子的缺点，那么这个孩子将一无是处，我们自己也心烦意乱；如果我们关注着孩子的优点，那么这个孩子将闪闪发光，我们自己也会精神振奋。

讲述一些正在悄然发生的故事吧：

搞事情的你

入队仪式上，高年级的哥哥姐姐要给弟弟妹妹们送上亲手制作的礼物。其他同学收到礼物都开开心心，你却哭哭啼啼，大闹一场。为什么呢？因为姐姐送给你的贺卡上画的是女孩。

"为什么不是个男孩？"

呀，小小的你，这么能"搞事情"："因为姐姐事先不知道接受礼物的是弟弟还是妹妹啊！"

"那她应该想到有可能是弟弟呀！"

我忍不住笑出声来，"有道理，如果这个姐姐想得更周到些该多好！"

情绪被接纳了,你的心情开始"阴雨转多云",弯腰捡起了被撕了一地的碎纸片。

你有点任性,但你也很机灵!

烂漫亦如你

春天到了,教室前的樱花开了。一阵清风拂过,飘起了花瓣雨。"笃笃笃",你跑进教室,眉头紧皱。"老师,XXX拿花瓣扔我!"拉起你的小手,"你好幸福啊,我真羡慕你,有人用这么美的花瓣扔你!"我拿起你手心里的几片花瓣,撒向空中,"看,花瓣雨!"

你转身匆匆离去,"笃笃笃",很快又回来了,"老师——"我停下手里的笔,一转身,还没来得及反应,一阵花瓣飘香,轻轻地洒落在我的身上。我看到了笑得眼睛快成一条线的你。

你有点淘气,但你也很温暖!

绽放着的你

你是一个聪明的小子。语文课上,凡是触及课外知识,尤其是自然常识类的,你必是神采飞扬、口若悬河,如果不加提醒,你定会"滔滔不绝"下去。小伙伴们和我都称你为"小科学家"。

因为懂得多,课本中的内容很难激起你学习的兴趣。绝大多数的课堂上,你忙着自己的活儿,要么偷偷看课外书,要么悄悄做小手工,甚至去干扰左邻右舍。最初,我批评你,你还摆出一副蛮横的小模样:"我就是这样,我改不了!"

谁说的?现在的你不正在悄悄地变得更好吗?

我为你提供"十分钟特别讲坛"的机会,你毫不犹豫地就答应了,一点也不怕困难。语文课上,你开始遵守咱们的约定,不再独占发言的机会。

今天,你告诉我你的讲坛主题已经选定,你要给大家讲稀有植物,PPT再过两天就可以全部完成了。"真好啊,这就是行动力!"

你小步徐行,你正在绽放!

……

亲爱的你,就是这么鲜活的一本书!我知道只要我保持耐心,细细读你,定会发现你的更多精彩!

第七部分
成为学习能手：学习习惯篇

"教育是什么，往简单方面说，只需一句话，就是养成良好的习惯。"要让孩子有个好的命运，首先要培养他良好的学习习惯，因为这是他的"立身之本"，也是他的"成事之基"。

自由飞翔一线牵

许小娟

蓝蓝的天上,一只风筝高高地飞翔着,它拼命地想飞得更高,于是使劲挣脱线绳的束缚,结果失去了控制,一头栽倒在地上,它这才明白自己能够自由飞翔是因为有了线绳的维系。刚入学的孩子,他们的"婴儿自我意识"非常明显,做事根本不会考虑别人的感受,因为在他们的世界里没有规则线绳的维系,没有对错。还记得绘本《大卫,不可以》里的大卫吗?一会儿调皮地用锅铲敲打,一会儿不听指令乱涂乱画,一会儿又捣蛋地把花瓶打碎了……其实这些令人头痛的行为,都是孩子的本性使然。如果家长放任不管、溺爱、迁就孩子,就会使孩子养成任性、自私、自我等不良的性格。

其实大卫并不是一个调皮、捣蛋、野蛮的人,大卫在课堂上随便讲话,只是他不知道发言要先举手;大卫用铲子敲击锅盆,只是他不知道这样做会影响别人;大卫不喜欢穿衣服,只是他没有喜欢上穿衣服。他只是还没学会如何听指令和懂规则而已,这一切只是暂时性的行为,帮助他建立起规则意识,慢慢地他就会长成可爱的样子。

自由飞翔一线牵,如何让孩子牢记手中的线绳?作为家长,我们应该怎样帮助孩子建立起规则意识呢?

一、制定规则,孩子参与

生活中经常听到一些家长感慨自己的孩子不听从指令,不按规矩来,很大一部分原因是家长没有邀请孩子参与制定规则。如果每次定规则时,家长都能问问孩子的想法,在他的意愿基础上再做引导,这样他就会有掌控感,也会更配合。所以制定规则时,让孩子参与十分重要。生活中好多孩子经常沉迷于动画片,一看就超出了规定的时间,家长如果关掉电视,孩子就会哭闹不止,很多家长心疼孩子,因此而妥协。那么规则的建立就失去了意义。家长可以事先问问孩子:"你觉得看多久合适?"孩子可能对时间没有概念,希望越长越好。家长可以这样引导:"两个小时看电视,对眼睛伤害很大,还会错过晚饭、散步的时间,我们协商一下多久才最合适?如果超出时间,我们应该接受怎样的惩罚?"孩子慎重考虑后,与家长达成共识,就会慢慢接受规则,主动遵守。

二、和善坚定,执行到底

动画片的吸引力很大,一旦看到动画片,之前制定的规矩就会全部抛到脑后了,这时如果家长只是不停地说:"不能再看了""我们不是商量好的吗",估计一点用都没有。不如提前五分钟做一次提醒,等时间一到,温柔地说一句"咱们商量好的时间已经到了,现在需要把电视关掉",然后关掉电视。也许前几次孩子会哭闹、反悔,但坚持几次后,孩子很快就能自觉遵守了。另外要注意区分是"坚定"而不是"强硬","强硬"是我们把自己的意愿强加给孩子,命令他们:"不要在墙上画画。"而"坚定",则是满足孩子需求的同时,做自己应该做的事,我们可以坚定地说:"画板是专门画画的地方,你可以在那儿画。"这样孩子对规则的认识就会越来越深刻。

三、遵守规则,感受乐趣

心理学家鲁道夫·德雷克斯说过:"生活有了界限和范围,才会更规律。孩子也能对生活有预知和期待,从而感到愉快。"绘本《规则》明确地告诉我们规则就是教我们做正确的事,并保证了人与人之间的平等,还列举了怎样做才是一个遵守规则的孩子。孩子有了这些认识,并在生活中坚决执行到底,感受其中的乐趣。生活中可以让孩子先懂得为什么需要这一条规则,它带来了哪些益处,它与生活有着怎样的密切联系。如不乱闯红绿灯这项规则,以游戏的方式帮助孩子理解其用意,感受有序的交通秩序。知道人人遵守交通规则有利于道路畅通,不遵守交通规则会产生严重的后果等。只有让孩子们经历了定制、执行、打破、承担的过程,孩子才会明白规则的界限在哪里,才能主动去遵守。

要培养孩子的规则意识,还需要家长以身作则。教育家陶行知先生说:"你想孩子成为一个什么样的人,首先你得成为那样的人。"比如家长与孩子出行,要自觉遵守交通规则,维护公共道德和秩序,以自身行为去影响孩子。这样孩子才会明白规则不光是对自己,也是对所有人的要求。他才会真正懂得规则虽然限制了人们的一些自由,但保护着人们的人身安全。我们生活在"规则"无处不在的世界里,需要用"遵守规则"的意识约束自己、保护自己,培养优秀的孩子,规则和自由同样重要。因此,让孩子从小就建立起"规则"意识,生命真正的自由、美德和爱,才会在不知不觉中显现出来。

不妨换一种方式试试

祝燕飞

犹记得上学期,校长在教师晨会时间提出要加强对学生午餐纪律的管理力度,因为每天食堂里用餐时声音太大。作为班主任的我,唯有在班上反复强调吃饭时不能说话,如果用餐时说话就要被扣分,就会与"文明班级"失之交臂。为了不被扣分,我每天在食堂里看着孩子们用餐,穿行在食堂里看看这桌,瞧瞧那桌。可是事与愿违,餐桌上经常还会收到一两张扣分单。每当这时,那一桌孩子的表情都会比较凝重,有人会责怪拖了小组后腿的人,有人会摇摇头叹口气,一桌的孩子似乎连吃饭的心情都没有了。看着孩子们那样的表情,我责备的话语也被堵在喉间。我想,孩子们的内心和我一样,都不想看到这样的扣分单。吃饭原本是件开心的事情,但是孩子们在警惕随时被扣分的状态下用餐,吃饭也变得胆战心惊的。

这学期,学校文明监督岗改变了用餐管理的模式,他们的创新做法是颁发"静""净"字牌。中午用餐时,文明监督岗的执勤员手拿"静""净"字牌进行巡视,如果哪一桌用餐安静、文明,执勤员就会在桌子边放上一块"静"字牌;如果哪一桌用完餐后,桌面干净,执勤员就会放上一块"净"字牌。当孩子们看到桌上放着一个"静"或"净"的时候,那欣喜的表情写满眉梢,同一桌的同学你看看我,我看看你,同时做出一个"嘘"的动作,互相提醒要继续保持。看到他们可爱的样子,我也会心地笑了。我在食堂里似乎成了多余的,再也不用去提醒这个不要说话,提醒那个不要东张西望了。我也从看管学生用餐这个工作中解放出来了,自己可以早早地去食堂美美地用餐了。用餐时,整个食堂变得静悄悄的,孩子们从食堂里走出来,个个面带微笑,对孩子们来说,用餐也成了一种享受。

一个小小的改变,却换来了意想不到的效果。这件事给我的启发还是挺大的。其实,在家庭教育中,也是一样的道理。作为家长,我们要知道在教育孩子的过程中,表扬、鼓励比惩罚的教育效果更好。

在我家也有"蜗牛"一只,每天督促他完成作业真是一件痛苦的事情。眼看着他坐在那儿一直在写作业,半小时后去检查,结果才写了几个字。如果我不在旁边看着他,他每天的作业要写到很晚才能结束。经常是我的训斥声和他的哭声相伴,这样的夜晚不是我们想要的。想到学校里"静""净"字牌,我在家里也绘制了一张表格,"小蜗牛"的作业如果能够及时完成,我就会在相应的日期下面印上大大的拇指章。这拇指章可以换他自己心仪的玩具,换他喜欢的图书,换看电视的时间,换玩电脑游戏的时间。一天、两天、三天……拇指章越来越多,"小蜗牛"越看越开心,每天都会去数一数,想一想到底换什么?"小蜗牛"在奋力地往前爬着,我也轻松了许多。早早做完作业后,他会和哥哥在棋盘上厮杀一局,或者一家人捧着书静静地读上几页。这样美好的夜晚,全家人都喜欢。

人们会把由衷的表扬和鼓励看作是人类心灵的甘泉。心理学研究证明,获得别人的肯定和表扬是人类共同的心理需求。一个人的心理需求一旦得到满足,便会成为鼓励他积极上进的原动力。事实也是这样,一个人只要获得信心,心里一高兴、干劲一来,就可以展现出超乎平常的能力。大人如此,孩子更是如此。那么,在平时的家庭教育中,作为家长的我们不妨换一种方式,变惩罚为表扬、鼓励,激发孩子积极上进的内在动力,树立孩子的自信心,营造一种温馨的家庭氛围,让孩子健康快乐地长大。

你揠苗助长了吗？

杜云云

昨天又把孩子送去兴趣班了，上午舞蹈、下午画画……一路上看到很多奔赴各种辅导班的家长和孩子的身影，家长蓬头垢面，孩子睡眼惺忪，一路匆匆忙忙、马不停蹄，不禁自嘲一声：同是天涯沦落人啊！

回想自己小时候，最期待的就是周末了。放松紧绷了的神经，一家人和邻居们聚在一起喝茶、聊天，小孩子们呼朋唤友，房前屋后，嬉戏打闹……周末成了我们最期盼的时刻，也成了现在最美好的回忆。唱起《童年》来，也是回忆满满，感慨万千。

而现在，孩子一放假就要开始新的学习。按照老师布置的作业制订好时间表，上午和下午各上一个补习班的话，孩子完成老师布置的作业的时间明显就不够了，所以我只能督促孩子快点快点再快点地完成作业。于是，孩子基本上就一直在我们的催促中忙活着，不得消停。我一边心疼着孩子的忙碌，一边也生怕孩子跟不上。问了身边的朋友和家长，他们的孩子大多数都上了好几个补习班，家长见面聊天开场白都是："你们报的什么班？老师怎么样？"

作为家长，心里对孩子的处境也深感无奈。大家都在学，我们一旦松懈，孩子就会落后，这不仅会影响孩子，将来也有可能出现一系列问题。家长仿佛被一个魔咒套住：进不了一所好的小学就上不了一个好的初中；进不了好的初中就上不了好的高中；上不了好的高中就上不了好的大学；上不了好的大学就没有一份好的工作……于是，我们成了那群最焦虑的家长，不禁一声长叹：无奈的孩子们、无奈的家长们……

这周末，我翻看美国戴维·艾尔金德教授的一本书《还孩子幸福童年：揠苗助长的危机》，他说："儿童当下有两种忙碌，一是日历忙碌，在儿童还不具备意志力之前就强迫他们去做，让他们忙碌起来；二是钟表忙碌，在短时间内向孩子提出过多的要求，强迫孩子消耗他们储存的能量，让他们忙碌起来。"

看了这段话，我看着疲惫的孩子，不禁反思：我们的忙碌是否和我们的预期南辕北辙，我们的忙碌是否成了自我安慰、推卸责任的一个假象，我们的忙碌是不是暴露了我们就是那个急于求成而揠苗助长的人？

你的"舐犊情深",否定了他的无限可能

杜云云

和一个孩子妈妈聊天,了解到这个暑假她给孩子报了各种各样的班,游泳、打篮球、古筝、画画、奥数、英语……整个假期,孩子的所有时间都已经被安排得满满的。我打趣道:"这样孩子太辛苦了,少报一点,陪她出去玩玩。"她说:"我也感觉报的有点多,但是让我选择不报哪一个,我又觉得都是要学的,哪一个不报都有点舍不得。"她又问:"今天刚刚接到一个作文试听课的电话,我要不要也给她报一个,她作文也不太好。"她自己又接着说:"要不,我就去试听试听吧,总归不会有什么坏处……可是,她总是跟我犟,也不爱看书,很懒散,我真头疼。我在孩子身上特别舍得,对自己从来都是很节俭……"

我眼前的这位妈妈,那么深爱着自己的孩子,愿意给她所有,可是她又深深地伤害着自己的孩子,以至孩子越大越沉默,家长报什么,她就学什么,没有了自己的主张。

30岁左右的年轻父母们,带着自身的个性缺陷和成长的问题,面对着各种社会发展不均衡带来的生存压力,再加上"中年危机"等具体问题的接踵而至,很多已经"慌"了,完全不能心平气和地教育子女,因而采取了从众的教育方式,以此舒缓内心的紧张情绪,用技能武装孩子,"确保"孩子通往幸福。

美国心理学家派克(Dr. M. Scott Peck)对爱的定义是:爱是一种为了哺育自身或他人的精神成长而延伸自我的愿望。父母对孩子过度的给予或约束,往往是为了满足自己内心的需要,而在这过程中往往就会忽略孩子心灵成长的需要,这样的"爱"是一种伤害,会影响孩子无限可能的未来。

对孩子的爱不是一味地压制或约束,也不是一味地放纵或放手。怎么爱孩子,是作为父母毕生都要学习的一门课程。

一、承认自己的孩子不是"完美小孩"

家长的心中大多会有一个"完美小孩"的形象,也就是通常说的"别人家的孩子",家长们将"别人家的孩子们"的优点聚集在一起,来要求自己的孩子,这本身就是一个高压的行为。承认自己的孩子不完美,也不要求孩子完美,就是对孩子天性的释放,就是给孩子尊重和发展的空间。

二、坚持应该坚持的

家长们对孩子都有美好的期许:琴棋书画会演讲,篮球足球乒乓球,乐高围棋跆拳道……希望孩子样样都能懂一些。每报一门课程,又都想坚持下去,希望告诉孩子"学一门课程不要轻易放弃"。这样的出发点是好的,但太过广泛而不集中的坚持,有可能会让孩子失去自我选择的能力,完全听从父母的安排,以至孩子自己都不知道自己到底擅长什么,喜欢的是什么。加德纳的多元智能理论提出,不同的人会有不同的智能组合,家长在发展孩子各方面智能的同时,要留意孩子在某一两个方面的突出智能,并坚持给予最好的支持。

……

家长都深爱着自己的孩子,希望孩子各方面都好,但一旦家长的爱的方式错误了,就有可能成为束缚孩子成长的枷锁,甚至会使孩子的发展方向与一开始的期许背道而驰。如何理性地爱孩子,给孩子一个幸福的人生,家长还有很多地方需要去做。

学做"牧羊犬型"的家长

许小娟

疫情防控的非常时期,学校要求停课不停学,很多家长为之头痛,因为孩子对电子产品的迷恋,根本无心学习。其实孩子的不当行为归根结底是家长处理问题不当引起的。不信,我们来做一个小测试:

如果你的孩子一直在打游戏或看电视,很长时间了,还不愿意停下来,你会怎么办?怎么说?(请试着从下面选择一种)

A. 不理会,冷处理。

B. 直接走过去关掉电视,哪怕孩子哭闹也不妥协。

C. "好好好,你再玩一会儿,下不为例。"

D. 理解:不让你玩,你是不是很难过。

选择 A 的家长一般是担心自己会控制不住情绪而发火,所以不理会孩子,希望孩子能察觉到自己生气了,并自觉地关掉游戏。事实上孩子的专注力在游戏上,而且他对时间的概念不是很清晰,如果家长一直不发声,他会认为自己的行为是被允许的,会继续无节制地玩下去。这是典型的鸵鸟型家长,不知道该怎么办,索性不去面对。

B 属于老虎型家长,也就是我们说的虎爸虎妈,简单粗暴地解决问题,根本无视孩子的情绪,如果孩子反抗,家长甚至会责骂体罚。这种家长的出发点是好的,但是孩子不理解父母的行为,会觉得爸妈不够爱自己,从而导致亲子关系的对立,这个风险挺大的。即使他被逼着坐到书桌前,也是带着一定的抵抗情绪,学习效果自然不会理想。

C 则属于绵羊型家长,父母不忍心让孩子不开心,孩子一有负面情绪,就安抚妥协。为了给自己台阶下,就会提醒孩子"下不为例"。这样做,会使孩子错失了自我管理的能力,以后在公众场合,他也不太会遵守规则,因为孩子发现,只要自己一哭一闹,家长就会妥协。这一点在隔代教育时表现得尤为明显:"不要哭了,我带你去买玩具。""乖,别难过,带你去买新衣服。"……这样的"无原则",其实和溺爱几乎画上了等号。但妥协只会让孩子以自我为中心,缺乏抗压能力,内心脆弱,在今后生活中遇到一点小事就会自怨自艾,自暴自弃。

选择 D 的家长,就像袋鼠妈妈一样把孩子放在胸前,用孩子的眼光看世界,并且能理解孩子的感受(此刻很难过),但是接下来该怎么做呢?他也不知道,所以并没有实际解决问题。

那真正有智慧的家长会怎么做、怎么说呢?

一、制订计划

可以参照学校的课程表制订好学习计划,也可以和孩子一起重新制订。但前提是和孩子一起,这样孩子就会有很强的主人翁意识,觉得自己是被重视的。家长还可以用手机设置不同时段的铃声,让孩子有一种在校上学的仪式感。要求孩子只能在规定的时间内玩电子产品,如果不执行约定,第二天玩的时间就会被取消。

二、学做"牧羊犬型"的家长

当孩子玩游戏到了规定的时间,家长可以这样对孩子说:"亲爱的,现在不能继续打游戏,你是不是很失望?"当家长真正理解、接纳孩子的感受,孩子很快就会平静下来。然后你对孩子说:"现在请你把游戏收起来,因为我们说好的,今天就打这么长时间,否则明天就不能继续玩喽。"最后再加一句话:"我决定和你一起遵守约定。"这句话很重要,说好的规则家长和孩子要一起遵守。这样对孩子的情绪既有呵护疏解,又有示范引导;既帮助孩子学会了自我管理,又建立了规则意识。爱孩子,又能教孩子,这就是"牧羊犬型"的家长,时刻关注到羊群,又能把羊群带到更好的地方。

三、养成习惯

心理学家认为,一般坚持重复21天以上,就会形成习惯。在孩子还没有完全具备自制力时,家长需要及时提醒、友好监督,或者借助绘本《11只猫做苦工》《图书馆狮子》等故事来帮助孩子强化规则意识。如果家长是上班族,不能随时陪在孩子的身边,可以适当打电话提醒孩子注意自律,密切关注孩子的动向,慢慢地这种习惯就会陪伴孩子的一生,从而实现"他律"到"自律"的完美蜕变。

不负韶华，每日精进——疫情期间茗茗居家学习回顾

张小玲

因为疫情，2020年的寒假一再延长，由二十余天变成了将近三个月。还好茗茗的学习没有荒废掉，按照计划，每日向前。沉浸学习，是对因为疫情而引起心理波动的最大免疫。

六年级了，时间浪费不起。居家学习初期，我和她一起制订了详细的学习计划，现在看来基本达标。

一、坚持阅读，完善自己

阅读，像一束阳光，照亮孩子漫漫的人生长路；阅读，像五彩缤纷的鲜花，装扮着孩子的内心世界；阅读，像一艘时光飞船，载着孩子古今中外自由翱翔……疫情期间，阅读更是一位老师，教会孩子很多。

从小诵读古诗文，能够很好地了解我们民族的文化传统，接受优秀文化的熏陶。茗茗每天早上7点起床后第一件事就是大声朗读10分钟古诗词，居家学习期间她积累了比平时多两倍的古诗词。

阅读大量的课外书籍是提高孩子语文水平不可替代的手段。每天吃完晚饭，茗茗至少看30～40分钟课外书。看书时，她把书中认为很有价值的语句、段落勾画出来，并在旁边做上批注。

这个假期，茗茗还跟读了《森林王子1》《森林王子2》和《头脑特工队》3部英文原版电影。上学期间，每天跟读半小时，大约是15分钟的电影片段；进入假期，时间充足，改为跟读20分钟至30分钟电影片段。她喜欢看，总想多看点，这样跟读下来至少40分钟。新片段，前两次跟读时，我会全程陪同，后面她独立完成，仍然是同一个片段，她会连续跟读一周。

二、每日练习，提升自己

中国汉字的特点是：看到都认识，可是让写，就写不出来。每篇课文都有一些要求会写的生字和词语，但是从学新课到复习，很多时候孩子都没办法全写对。疫情期间在家学习，不能经常默写巩固，学习效果更是可想而知。

要怎么记住这些生字呢？茗茗每天花10分钟，把学过的字词抄写一遍。虽然只写一遍，但是都认真写了，既练了字，又巩固了记忆，一举两得。

前面学过的怎么复习？她采用滚动复习法。比如每篇课文学习两天，一天写新课的生字词，一天复习前面学过的字词。

作业是课堂教学的延续，是帮助孩子巩固和深化理解课堂所学知识的重要手段。疫情居家学习期间，为了发展她的思维能力，我特意挑选了一些优秀网站开发的"每日一题"，通过训练，她每天完成一道思维开发题，既巩固了数学知识，又全面提升了自己的逻辑思维能力。

三、培养兴趣、超越自己

从幼儿园大班起，茗茗就报名了书法、舞蹈和二胡等兴趣班。疫情期间，所有培训机构都停课了。如果停止练习，退功会很严重；如果退功，复课后又要花大量的时间进行课程恢复，这样会耽误学习进度，得不偿失。因此，"停课不停练"，每天上完学校网课，茗茗就认真练习基本功：自己录制二胡视频发给老师，请老师指正哪儿还需加强练习；没有学习新的舞蹈就自己练习基本功，网上下载成品舞蹈视频，模仿练习；临帖习字对茗茗来说是一种享受，每天午饭后，她一头扎进《曹全碑》《九宫贴》《秋兴诗》里，穿越时空与古代的大书法家对话，寻求属于自己的精神家园。

"停课不停学"，那段时间，茗茗按照自己的学习计划，每日精进，用最好的状态迎接新学期的到来。作为妈妈，我要做的就是在她的学习和成长路上，为她保驾护航。

孩子，你在为谁读书？

李小琴

"小可今天一回来就哭了，说这次考砸了，还说感觉对不起李老师！"前段时间收到小可妈妈的这个微信留言时，我"别有一番滋味在心头"。小可没有考好，首先想到的居然是对不起我，而不是对不起自己拼搏过的时光，这让我感到意外。我立即回复："这次测试是有点不理想，但我相信他很快能好起来。真的没有对不起我，偶尔失水准很正常。您帮我安慰安慰他。"很快，小可妈妈答复："感谢李老师！"

这件小事在心头激荡起的涟漪，久久未能平静。我不禁想问一问孩子们："你们在为谁读书？"

今晚看到一本书，周舒予写的《孩子，你是在为自己读书》。封面上有一段文字："孩子，我要求你读书用功，不是因为我要你跟别人比成绩，而是因为，我希望你将来会拥有选择的权利，选择有意义、有时间的工作，而不是被迫谋生。当你的工作在你心中有意义，你就有成就感。当你的工作给你时间，不剥夺你的生活，你就有尊严。成就感和尊严，给你快乐。"

这道出了许多父母的心声，要孩子用功读书的意义就在于此。为人父母者，必为之计深远。小时候，我的爸爸也用朴素的话语表达他对我读书的支持："只要你读书好，我们家就是砸锅卖铁也要给你读。"现在，父母希望孩子好好读书的心愿较之以前，有过之而无不及。我常常听到有些父母说："只要孩子想读书，我什么都愿意为他做！不用他刷锅洗碗，不要他叠被扫地。""只要孩子给我好好读书，就是在给我挣面子，成绩考得好，他想要什么我们家都给他买！""孩子读书好，就是在给我赚钱！"这样的话，有的父母在孩子面前毫不掩饰，脱口而出。久而久之，孩子就以为他在为父母读书，为钱、为面子、为好的分数而读书。如果老师关心孩子，孩子也有可能会觉得他是在为老师而读书。

但是，为别人而读书，总觉得缺少了点什么。一旦外界压力消失了，或者扭曲了，会怎么样呢？找不到自己读书的意义，寻不到自己内在读书的动力，必然导致肤浅，导致庸俗。

未来已来，科技的日新月异需要你有终生学习的能力。哪怕你不想变，世界的变化也会裹挟着、推动着你改变。不读书，不学习，你便可能坠入茫茫的黑暗之中，举步维艰、寸步难行，甚至被时代的浪潮给吞没。

你自身修养的不断提升，也需要你学无止境、永不止步。"读史使人明智，读诗使人灵秀，数学使人周密，科学使人深刻，伦理学使人庄重，逻辑修辞使人善辩，凡有所学，皆成性格。"（培根）所以，读书是最好的养颜方式，是最好的修炼方式。"腹有诗书气自华"，为自己而读书，你会活成自己喜爱的模样！

为自己读书，无形中也在为国家的进步、民族的振兴尽自己的绵薄之力。"少年强则国强"，周恩来的一句"为中华之崛起而读书"激励了多少莘莘学子，点燃了多少少年的中国梦。只有好好读书，才能拥有"乘风破浪"的勇气与底气，才能在今后的人生舞台上大施拳脚、大展宏图，发出属于自己的光和热，一边温暖，一边照亮。

"只要有书读，做人就幸福。"金庸先生曾这样感慨道。他生动地诠释了读书让人幸福的真谛。不要说什么没有时间读，也不要谈什么环境不适合。我曾看到在学校热闹的义卖现场，一个孩子趴在操场上津津有味地读书，沉浸在一个美妙的世界中忘记了一切。其实，只要沉下心，潜下去，你就能感受到读书的动人滋味，也能体验到"闭门即是深山，读书随处净土"（陈继儒《小窗幽记》）的悠闲心态。"有心"读些"无用之书"，"无心"读些"有用之书"，读书本身，就有足够的魅力吸引你，让你沉醉其间，乐而忘忧！

　　父母所要做的，无非是安静地坐在孩子身旁，捧起一本书；或是牵着孩子的手，带着他们走进书店、图书馆；或是让家中藏书足够丰富，书放在孩子随手可拿的地方，让家中飘逸着花香、草香、书香；或是经常与孩子分享读书心得！

　　让孩子有书可读，明白读书的意义，追逐自己的梦想，感悟人生的价值，感谢自己为此付出的汗水与艰辛。

　　"世界上没有白走的路，每一步都算数；世界上没有白读的书，每一本都藏在你的气质里。"孩子，为自己而读书吧！

第八部分
遇见更好的自己：亲子共读篇

"花香、草香，不如书香。"阅读，是通往高贵的最低门槛，它是学习之母，更是智慧之源。与一本本好书相遇，开启一段段神奇难忘的旅程，让自己不动声色地成长，从而遇见更好的自己。

让孩子"渴望"阅读

赵 红

"我家孩子就是不喜欢阅读,怎么办呢?"

"买了这么多书,他都没怎么翻过。"

"每天完成老师布置的任务,他就再也不肯多看一会儿书了。不看书,连作文也不会写。"

……

从这些抱怨的话语中可以听出,这些宝爸、宝妈还是有阅读意识的,他们希望孩子能爱上阅读,那恨其不争的情绪透露出了诸多的无奈。

往往我们也会看到这样的场景:

"宝贝,快去看书,看三十分钟。"宝妈在边上拿着手机在滑动。

"好了,该看书了,你去自己的房间吧。"其余的家人围坐在客厅看电视。

"你怎么又看闲书了,把老师要求看的书拿出来。"妈妈一边数落着,一边干活。

……

一幕幕似乎就在眼前。

多少家庭没有书橱,有的孩子的小书橱里只有几本可怜的属于孩子的读物,找不到一本属于父母的书籍。

面对阅读,父母们准备好了吗? 在父母们责备孩子不愿意读书时,父母们读书了吗?

有一句教育格言说:"我们教孩子去热爱与渴望的,远比我们要求孩子去学会的有价值得多。"我们不是要让孩子去阅读,而是要让孩子"渴望"阅读。

一、让我为你朗读

朗读是最便宜、最简单、最古老的教学手段,在家里或教室使用都再好不过。当孩子无法静下心来阅读,或是不喜欢阅读时,家长不妨选择一篇文章或者一本书,声情并茂地朗读给孩子听,也可以要求孩子为你朗读一段。这样一来,双方都可以用劳动换取享受,既公平又快乐,逐渐地,孩子也会养成每天阅读的习惯。

每堂课前的五分钟朗读时间,是我们教室最安静的时候,孩子们如痴如醉地听着,五分钟就这样悄悄溜走了,带着意犹未尽,大家期待着下一次的朗读。哪怕朗读的同学读得不是那么好,依旧有认真聆听的听众。读了几天后,孩子们会自己去找到这本书,迫不及待地往下读。

父母的朗读,更会让孩子感受到文字的美妙,建立起一种只属于你们的独一无二的亲密感。吉姆·崔利斯说:"你或许拥有无限的财富,一箱箱的珠宝和一柜柜的黄金,但是你永远不会比我富有——我有一位读书给我听的妈妈。"所有的孩子都喜欢爸爸妈妈为自己讲故事,当孩子哭闹、不肯入睡时,父母的朗读声就是抚慰剂,让孩子安然入睡。

二、让我和你一起读

儿子小时候就是一个好动的调皮鬼,上蹿下跳,一刻也不停歇,甚至连电视也无法吸引他的注意力。静下心来看书,对他来说就是受罪。小的时候我读书给他听,上了一年级,我就要求他自己每天都要阅读。每当他不愿意看书时,我就和他一起看,不管是绘本,还是拼音读物,或是动物小说,我们一边读,一边讨论、想象、提问,虽然读得很慢,有时一个学期只能读两本书,但是我们每天都在读。慢慢地,儿子养成了每天阅读的习惯,不管作业做到多晚,他都要挤出时间阅读,阅读成了他每天生活中不可或缺的一部分。

孩子在轻松的氛围中阅读,就不会觉得阅读是一种负担,是一件不快乐的事。孩子和家长一起阅读是最幸福的,习惯了亲子共读的孩子,对与家长一起阅读会充满期待。亲子共读时,可以与孩子一起选择阅读的书籍,一起感知书中的奥秘,一起探求作者的情感……亲子共读让孩子爱上阅读。

三、让我陪你一起读

总是无法忘记那个场景,温暖的午后,阳光透过窗户洒满了学校的阅览室,我和孩子们静静地翻阅着图书,享受着这样的静谧和暖意。这时候,无论平时多闹腾的孩子,都沉浸在散发着油墨的书香中。这批孩子已经毕业,但是我们曾经一起阅读的美好时光却永远留在了记忆深处。

当孩子拿起书籍的时候,父母不妨放下忙碌的家务活,关掉缤纷的电视节目,远离亲爱的手机,悄悄地坐在孩子身边,翻阅自己喜欢的书籍,在家里营造一种书香气息,给孩子一个好的阅读环境。陪伴阅读,传递的不仅仅是一种姿态,也是一种心心相印的亲情,更是一种榜样的力量。

父母和孩子一起阅读,也是在一代又一代地传递火炬——阅读的火炬。亲子阅读时光激发了孩子对书籍的热爱和渴望。我们种下的热爱阅读的种子,也许不会立刻结出果实,但是如果我们足够耐心,一定会让阅读的种子长成参天大树。

读着读着，长大了

姜 慧

最近读《朗读手册》，自己作为妈妈陪伴孩子读书、作为老师陪伴学生读书的一幕幕不时浮现在眼前——

孩子小的时候，"讲故事"是睡前雷打不动的节目，我和孩子爸爸每人每天轮流讲。记不清多少次，眼看孩子目光迷离就要睡着，我轻轻把书合上，正打算撤退，突然他眼睛一睁："讲！"又有多少次，他一遍一遍要求听同一个故事，他听得津津有味，我读得昏昏欲睡。后来，读老故事的时候我故意将其中的一些词语或者一些情节偷梁换柱，他立即指出："不对，应该是……"有时来不及更新故事书，我们就和他一起编故事，还记得《大蟒蛇的故事》是他最爱也最怕的故事。

记不清是读中班，还是小班的时候，一天，我问孩子喜欢什么季节，他说喜欢"落花天"，我大惑不解地问他："哪有什么落花天啊？"他含糊不清地回答："夜来风雨声，花落知多少。"我明白了，他喜欢的是"春天"！这是多么诗意的回答啊！

读大班时，幼儿园组织故事表演比赛，我们一家三口排练了一遍又一遍，表演了一个河蚌牺牲自己帮助盲婆婆的故事。孩子爸爸演渔夫，我演盲婆婆，孩子演河蚌。记得表演结束后，我们和孩子紧紧抱在一起，那是融入情境的真情投入，更是骨肉之情的自然流露。园长告诉我们看完表演她感动得眼泪都出来了。我们拿了第一名，孩子得到一套很棒的书，高兴了很久很久。

一年级的时候，他开始选择自己读，半夜里偷偷爬起来读《非常小子马鸣加》，被早起的外公抓了一次又一次。三年级暑假沉迷原版《水浒传》。第七十一回"忠义堂石碣受天文 梁山泊英雄排座次"是他最喜欢的章节，几乎每个晚上都要拿出来和他爸爸研究一番，以至座次表中天罡地煞对应着谁谁谁能说出个十之八九。再后来，《冒险小虎队》《林姐姐讲历史故事》《明朝那些事》成了心头好。到了中学，爱上老师推荐的林清玄的《以爱为灯》、韩寒的《三重门》……读着读着，他长成了一个青春正当时的小伙儿。

作为老师，我觉得最最享受的时光就是给孩子大声朗读的时候。给低年级的孩子读《猜猜我有多爱你》《彩虹色的花》《夏洛的网》……给中高年级的孩子读《犟龟》《失落的一角》《原野上的原野》……没有比那一刻更纯净更专注的眼神了！没有比那一刻更能感觉到孩子们对学习的渴求了！更有趣的是，有了老师的朗读，孩子们三不五时地要借书给老师看，要和老师交流他们认为的很好看的书；有了老师的朗读，孩子们要和老师争着给大家读故事。

这些天，气温越来越低，总有孩子吃完午饭在操场上撒欢玩耍，满头大汗地回到教室，脱得只剩下薄薄的毛衣，一冷一热极易感冒。我对孩子们说："吃完午饭早点回教室看书，老师给大家讲故事啊！"一个《西游记》故事，两篇《小巴掌童话》，成就一段美好的午后时光。

低年级的孩子，比起要求他们自己独立阅读课外书，听故事更具有吸引力。我问孩子们有多少爸爸妈妈在家为自己朗读的，举手的人屈指可数。孩子们都说家长要求他们自己读。

实际上,从目前看,班级里五十几个孩子中能够长时间独立阅读的少之又少。"我们教孩子去热爱与渴望的,远比我们要求孩子去学会的有价值得多。"我想,如果我们做父母的能够在宝贵的十年有效期内,坚持为孩子的成长而朗读,教孩子"渴望"阅读,阅读才会真正地成为孩子生命中的"悦读",而不是与书本的痛苦博弈。作为妈妈,我后悔没有为孩子再多读几年的书。庆幸,作为老师,我还可以预留充裕的时间为更多的学生更多地"朗读",陪他们一起慢慢长大!

遛遛娃,遛遛这个世界

赵 红

过年了,多少游子归心似箭,在茫茫人海中,看到了他们迫切回家的身影。还有一群人与之相反,带着家人踏上了外出的旅程,因为他们终于有了共同的假期。旅游的妙处之一——这世界上总有一处风景会打动你。也许打动你的不一定是多么美丽的风景,而是那些触动心灵的东西。

最近打开微信,满屏的美景,春夏秋冬都有,浓浓的异族风情映入你的眼中,微微的海风拂过你的脸颊,孩子们的追逐嬉戏甜入你的心间。满满的快乐,满满的幸福穿透手机屏幕扑面而来。是啊,趁着美好,遛遛娃,遛遛这个世界,真好!原本的犹豫——会堵车、没时间、人太多……都随着这些照片翻过。在家人群里吼一声:"姐妹们,遛娃去了。"没想到一呼百应,一趟说走就走的旅行马上要开始了,娃们从惊讶—欢呼—激动,几乎是一气呵成。

说到旅游,最开心的就数孩子了,有最喜欢住宾馆的,有最喜欢爬山的,有最喜欢特色美食的……其实他们喜欢的是那份自由,是海阔天空任鸟飞的释放。毕淑敏说:"不同国度和时空的智慧共同燃烧,这就是旅游和阅读的快意。"有人说:"不从小带孩子去观世界,长大了哪儿来的世界观。"孩子们的心里也会在说:"世界这么大,我真想去看看。"听到孩子们的心声了吗?也许你会这么说:

"孩子还小,带了出去,他也看不懂什么。"

"我平时那么忙,难得放假,不想出去跑,我宁愿在家歇歇。"

"一到放假,旅游景点都是人,就不带孩子出去凑热闹了。"

"节假日旅游多贵啊,还不如多给孩子买点书或玩具。"

……

听起来都是事实,但是你想过吗?你不想做的事,为什么孩子那么喜欢呢?难道这些困难不能克服吗?再来看看过年时我们的朋友圈,我惊喜地发现旅行正以一种充满未知的魅力,激起人们不倦的向往。经常外出遛遛娃,你会不断地发现——你所知甚少,而这个星球如此美好。让孩子们更好地去融入大自然,了解不同的生活方式,体会不同的风俗人情,尝试着生命在陌生之地驰骋的感觉。

有个同事,每到节假日,都会带着孩子去"丈量外面的土地",参观博物馆,游览名山大川,她也说累,但是每次回来都能看到她眉梢间飞扬的快乐。虽然孩子的皮肤晒得黑黑的,但从孩子的眼睛里看到了清澈的溪流,举手投足间就可以看到世界的开阔。小小年纪,孩子独立能力特别强,自己收拾行李箱,自己策划行程,购买旅游必需品……行走间,父母和孩子都在成长,蜕变。

后来获知,新年里那次说走就走的旅行,无意间化解了几家父母和孩子间的矛盾。在旅行途中,父母和孩子的相处、交流是100%的,在青山绿水间,在悠远的古镇上,大家平静地遛着娃,那份清鲜拂去了人们心间的烦躁。旅行好像是一种溶剂,溶化了尘封的盖子,如烟的温情就升腾出来了。

久久的蜗居,缩小了我们的视野,把我们浓缩在了一方小小的屏幕里。这时候,放下手机,收拾好行囊,带着孩子踏上旅途吧。

诗歌，擦亮孩子最初的天空

丁彩娟

"弯弯的月儿小小的船，小小的船儿两头尖，我在小小的船里坐，只看见闪闪的星星蓝蓝的天。"这是我们小时候读过的一首诗，时过境迁，记忆犹新。后来，很多年，遇到了很多孩子，教会了一批又一批的孩子读这首诗。依然记得诗歌的插图，深蓝色的天空，一弯月亮，长着长长的睫毛，明媚的黄色，在蓝色的天空里，像金色的船，很温暖！

诗歌就是具有这样魔幻的魅力，经得起时光的磨砺！因为那时候，我们的名字叫作孩子，孩子的名字叫作诗人。他们具备诗人的特质，清澈的眼神在自然的流转中闪烁着熠熠的光芒，那是会说话的星星，仿佛在诉说着对于世界的好奇。他们敏锐地感知着这个世界，并在自我的想象里，通过情感共鸣的方式，打通与自然万物的联系。

阅读，是每一个家庭不可规避的话题，孩子最初应该读什么？儿童诗，应该是首要的选择，尤其是低年级的孩子，在他们还没有过多受到成人语系干扰的情况下，与诗歌有着本能的联结。世界，在他们眼里都是活的。对于家长而言，儿童诗歌短小，更易于操作。

读怎样的诗？读温暖的诗。成长是需要底色的，底色必须是温暖的，唯有如此，在人生漫长而孤独的跋涉中，他们才有力量前行。林焕彰说：鸟儿向海借来波浪/海也向鸟儿借来翅膀/鸟儿有了波浪/就随着海洋升降/海有了翅膀/也学会了飞翔/从此，鸟儿和海/永远在一起飞翔。这首诗写尽了关于友爱、超越，还有借力而上的倔强。所以，温暖就是积极向上，就是读着读着骨子里自然生发的力量。

读怎样的诗？读如画的诗。《妹妹的红雨鞋》：游来游去/像鱼缸里的一对/红金鱼。充满想象和富有童趣，既有色彩的视觉冲击，也有灵动的画面，而游动的不是雨鞋，是妹妹在雨中踩水的无穷快乐！色彩和形象构成了诗歌的画面，与孩子世界缤纷的色块和奇异的想象相映成趣。成人童话哲理书《小王子》中，小王子要"我"为他画一只绵羊，所有具象的绵羊都没有符合他的需求，唯有一只关着绵羊的盒子得到了他的认可，因为透过这只盒子，里面的绵羊可以是任何模样、任何表情的。

读怎样的诗？读如歌的诗。文字最终因为积累而变成了我们的记忆。《不睡觉的小雨滴》：整夜都在屋顶上/滴哩哩，滴哩哩/不停地说话，不停地/弹上又跳下。歌是用来唱的，诗是用来读的，在唱和读之间，有一种方式叫作吟诵或吟唱，无非是在告诉我们方式并不重要，也没有明确的界限。诗的语言与心情相匹配，会衍生出快乐而自然的全新演绎。就像我们幼时的游戏跳皮筋一样，一边是翻飞轻盈的跳跃，一边是节奏韵律的哼诵：马兰花，马兰花/风吹雨打都不怕/勤劳的人在说话/请你马上就开花。

怎样读诗？在和谐的氛围里读诗。一谈学习，家长很快就会进入一个误区，必须是正襟危坐地专心致志，岂不知，任何一项教育活动明确感知到功利性，效果就已经失去了一半。在睡前的亲子活动中读诗，在亲切的话语交谈中谈诗，在日常的生活中作诗，皆可。

怎样读诗？在多样的形式里读诗。网络已经为我们洞开了一扇又一扇窗户，除了纸质阅读，有声读物更具有便利性。尚不具备识字能力的孩子，通过诉诸听觉的方式，实现了语言积累、模仿创作的可能性。

  德国哲学家马丁·海德格尔在晚年的时候，写出一句传诵五大洲四大洋的名言：人，诗意地栖居在大地上。让孩子及早遇上诗歌，遇上人生的诗意和浪漫，亦如星星，照亮孩子那一片无际的天空。

阅读，使我们成为有力量的父母

许小娟

一天晚饭后，好久没有散步的我想邀儿子一起去散步，可是他却说："你自己去吧，我要找同学一起聊天。"我愕然，才惊觉：随着孩子年龄的增长，他和我可以聊的话题越来越少了，而他和同学、朋友却无话不谈。我打趣道："和同学聊什么呀？可以说给我听听吗？"儿子却半真半假地说："我们的世界，你不懂！"然后丢下一脸茫然的我，找同学去了。

一转眼那个肉嘟嘟的小人儿已经长大了，唏嘘之余，不禁感慨道：在美国，孩子的第一倾诉对象就是自己的父母，为什么我们的孩子长大了，就不愿意和父母沟通呢？是因为觉得跟父母沟通没有意义，还是因为找不到共同话题？那么小的同龄伙伴，能给他们带来正确的心灵指引吗？

现在想来，孩子在一天天长大，他的思想也会发生很多变化。如果父母不懂孩子的世界，不尊重孩子的选择，有问题时父母不能给出启发性的建议和帮助，哪个孩子还愿意和父母谈心呢？他们当然会选择愿意倾听的同伴、同学啦。

都说"书籍是孩子成长的源泉"，同样，想要成为孩子喜欢的父母，成为孩子心灵的引路人，最简单的自我提升方法就是阅读，阅读可以使我们成为有力量的父母。

经常阅读的人就会发现，随着阅读的深入和持续，我们的内心会越来越自信、越来越有力量。只有做有力量的父母，自己成长好，才会不怯懦、不恐惧，真正有底气、有自信，才能正确地培养好孩子。在教育孩子的问题上，作为父母就不会束手无策，而是能够给出很多有启发性的建议，真正成为孩子人生中的良师益友。

于是我和喜欢阅读的儿子约定：每天晚上八点到九点母子一起阅读。儿子不解地问："为什么要一起读？"我笑着打趣道："妈妈再不学习就落后了，一起阅读，我们还可以互相监督呢！"在我的带动下，我和儿子不仅养成了每天阅读的好习惯，而且在阅读中，我们互相交流自己的阅读体会，进入到各自的心灵领域，彼此的关系更亲密了！现在儿子遇到什么问题，总是会第一时间告诉我，认真听取我的建议，还不忘夸我：还是妈妈有办法。我深感欣慰：那个曾经与我渐行渐远的大男孩又回来了！

父母爱阅读，不仅给孩子一个正面的榜样示范作用，让他在今后人生道路上能够与书为伴，不断修炼自己的品性。同时，这也是一个父母自我成长的过程！这样，当孩子需要我们的时候，我们才能担当起一个有意义的角色，成为孩子的坚强后盾。

阅读，让我们更有爱，更有力量！

《朗读手册》：相见恨晚的一本书

李小琴

今晚读到一首有意思的小诗："与一本好书相见恨晚/让我变成一朵花，一只蝴蝶/把瞬间的美变为永恒/变成春天永远/最好成为一页插图/这样，才真正走进/一个人的内心和生命/融进他的气息和灵魂……"

读这首诗时，我想到了《朗读手册》。

徐博士将美国著名阅读研究专家吉姆·崔利斯的名作《朗读手册》推荐给我们时，我的内心没有一丝波澜。以为不过是遇见了一本值得我阅读的书而已。

但是，当晚上翻开它时，那书中的文字跃动着生命的脉搏，带着扑面而来的芳香气息，让我不禁被它吸引，继而着迷。

"当成年人给孩子朗读时，他们也是在一代又一代地传递火炬——阅读的火炬。"读到书中这段话时，我深以为然。其实，为孩子朗读，何止是在传递阅读的火炬，还是在传递亲情与智慧的火炬。一萤烛火，一片静谧时光，家人的身心只为阅读而舒展，那是何其美好！

"你或许拥有无限财富，一箱箱的珠宝与一柜柜的黄金，但你永远不会比我富有，因为我有一位读书给我听的妈妈。"这样的文字，令人怦然心动。它道出了孩子真实的心声：陪伴、阅读，是孩子的渴望。对于孩子而言，有一位能朗读给他听的妈妈，是件值得炫耀的幸福事儿。

"很少有孩子会主动喜欢上阅读，通常都是有某个人引领他们进入书中的奇妙世界。"是的，能进入书中的奇妙世界并非孩子的本能。许多家长告诉我，他们也为孩子买了不少书，还会带孩子去图书馆，可是收效甚微，孩子根本就不喜欢读书。我相信这是事实，然而，它就真的不可以改变吗？不，完全可以。改变可以从家长开始。当我们成为孩子阅读路上的引路人，他们就会被其间的风景所陶醉。现在，我每天上课前3分钟都会给孩子朗读，或是一首诗，或是一个故事，孩子们安静极了，眼中闪烁着愉快的光芒，以至我的课堂对他们来说，也是充满渴望与期待的。我为他们读《我不期望回报》《小纸船》，过几天就有孩子告诉我，他买了汪国真、冰心的诗集；我为孩子朗读一些有趣的故事，他们就买了《智慧背囊》《哈佛家训》等。课堂上，一只昆虫飞进来，我便和他们谈了法布尔，过了几天，他们又在传阅《昆虫记》……一次朗读，一扇窗户，让他们遥望到另一个神秘的世界，于是，他们驻足观望，流连忘返，乐而忘忧。教师能引领孩子进入书的世界，家长亦可通过朗读让孩子枕着书香入眠。

有人会问：影像时代，阅读依然重要吗？《朗读手册》告诉我：当然重要！

再次手捧《朗读手册》，我觉得自己好似遇见知音，有种相见恨晚的感觉。这本书语言酣畅活泼，故事生动有趣，案例翔实可信，让我忍不住要推荐给身边的朋友。

"与君初相识，犹如故人归。"今晚阅读《朗读手册》时，我想起了儿童心理学专家俞国良说过的一段话,与大家分享:"如果您为人父母,每天拿出一刻钟,与孩子共读,孩子会拥有不一样的人生;如果您身为师长,能给予孩子的除了良师、书籍与教室之外,还有什么比创造出爱读书的校园环境更让人倍感自豪?从现在开始,与孩子一起分享朗读的乐趣吧!"

你，通过"爱的测试"了吗？

李小琴

和孩子们一起分享绘本，已经成了我们最为期待的事了。

那天，我给孩子们带来的绘本是《我永远爱你》，讲述的是一个关于母爱的故事：小熊阿力早早地起床，准备给妈妈做一顿丰盛的早餐，可是不小心打碎了妈妈最爱的碗。他主动找到妈妈，进行了一次"爱的测试"。妈妈始终微笑着向孩子保证"我永远爱你"，同时不忘补充，"不过你要对自己所犯下的错误负责"。当阿力牵着妈妈的手来到厨房，看到摔碎的碗，妈妈有些吃惊，但在了解了真相后，宽容了阿力。阿力很感动，他给妈妈画了一个特别的碗作为回报。

虽然是一个司空见惯的日常小故事，但作者非常巧妙地加入了新意，让我们沉醉、沉思。让孩子们谈谈自己的感受，他们立即七嘴八舌，议论纷纷。

小亮抢先说："我真羡慕阿力，她有那么善良的妈妈，我的妈妈才没那么好。有一次，我自告奋勇帮她洗碗，她先没有同意。后来拗不过我，让我洗了，谁知我的手一滑，一个新碟子摔坏了，她就一个劲地责备我，说我成事不足败事有余，我伤心了好久！"

孩子的心，何其相似！相似的故事，总是轻而易举地引起了大家的共鸣。

小恒也迫不及待地说："大家都把目光投向了妈妈，可是我觉得妈妈对阿力这样好，是因为阿力善良、聪明又可爱，做了错事，也不会想着去掩饰。"

还有几个孩子的手依然举得高高的，想要与大家分享心得。《我永远爱你》这个绘本所传递的情感，"没有一句教条，却能满足孩子的成长需要；没有一丝说理，却能启发孩子的深入思考；没有一点喧闹，却能激起孩子会心的一笑。"

"李老师，你永远爱我们吗？"天怡天真地问我，美丽的大眼睛闪着神采。

"当然！"我毫不犹豫地说。

"如果是我把你的U盘扔到垃圾桶的，你还会爱我吗？"

"啊！"孩子们叫了起来，我也吃了一惊。前天早上，我翻箱倒柜地找U盘，因为那里有我的重要资料，如果丢了，可就惨了。我记得自己放在讲台上的，下课后匆匆离去，忘拿了，等想起寻找时，已经不翼而飞了。孩子们看我沉默了，纷纷埋怨她。

天怡哭了，她小声地说："李老师喜欢干净，不喜欢讲台上有乱七八糟的东西。那天下课后，我就去整理讲台了，我不知道那是U盘，以为是谁捡到的玩具。犹豫了一会儿，我还是把它扔了。那天，看李老师那么着急，我就不敢说了。"

听她说完，教室一片寂静，大家都望着我，我注视着天怡，她眼中噙着泪，慢慢低下头，我再次感受到"真正的伟大是单纯，真正的智慧是坦率，真正的力量是温和"。虽然我先前心中的一线希望彻底破灭了，但这个孩子是鼓起了多大的勇气说出这个事实的？"我永远爱你！"这句话给了脆弱的孩子怎样的力量？孩子在故事中获得的最大抚慰和安全感正面临着生活的考验。我微微一笑，说："尽管我也觉得很遗憾，不过像你这样可爱的女孩子谁会不爱呢？其实整件事，你并没有错，当然如果你先询问我一下，再决定是不是要扔掉会更好，我才是最应该吸取教训的人,这样重要的东西怎能乱扔乱放?"

孩子擦干眼泪笑了,说:"以后,我还会整理您的讲台,我一定会做得更好的!"

看到大家都松了一口气,我才知道原来这群孩子是那样的关心我、爱我。对于U盘,我只能乐观地安慰自己:它并没有丢,它仍在世界的一个角落,只是,我永远也找不到它了。冷静想想,如果我因为失去U盘而流泪的话,那么也会失去感受孩子爱的体验了。"我永远爱你!"这不仅仅是一句深情的宣告,更是一种充满智慧的理性行为。我不禁想到了"爱的教育典范"裴斯泰洛齐的一句名言:"教师应有一颗爱心,它不应埋在胸膛里,而应擎在手上,高高举起,让孩子看得见、摸得着、时刻感觉到。"只要我们(不管是父母还是教师)心让孩子听见,爱让他们看见,就能感受到孩子的心灵花园色彩缤纷、花香四溢,就能感受到爱的温暖也在无声传递。

生活中,这样的事情很多。你,通过孩子"爱的测试"了吗?

链接孩子心声:

妈妈,谢谢你

四3班　李心阳

望着被擦得像镜子一样的地砖,我心中感到无限温暖与甜蜜。我转过身,情不自禁地搂着她,说了一声:"妈妈,谢谢你!"

谢谢你用温柔的态度对待我,尤其是我犯错的时候——

今天,在妈妈睡午觉的时候,我不小心将墨汁瓶打翻。墨汁流了一地,书桌上也黑了一大片。我紧张得都快冒汗了:怎么办?原本想节约墨汁,于是将练字碟中剩余的墨倒进瓶中,谁知手一抖,碟子碰到瓶子滑落下来,碟子碎了,瓶子倒了,墨汁像条难看的黑虫,从桌子上一直爬到地下,还继续游动着……唉,我真是太没用了。我暗暗责备自己太粗心了。

"趁妈妈睡觉,我尽快将桌上、地下收拾干净吧!"我默默地对自己说。于是,我飞快地到卫生间拿了一块抹布,学着爸爸的样子,马不停蹄地忙开了。可是过了一会儿,我发现黑渍不仅没有擦干,反而脏的地方更多了,真不敢相信这是事实呀!我沮丧极了,将抹布一扔,蹲在地上想哭。

"李心阳,你在干什么?"妈妈不知何时站在我的身边。当她听完我的话,温柔地说:"没关系,你遇到困难,自己能想办法解决,这很好。放心吧,现在,有我呢!"

妈妈很聪明,在她的指挥下,我们俩不一会儿就把桌子、地砖擦得干干净净。望着笑容灿烂的妈妈,我也快乐得像一只小鸟,不由自主地搂住她。

有这样的妈妈,真好!谢谢你,妈妈,我爱你!

点亮阅读的心灯

许小娟

阅读不能改变人生的长度,但可以改变人生的宽度;阅读不能改变人生的起点,但可以改变人生的终点。可见阅读对一个人的影响是终生的。我的童年是守着父亲的收音机度过的。那时没有多少课外书,单田芳、袁阔成的评书以及孙敬修的小喇叭节目是我童年最好的陪伴,也是我最好的启蒙老师。杨绛先生说:"没有书,不好过日子。"现在想来,我的童年是多么贫瘠呀,缺少童书滋养心灵,让我至今也无法生长为一棵参天大树。以至常常慨叹,若出生在现在,该有多幸福!

童年是一个人阅读习惯养成的敏感期。儿童时期让孩子们积累一定数量的经典,阅读一定数量的名著,对他们一生的发展有着特别重要的意义。可是没有谁天生就爱阅读,如何激发孩子的阅读热情,点燃孩子的阅读心灯?这需要我们做父母的陪伴、引领,从小陪伴孩子一起朗读,引领他们走进书的王国,进而发现其中的风光无限。

儿子一出生,家里就贴满了各种识字图片,只要一有空,我就会带他在贴图前面驻足流连,看图、识字已经成为他生活中不可或缺的一部分,就像每天必须吃饭、睡觉一样。下班后无论多晚,嗓子有多累,我都会给他朗读故事,生动的语言、夸张的表情……那些幸福的亲子朗读时光,都成为我记忆中的瑰宝。后来儿子能自己独立看书了,我们每天安排了半小时的亲子阅读时光,交流彼此阅读的书籍和感受,并随时分享给对方。在春风沉醉的夜晚,我给儿子朗读《面朝大海,春暖花开》,因为他对海子的诗一直情有独钟。后来他对诗歌的理解和热爱超出了我的想象,喜欢诗歌的他还和班级孩子成立了诗社,像模像样地写诗、对诗、诵诗。秋日公园,看着盛开的菊花,我给他朗读《秋天的怀念》中的片段,并推荐他阅读史铁生的《我与地坛》,他立即让我把整本书借给他看。孩子的阅读兴趣是否强烈,这和家长的是不是持久引领分不开的。在班级上,我也会根据孩子们的阅读兴趣和阅读水平来推荐课外书。

这几年我所带的班级孩子非常有个性、有想法,他们经常会带给我一些前所未有的挑战。一开始,我总是被搞得束手无策,后来我认真阅读了看云老师的《给我一个班,我就心满意足了》,从中体会到阅读可以使孩子们拥有自我教育的能力。当孩子们犯错时,我会用发人深省的故事启迪他们懵懂的心智;当他们进步时,我会奖励给他们好听优美的文字。看着他们一天天慢慢被书籍驯养,更加坚定了我做阅读点灯人的信念!对于学有余力的孩子,我会推荐一些经典名著;对于学习困难的孩子,我总是推荐他们阅读语言浅显、篇幅短小、生动有趣的故事书。通过推荐自主阅读、亲子共读、教师讲述、举行家庭故事会等丰富多彩的阅读形式,培养孩子阅读的兴趣,带动家长帮助自己的孩子激发朗读热情。

《点灯的人》是英国作家斯蒂文森的一首小诗,诗中写道:"李利啊,我愿意跟你去巡夜,把一盏盏街灯点燃。只要门前有街灯,我们就很幸福。"希望我们每个家长都能成为阅读的点灯人,走到哪里,就把阅读的种子播种在哪里。激发孩子的阅读兴趣,就是为他们插上一对飞向未来的翅膀。希望通过我们的努力,点亮一盏盏阅读的心灯,让每个人都能享受到阅读的幸福。

不完美，也很美

李小琴

一

前几天，收到一封来自《快乐作文与阅读》编辑部张娜女士的邮件：

张宇辰同学的《一张纸》语言优美，初步选用在2019年10期《我的任意段》栏目，还要再经过二审、三审，通过终审后会再次通知您，确定刊登会将稿费和样刊寄出，不知是否愿意？另外请问作文是否原创，或者在别处投稿发表过，如果没有希望来信说明，并且附上小作者单身照片一张，谢谢支持！

在冬日里读着这封温暖的来信时，我的内心是喜悦的，情不自禁地将张宇辰写的那篇习作又细细地读了几遍——

一张纸，凝视着一张纸。你发现，它有自己的意义，有自己的梦。

透过它的背面，你看见了它的曾经。

它曾是一棵树，站在阳光下，站在微风中，抖动着青翠的枝条。看着它，它的未来会在你的眼前浮现。

它在画家手里，它是一张画，一张精妙绝伦的画；它在诗人手里，它是一首诗，一首千古流传的诗；它在科学家手里，是一张草稿纸，身上涂着新发现的原理；它在魔法师手里，"嗖"的一声，变成了一张有生命的纸；它在老师手里，成了印有精美图案的课文。

但是，如果可以，它多么想变回它原来的那棵树，继续听着鸟儿的歌，继续看着绽开的花儿，继续站在阳光下微风里，继续站在这里，看着每一个日起日落。

于是，我微笑地写下了一封回信：

张娜编辑：

您好！

感谢您的厚爱。张宇辰这篇文章是原创的，没有发表过。其实，我批改这篇习作时，起先还有点不高兴。作为五年级的学生，他写的字数实在是太少了。他平时有点"小懒惰"，又活泼好动，是个像淘气包马小跳一般的学生。但是读了这篇文章后，我发现自己对他的认识是这样的浅薄。他文笔优美，表达生动，灵气逼人。文虽短，但意蕴深远。于是，我在班级大加赞赏了一番，看着他发亮的眼睛，微笑的脸庞，我的心中也开出了一朵花。如果有幸，这篇文章能够发表（他从未发表过文章），我想，或许能成为他生命中的"关键事件"呢！

2014年，赢得美国亚马逊年度图书第一名的美籍华裔作家伍绮诗女士的处女作《无声告白》封面上有一句话，戳中了无数人的心："我们终此一生，就是要摆脱他人的期待，找到真正的自己。"我觉得小小的张宇辰，通过自己的短文，想要表达的正是此意吧！

很快，收到张娜编辑的回复：好的，您的回复收到了，看到您对孩子的赞美，真的很感动，也希望他可以继续加油，找到真正的自己。

找到真正的自己,并且悦纳自己,让自己成为别人眼中的一道风景,是一件幸福的事情。你看,张宇辰平时有点"小懒惰",有点"不完美",所以在写作文时,会另辟蹊径,写成一首新颖奇特的小诗,让人眼前一亮。我想:只要你用心灵去靠近他,去理解他,你会看到一个纯净无瑕的世界,看到一颗天真烂漫的童心,看到一张生动明媚的脸庞。

其实,不完美,也很美!

二

今晚,我无意间看到一本绘本故事《失落的一角》。封面上的一段文字,很吸引我:"人生是一场漫长的寻找,唯有经历,不停地经历。不要忘记沿途的风景,听到的声音、嗅过的味道、唱出的歌……"

这是作家谢尔·希尔弗斯坦的佳作(《爱心树》的作者)。他用极为简洁明了的线条,黑白的色调,描绘出一个耐人寻味的故事。《纽约时报》就曾经这样评价过:"一种大智若愚的简单留给人们更多的思考和阐释。失落的一角是开放的,每个人都可以有自己的解读。"

这个绘本故事主要讲了一个圆缺了一角,它一边唱着歌,一边寻找那失落的一角。在这一过程中,它发现有的角太大,有的又太小。它跋山涉水,漂洋过海,遭遇各种艰难险阻,历经风吹雨打,崎岖坎坷,仍"心中有信仰,脚下有力量",终于找到了与自己合适的那一角,它们组成了完整的圆。可"有得必有失",它得到梦寐以求的完美,却失去了快乐,所以它轻轻放下已经寻到的一角,又开始了一边滚动一边清亮地唱着:"噢,我在找我那失落的一角,我在找我那失落的一角,嗨——哟——哟,我要去寻找我那失落的一角的美好之路。"

为何在最后,这个圆会放弃好不容易找到的"非常适合"的一角?要知道当初找到这一角时,是多么令人欣喜啊——

"合适!非常合适!终于找到了!终于找到了!"

在几乎所有人都认为一切都朝着美好的方向发展,都朝着幸福的方向奔去,作者却笔锋一转,让我们看到了"圆满之后"的生活,也是这个圆不快乐的根源:"它从来没有这么快过!快得不能停下来和虫儿说说话,或者闻闻花香,快得蝴蝶不能落在它身上歇脚。天呀,现在它完整了,可是它却连歌都唱不了。"

你看,有时,我们也要感谢自身的"不完美",正因如此,才能慢下脚步,去领略追寻路上的无限风光,去感受有虫鸣花香一般诗意的生活,去发现自己内心真正的渴望。

三

从《失落的一角》故事里,我仿佛看到张宇辰的身影。

因为有些"小懒惰",所以他将"儿童是本能的缪斯"诠释得很好。他神采飞扬,阳光乐观,有许多因为想要"偷懒"而诞生的奇思妙想。他不但经常将习作写成诗,也把日子过成诗,让我们也跟着他沉浸在"寂静欢喜"中,心变得玲珑剔透。

因为有些"小淘气",所以他会在语文课上快乐地涂鸦,结合文本画出有趣的插画。仔细瞧瞧，每一幅都有可圈可点之处。他神奇的想象、大胆的表达、细腻的刻画，让我刮目相看。于是，黑板报版面设计的重任就落到了他的身上。换个角度来看他，就能捕捉到他的闪光点，然后加以适时地引导、鼓励与肯定，他就变得忙碌而快乐，充实而幸福了。

因为有些"小叛逆"，所以他总是想着法儿地"对付"老师。班主任怕有危险，不让学生在走廊里踢足球，于是他用透明胶缠着废纸做了一个纸球，灵活轻便又简单好玩，很快成为同学们课间游戏的"新宠"。做广播操时，他又不安分了，找前面的同学说话。老师让他站到队伍的后边，不允许他说话，他点点头，一副很乖巧的样子。老师刚刚转身，他就快乐地跳起舞来，逗得旁边同学哈哈大笑。老师知道后，他还调皮地解释，只是让他不说话，可没有规定他不可以跳舞。

好吧，那就给大家来一段吧！老师笑着说。他没有丝毫羞涩，竟然真跳了起来。嘿，跳得还真不错。于是，他的音乐天分又被发掘了。

其实，不论是孩子，还是我们自己，或多或少都有自己"失落的一角"，也就是有着缺憾或不完美。我们要坦然地面对，放慢脚步，拥有平和的心态，一点点地努力去改变，让自己变得更好，从而遇见更好的自己。在"追寻完美"这个过程中，我们既要懂得宽容，懂得坚持，又要笑对人生，懂得珍惜已有的东西，学会适当放弃，进行灵活调整。同时，还要有一双善于发现的眼睛，"见"别人之未见。

提到缺憾，我就想到苹果徽标。当你第一眼看到它时，是不是就想问："为什么苹果被咬了一口？"哈哈，你瞧，这个苹果的缺憾成功地激起了你的好奇心，让你过目不忘，印象深刻，对吧？

所以，缺憾有时本身就是优势。不完美，也很美！

评价孩子，要恰如其分

李小琴

心阳眉飞色舞地谈论着元旦文艺汇演中班级女生的精彩表演，她爸爸不经意插了一句："你也可以报名参加表演呀！"

"打住！你是不是想说，你也会边弹吉他边唱歌，那你怎么没有报名呢？"心阳撅起嘴，一脸不高兴，"唉，就知道你会这么说！就不应该和你谈学校的事情的！"

一场愉快的谈话戛然而止，接着就是长久的沉默。

其实，在心阳很小的时候，我们就发现她有些胆小，在公众场合不愿意说话，更别提表演了。于是，我们创造了一个又一个机会，让她不断尝试，勇敢地挑战自己：在迎新年活动中，鼓励她在世贸广场进行吉他表演；在"葛兰杯"朗诵比赛中，主动帮她报名参赛，辅导她朗诵徐志摩的《再别康桥》；在电视台组织的少儿故事大赛中，与她一起积极地准备童话故事《拇指姑娘》；在开发区"独唱比赛"中，鼓励她演唱了一曲《跟彩虹一起成长》……每一次比赛时，我都能感觉到她的紧张，因为，她的身体会微微地发抖，她的嗓音也会稍有变化。然而，当她较为出色地完成表演后，我都会毫不掩饰地夸奖她。然而，她并没有变得落落大方、挥洒自如，她的性情一如往昔，没有多大的改变。渐渐地，她长大了，有了自己的想法，让她主动登台，简直比登天还难。即便是我们有要求，她也会毫不犹豫地拒绝。我和她爸爸就不再多说什么，只是感到有些无奈，有些遗憾。

其实，我发现在所教的学生中，也有几个情况和心阳类似。虽然我和孩子的父母都曾为孩子的点滴进步而兴奋不已，并且毫不吝啬地给出了溢美之词。然而，改变却是微乎其微的。

对此，我曾自我安慰："教育是慢的艺术，所以我们要慢慢来。"

今天，我看了医学博士出身的心理学家丹尼尔·西格尔所著的《由内而外的教养：做好父母，从接纳自己开始》一书，豁然开朗。

书中在"情绪的调和"中提到一个小姑娘萨拉的故事：

四岁半的萨拉优柔寡断，对参加社交和集体活动都很谨慎，缺乏尝试新事物的胆量。一位实习老师曾提供过一些机会，积极鼓励她，想要帮助她建立自信。直到有一天，萨拉的"自信突然冒了出来，就像丁香花长出了花蕾"。她跳上了一座三米长的"桥"——操场上几年前就倒地的西莫克树形成的一座桥，就像别的孩子一样，她从这头走到了那一头。实习老师一直在旁边注视着她，等她一下来，老师就为她喝彩："萨拉，非常好！你做得好极了！你是最棒的！"老师还兴奋得跳起来，挥舞着手臂。而萨拉则害羞地看着老师，脸上有淡淡的笑容。但接下来的几周，萨拉还是回避着树干。

丹尼尔·西格尔在这个案例的最后写道："对她来说，再在上面走一次仍然需要很大的勇气。"

为什么会这样？作者认为，实习老师对萨拉的表现持肯定态度，但是她没有和萨拉的感受达到协调。老师并没有注意到萨拉在这次经历中拿出了十足的勇气,冒了很大的风险,老师的评价太过沉重,没有起到鼓励萨拉的作用,让她能够回去再冒险走一次。

那么,老师应该怎样做,才能让萨拉拥有自信,并且愿意再次挑战自己呢?老师的评价怎样才叫恰如其分,能起到心理调和的作用呢?书中也给出了答案:"萨拉,我看到你小心翼翼地挪着脚走完了整个树干。你做到了!你可能有点害怕,虽然这是你的第一次,但是你坚持下来了。你真棒!现在你开始相信自己了!"

原来,恰如其分的评价,是有针对性的,是涉及细节的,是孩子内心真正需要的。对孩子的评价,尤其是表扬,要适度、中肯、及时。如果表扬夸大其词,就会大大降低孩子的耐性以及应对挑战和竞争的能力。

"为了全面地认识自己,孩子需要接受适当的评价,这种评价要与他们的内在心理感受和外在经历相一致。父母要以调和的心理状态融入与孩子的交流中,帮助孩子构建协调、连贯的人生。"丹尼尔·西格尔如是说,我深以为然。

父母要树立自己的威信

李小琴

"老师,我们家孩子就只听你的话,所以麻烦你和他说说,对父母也要有礼貌。他动不动就生气,还冲我们吼!"

"老师,你能不能找我孩子谈谈,他写字不认真,我让他重写,他就是不听我的,我也没有办法。唉!"

"老师,我的孩子写作业总是拖拖拉拉的,我教训也没有用,你说我该怎么办呢?"

……

当老师以来,我经常听到家长抱怨孩子不听话,说自己在孩子心中没有威信。他们深感无奈又无力。

那么,为什么家长会失去威信呢?家长又该如何确立自己的威信呢?我一直在思考这些问题。

今天读到美国家庭教育专家里奥纳多·萨克斯写的一本书《做恰到好处的父母:突破家庭教育迷茫》后,我豁然开朗。有网友说:这是一本几乎句句戳中国家长痛点的书。追求民主、鼓励自主、满腔柔情的当代家长,常常发现自己的辛勤付出适得其反。当孩子们不知心疼与珍惜,渐行渐远,还转身投以不屑的目光,背后的原因值得所有家长反思。

我深以为然。里奥纳多·萨克斯认为:父母并不是不愿意在孩子面前有威信。有时,他们觉得自己后退一步,少插手,让孩子自己做决定,这样有助于孩子成长。其实,这已经走入了误区。孩子的心智没有成熟,做事喜欢随心所欲,容易半途而废,一旦父母过早地放手,让孩子根据自己的喜好来过生活,他们就会"以自我为中心"。与此同时,他们也不会懂得尊重,不会真正地拥有独立生活的能力。

我也曾为如何教育好女儿而感到困惑。还在幼儿园的时候,看着周围的孩子都在学琴,我也让她开始了学小提琴的生涯。记得第一天,我将小提琴买回来,女儿兴奋不已,对小提琴视如珍宝。可好景不长,每天枯燥的练习,让她眼泪汪汪,家里也失去往日的欢声笑语。于是,我和她商量放弃学琴。我想,如果学乐器不能提高生活品质,那么拉得再好又有何用?

她起先不同意,觉得很难过,不想承认自己不行。

可是,我坚持不让她学了,我受不了家里笼罩着一层阴云。

然而,第一张多米诺骨牌一旦被推倒,后面的事就不难想象了。学跆拳道,老师有事不教了,她也就不学了;练舞蹈时,她发现韧带不好,也就放弃了;打乒乓球、羽毛球时,她感觉自己不是那块料,也就作罢……就这样,她只要不感兴趣,我们就同意她不去学了。于是,她过早地学会了放弃,不明白坚持的可贵。当然,渐渐地,我也发现有点不对劲了,但具体哪儿出问题,我又不知道。而且,我发现自己在她心中,说话的分量越来越轻了。

后来,我反复思量,觉得过早地让小孩子决定自己的选择,是不明智的。她不再依赖我,不再更多地向我寻求指示和引导,而是更多地转向倾听同龄伙伴的意见,依赖伙伴的想法。

可是,"指望那些本身就不成熟的同龄人指引自己走向成熟,根本就是妄想"。

我开始尝试改变。

在孩子四年级的时候,有一次班队活动结束后,她缠着我给她去报名学吉他。我心中是欢喜的,但是没有立刻同意,因为我知道:太容易得到一样东西,往往不会去珍惜。

时机未到,我拒绝了她,这让她很不开心。过了两个星期,她又来央求我让她学吉他。看着她渴望的眼神,我装作犹豫地说:"其实,要想学,也是可以的。这一次,是你自己的选择,不管前面的道路有多艰难,你一定要走下去,我不允许你放弃。如果你能做到,我就答应你。"

她考虑了一下,郑重地点点头。

因为这事,我在她心中的威信又渐渐高起来。她开始在意我的想法与做法。每当她想要偷懒时,我就微笑地摇摇头,不说话,她就会再次拿起吉他继续练习。因为坚持学习,她的吉他演奏水平越来越高,还多次在公开场合进行独奏表演,她变得自信了。

"如果父母永远把孩子的欲望放在第一位,那么收获的将不是爱戴,而是不屑。"

"为人父母,如果你不把赢得孩子的喜欢与爱戴作为首要目标,而是集中精力履行自己的职责,对孩子谆谆教诲,教他们判断是非对错,让他们既遵守社会规则,又能做个有责任感的人。那么,即使你并没有刻意追求,你的孩子也会尊敬你,爱戴你。"

原来如此。

换个角度来思考。为何小学生那么敬畏老师?

答案显而易见。因为老师教会学生如何遵守规则,教会他们判断是非,教会他们有责任感、荣誉感等。在潜移默化中,老师指引着孩子走向成熟。自然,也收获了孩子的爱与信任,尊重与崇拜。

那么,我们要从哪些方面教育孩子,才能树立自己的威信呢?我觉得父母不能急于撕掉"专制"的标签,不要过早地卸下自己对孩子的保护和指导责任。往小处说,就是要做到作家罗伯特·富尔格姆写的《信条》中的几句话吧——

> 有东西要分享,
> 玩游戏要公平,
> 不要攻击别人,
> 要物归原处,
> 自己弄脏的,自己收拾干净,
> 不要拿别人的东西,
> 伤害了别人要道歉,
> 吃饭前要洗手,
> 要冲厕所。

孩子胆小、害羞,该怎么办?

李小琴

推荐绘本:《世界上最美的歌声》
作者:[瑞典]乌尔夫·尼尔森/文,[瑞典]爱娃·艾瑞克松/图,李晓琼/译

[案例]女儿在一年级时参加了一个讲故事比赛,赛前3小时通知要有1分钟的自我介绍。我迅速地写了一点文字,然后一遍遍地教她,直到她背得滚瓜烂熟。本以为,她能自信满满地站在众人面前,落落大方地表现自己。谁知,她站在舞台上时,双脚明显地在颤抖,过了一会儿,话筒里传来的声音也略带着哭腔:"大家好,我是心阳……"接着,就不再张口说话了。会场一片安静,我的心中波涛汹涌,但只能默默地等待着。等了一会儿,她依然没有吭声,更显得不知所措了。主持人马上打了个圆场,说:"小朋友,你可以直接讲故事了。"她终于如释重负,开始讲述故事。因为故事前几天已经讲得非常流利了,所以,这一次的表现也不错。

待故事讲完后,她走下舞台,我看了她一眼,有些失望。她似乎也感受到了我的情绪,沉默地站在我身边。从那以后,很长的一段时间里,她都不愿意上台说话。后来,我不断地鼓励她,带着她参加各种活动,慢慢地,她开始变得开朗了。

[分析]为什么孩子会这样胆小、害羞,甚至不敢在公开场合表现自己呢?我一直在思考这个问题。

《世界上最美的歌声》中的那只小鼹鼠与女儿有过同样的心理,书中这样写道:

"彩排结束的时候,轮到我说最后一句话了。'现在,我们的表演结束了!'可是,我真难为情啊……"

"我紧紧地抓住她。聚光灯一下子打在我身上,我什么话也说不出来。'没……没有了!'我结结巴巴地说。"

"我的声音,小得连我自己都听不清。"

你看,作者将一个孩子紧张的心理写得多么惟妙惟肖。有人说,会紧张,大概是因为两个原因,一是太想表现出色,一是底气不够。试想,哪个孩子不想潇洒淡定地站在舞台上展示自我?我想起女儿那颤抖的双腿,略带哭腔的声音,这些,与小鼹鼠的感觉何其相似——

"第二天,我一点早餐也没有吃,也喝不下任何东西。我的双手不停地颤抖。……我的胃里翻江倒海,就像马上要吐出来似的。"

"我跟在爸爸身后,拖着沉重的脚步,向学校走去。我的肚子也疼得要命。"

"我们还准备了52把椅子,给爸爸妈妈们坐。那些椅子看起来,就像大海里的波浪。"

如果,你了解孩子这样的情绪,你还会像曾经的我一样,对于孩子临场发挥不佳、头脑一片空白表现出失望吗?你还会让自己沉默的态度,给胆战心惊的孩子,又添上一份心寒吗?不,应该不会,也绝不可以!正如《世界上最美的歌声》的封面上写的一句话:"你们的关爱给了我力量,你们的鼓励给了我勇气。"我们要给孩子的,应当是关爱与鼓励呀!

[对策]那么,我们应该怎样做,才会扬起孩子自信的风帆?

1. 多一些表扬、掌声与拥抱

我们可以从《世界上最美的歌声》中借鉴一二。

"'你是全世界最棒的!'弟弟挠了挠我的肚子,笑了起来。""有人开始鼓掌了。"

"慢慢地,灯光暗了下来。舞台下面,每个人都在疯狂地鼓掌、吹口哨。"

"我的老师走了过来。'我就知道,你会干得很漂亮。'她说。""妈妈还给我一个大大的拥抱。"

瞧!表扬、掌声、拥抱,这就是胆小、害羞的孩子最需要的。如果在平时的生活中,多一些这样的举动,他就会像花朵一样渐渐绽放。

2. 多一些积极的心理暗示

引导得正确,孩子就会很自信,如文中的小鼹鼠,最终能在舞台上大胆展示,体验到"一种从来没有过的快乐,从我的心底涌了上来"。这是一种破茧成蝶的喜悦,是悦纳自己的表现。而如果将孩子表现出的负面行为,通过教导反复强调(心理学称之为"强化误导""心理暗示"),那这个负面行为就会变成孩子的人格特征!就如我的女儿为何会在很长一段时间都不愿上台表演?就是因为这种挫败感困扰着她,让她无法摆脱。身为父母的我们,如果没有及时疏导,反而一再提醒她曾经的表现,甚至给她贴上标签"我的女儿有点胆小",这,将是残酷的。罗森塔尔效应告诉我们,暗含期待,对孩子影响很大,所以,多一些积极的心理暗示,孩子的性格就会朝着阳光的方向生长。

3. 多一些"孩子,你慢慢来"的耐心

不要指望孩子胆怯的心理,一朝一夕就能克服。我们要明白:这是一个循序渐进的过程。

我们可以在餐桌上,和孩子聊聊天,让他发表对某种现象的看法。扩大孩子的接触范围,带孩子出去走走,在旅游中开阔眼界,教会孩子与其他人相处。比如,鼓励孩子向陌生人问路,向餐馆的服务员借东西等,如果遇到孩子不愿意说,或是说不出口时,也不要有任何不满情绪,始终微笑地鼓励他、肯定他,让他一点点建立自信。

4. 多一点尊重,寻找榜样的力量

其实,每一种性格都有其独特的优势,作为父母,也应该认识到这一点。要让孩子"长成自己的模样",尤其是孩子自己喜爱的模样,这也很重要。所以,作为父母,我们要"蹲下身子",尊重孩子对某些事情的选择、态度以及处理方式和感受,在此基础上,可以给出适当的建议与鼓励。孩子,有权利选择他要不要去做,要什么时候去做,而作为父母,我们则有权利选择用什么方法来引导他去做。当然,如果我们帮助孩子寻找值得他崇拜的榜样,以榜样的力量激发孩子内在的潜能,那样会更好。

总之,每一个孩子都值得父母温柔以待、倾心以待、智慧以待。

坚持才是力量

姜　慧

推荐绘本:《犟龟》
作者:[德]曼弗雷德·施吕特/图　[德]米切尔·恩德/文　[德]威尔弗里德·希勒/谱曲　何珊/译

说好了去公园锻炼,才跑了一圈就提出回家玩游戏;暑假里计划每天"斩"15个单词,行动不到半个月就"叫停";被选入校篮球队参加训练,天气凉了早晨起不来申请退出……现在的孩子比起以前同龄的孩子,见多识广,更加聪慧,然而,做事时却往往怕吃苦缺韧性,常常半途而废。这让很多的家长感到苦恼。

没有坚持就没有力量!

有人做过这样一个计算:高考词汇量大约有3 500个。如果用3年的时间记住这些单词的话,只用每天坚持记住3个单词。对大多数的同学来说,每天记3个单词,是小菜一碟,难就难在这种容易的事情要坚持做1 095天。所以,许多人选择了中途放弃。

想让孩子有毅力、有恒心,不是三两天就能做到的,需要孩子从小时候起在点点滴滴中不断培养。

一

关于坚持的力量,与其跟孩子"讲道理",不如让孩子"认识到"。

成年人都知道只有跳出自己的舒适圈,人生才会有精彩。迎接挑战,战胜困难之后的那种成就感才是最高级别的快乐。那么,怎么在年幼的孩子们心中埋下"坚持"这颗种子呢?

我们不妨将抽象的道理和孩子具象的生活挂上钩。

运动会上,孩子参加400米跑,中途摔跤了爬起来继续跑,虽然成绩不理想,但是仍得到了老师大大的"赞"。老师告诉全体同学:因为不顾疼痛继续跑完全程,本身就很了不起!生活中,遇到孩子在努力坚持的时候,我们应及时给予肯定和赞赏,强化孩子的这种美好感受,让孩子记住这转瞬即逝的情绪,逐步提升到规律性的认知。

一位智慧的妈妈是这样和孩子讨论"坚持"的:

妈妈:"你觉得哪些事是当时感觉很舒服,但从长远看,却是不好的?哪些事是当时看起来很麻烦很痛苦,但从长远看,却是有好处的?我们一个人说一个,看谁说得多。我先做个示范,自己做饭比下饭店要麻烦,但是从长远看,自己做的饭菜更健康,对身体更好。"

儿子:"我刚才拖地,真的有点累,可是地上变得干净了,我可以光着脚跑来跑去了。"

妈妈:"别人玩手机的时候,我在写文章,虽然玩的时间少了,可是我学到了更多的知识,感觉自己很有成就,这比刷手机更快乐。"

儿子:"我也是!我弹钢琴就不能和小伙伴一起玩,但是我能弹出好听的歌曲,妈妈你心情不好的时候,我还可以弹一首曲子让你开心!"

……

母子俩你一句我一句，说了很多类似的体会。在孩子看来，这是一个好玩的游戏。就在这简单的游戏当中，孩子不知不觉对"坚持"有了更具体更深刻的认识。

二

"榜样的力量是无穷的。"孩子有样学样，可塑性强，更容易接受来自榜样的正能量。给孩子讲一百遍道理，也不如给他讲一个有启发的好故事。《最美的舞蹈》《胡萝卜的种子》《犟龟》这些关于"坚持"的精彩绘本，为我们塑造了一个又一个鲜活的正面形象。《犟龟》这本书中，小乌龟淘淘在赶赴狮王二十八世婚礼的路上，受到许多人的阻拦，甚至嘲笑、挖苦，饱尝千辛万苦，但他从未停下脚步，终于有一天，他赶上了狮王二十九世最盛大最美丽的婚礼，"坐在参加庆典的客人中间，虽然有些疲劳，但感到非常幸福"。

"记住这个哲学，上了路，就天天走，总会遇见隆重的庆典。"这样的经典故事总是润物无声，比起说教，书中的小主人公更容易感化我们的孩子。更大一些的孩子，可以推荐读名人的励志故事，通过与名人的"无声交流"，不断反思自身存在的问题，真正感悟到坚持不懈带来成功，自然而然也会带来行为的变化。

三

同伴的力量，也是孩子坚持的动力之一。一件事做的时间长了，难免厌倦，如果这个时候，有一个同伴加入其中，携手同行，互相鞭策，就有了继续坚持的推力。孩子参加羽毛球训练，一开始不太愿意，因为一起学习的都是陌生人。这个时候，我们提议他邀请自己的发小一起参加，两个孩子欣然接受了我们的建议，周末一起去训练，每次都是欣然前往，完全不需要大人的提醒，一点不要担心坚持不下去。

家长，也是同伴关系的重要组成部分。说到阅读习惯的养成，我们常提醒家长"咱们每天要求孩子读课外书，首先自己要能够每天坚持"，说的就是这个理。我们作为孩子的同伴之一，更应该在孩子心中树立起榜样的形象。有一位妈妈，和孩子约好暑假里每天晚饭后去跳广场舞。一开始坚持得不错，天气越来越热，妈妈吃不消了，不高兴再去，孩子立刻举双手表示赞成。孩子的惰性有时源自家长的退缩。反过来，家长和孩子一起参与，在孩子遇到问题时共渡难关，在孩子取得进步时分享喜悦，孩子一定会变得更有韧性，更有担当。

坚持才是力量！做好了引导，"坚韧不拔"的美好品质就会水到渠成地扎根在孩子身上！

培养孩子的"坚持"，这件事本身也在考验我们的"坚持"哦，加油吧！

孩子做事磨蹭，该怎么办？

李小琴

推荐绘本：《托马斯和朋友时间管理互动读本》
作者：[英]艾阁萌/著

[案例]或许有些家长和我有过一样的烦恼：孩子做事总是磨磨蹭蹭的，不够干脆利落。早晨起床后，她刷牙、洗脸、吃饭要用掉半个小时；该出门了，她鞋子还没有换好；晚上回家后，她会玩很长时间的滑板，以至没有时间弹吉他、写作业；写作业时，她特别讲究书写美观，速度却慢得像只蜗牛……有一次作文考试，要求写一件难忘的事情，我女儿写的是有次考试时磨蹭，试卷没有来得及写，监考老师便拂袖而去，她懊悔不已，至今难忘。但是，恰恰是那次作文考试，她又没有来得及完成。

[分析]为何会出现这样的情况？我觉得，孩子的这些行为是因为缺乏时间意识，不会合理安排自己的时间造成的。其实，"时间管理的能力不是与生俱来的"，而是需要培养和训练的。面对孩子的磨蹭、拖拉，许多家长尝试各种方法，"威逼利诱"，但成效都不明显。其实，孩子的行为受两个重要因素的影响：生物节律和兴趣。所谓的生物节律是隐藏于基因中的本能，如饿了就想吃，渴了就想喝，困了就想睡，累了就想休息。所以，有些孩子吃饭很磨蹭，甚至挑食、偏食，是因为他还不够饿。正如《做恰到好处的父母》中作者说："我心想：还是不够饿，要是饿，她不吃才怪。但是这话我没有说出口。"而兴趣，则源于好奇的本能，它是最好的老师，会带动孩子去探索和思考，甚至带着孩子进入忘我的境界，打破他们到点吃、到点睡的生物节律，暂时忘记饥饿与疲倦，像法布尔对昆虫那样迷恋，忘了时间；像我女儿那样，玩着滑板，忘了弹吉他、写作业。兴趣，能让人保持一种兴奋的状态。这两种本能对孩子的成长都很重要，需要父母精心呵护。而对于一些必须要遵守的日常行为规则，如上学不迟到、上课铃声敲响后及时进班等，则需要不断训练。教会孩子如何合理地规划时间，同时，也要教会孩子方法。

[对策]《托马斯和朋友时间管理互动读本》就是这样一套培养孩子时间管理能力的图画故事书。在妙趣横生的故事中，在不经意间，孩子可以感受到时间的流逝，与小火车托马斯一起领悟小故事中的大智慧，同时学会管理时间的10个好方法。

1. 准备充分才最快

管理时间的好方法之一，便是事前准备充分，可以节约时间。比如，可以让孩子在写完作业后整理好书包。睡前，将第二天要穿的衣服、袜子、鞋等准备好。这样，就不会在清晨手忙脚乱，一团糟了。再比如，写作业的时候，让孩子将文具、书籍等准备好，这样就不会因为寻找橡皮、直尺花费太多的时间。当然，将物品放在固定的地方，有序摆放，也会节约不少时间。

2. 给事情排排队

管理时间的第二个好方法，就是学会规划自己的时间。在发现孩子有做事磨蹭的特点后,我便和她商量,制订了在家的作息表,规划好时间。如罗列出需要做的几件事:完成作业、玩滑板、看课外书、弹吉他、父母讲故事、散步等。然后,根据张弛有度的规律,给事情排排队,安排在不同的时间内完成,让"小拖拉变成小麻利,小磨蹭变成高效王"。

3. 坚决不做小拖拉

管理时间的第三个好方法,就是学会控制时间的节奏,如吃饭、睡觉一样有规律。在"给事情排排队"的基础上,让孩子每天不折不扣地完成,开展"21天美丽行动",甚至3个月、1年的坚持不懈的训练,自然而然会控制时间的节奏。如每天练琴30分钟、玩滑板15分钟、睡前看一个故事等。当孩子养成习惯后,就会"习惯成自然"了。

4. 先做最重要的事

管理时间的第四个方法,便是学会分清轻重缓急。比如,我们会遇到参加晚宴而改变原有计划的事情,那么,就要教会孩子先做重要的事情。如去晚宴的途中,可以在车里播放一些小故事;在等待晚宴的时间中,完成作业;回家后先练琴,有时间再玩滑板。偶尔的调整,就是让孩子明白"要事第一"的原则。

5. 一次做好一件事

管理时间的第五个好方法,便是用心做好每一件事。用心,即专注。心无旁骛地做一件事,就能做好。所以,在孩子写作业的时候,家里最好保持安静,父母不看电视,不要给孩子递送水果、开水等,让孩子尽量不受干扰。如果孩子确实需要,父母可以安静地陪伴左右,看到孩子做错题,也不要随意指出,更不要立即讲解,不要打断孩子的思维。父母可以在孩子写作业之前提出相关要求:书写要认真一些,速度第一、完美第二等。建议一天只提一个小要求,如果孩子能够做到,第二天再提别的。

《托马斯和朋友时间管理互动读本》中还提到其他5种好方法:"大家帮忙很快好",让孩子学会借用别人的力量;"一分一秒利用好",让孩子学会利用碎片时间;"方法对了省时间",让孩子学会创新方法,提高效率;"不行!时间不够了",则教会孩子适当拒绝,可以节约时间;"按时完成就很棒",告诉孩子不要事事追求完美。

有时,遇见一本好书,就像是遇到一位倾心已久的人。《托马斯和朋友时间管理互动读本》于我而言,就是这样一本书。

再见吧，坏情绪

许文明

推荐绘本：《大嗓门妈妈》

作者：[德]尤塔·保尔/著、绘　王星/译

儿子的性子一直很浮躁，无论做什么，总是图快。因此，在学习上没少吃亏！无数次的说教收效甚微。心想着：孩子越来越大了，怎样有效沟通是个大学问。

这天放学回家，完成作业后，照例开始属于母子的聊天时光。

"妈妈，今天大队委竞选演说，我因为忘记把稿子带到学校再背一背，有些记不得了，但是在舞台上我自己努力地现场编，还是把话说完整了。"

"嗯，能够不慌不乱，临场发挥，很好！但是，妈妈还是觉得你应该准备再充分些，就可以避免这次危机了。"事实上，内心很想直接批评儿子没有带稿子，但是，我忍住了。

"妈妈，中午有数学作业，我因为参加竞选没能及时写，下午课间补的，我还是不够冷静，计算错了。还有……还有一题是选择题，我没有看题目，直接在括号里写了答案。"儿子边说着，眼泪也吧嗒吧嗒地下来了。

这样的低级错误他之前也犯，每次，都是迫不得已了，才肯告诉我。然后，我自然也压抑不住怒火，敲过他脑袋，甚至惩罚他抄题目，但他依然不长记性。今天，只是一次数学作业，而且作业本已经被老师收走，但是他愿意坦诚地告诉我，我想，多半因为我刚才没有呵斥他忘带竞选稿吧。孩子肯把我当成朋友，开诚布公地分析原因，我当然要回应他一个大大的拥抱："没关系，能找到问题症结就一定能改正！你值得妈妈相信吗？""嗯！"怀抱里的儿子用力地点了点头。

夜晚，躺在床上，再次捧起绘本《大嗓门妈妈》，感到很庆幸：今天，我没有成为那个发脾气大叫的企鹅妈妈！要知道，企鹅妈妈因为小企鹅犯了错误一声吼叫，让小企鹅魂飞魄散——全身都散开飞跑。最后，虽然企鹅妈妈找到了只有两条腿的小企鹅，并且找回了小企鹅丢掉的部分重新缝好，也向小企鹅道了歉，得到了小企鹅的原谅。可是，小企鹅身上的伤疤一定无时无刻不折磨着妈妈——曾经给小企鹅带来多么大的伤害！

其实，作为老师，在学校，我们也会遇到形形色色的孩子。长期的观察比较发现，如果一个家庭中，妈妈善于管理自己的情绪，那么孩子一定是自信的、乐观的、人际交往愉快的；如果在一个家庭中，妈妈表现得特别强势，对孩子看似很严格，事实上很苛刻，一言不合就大声呵斥，或者对孩子、对家庭总是充满抱怨的，这样的家庭走出来的孩子，要不胆小、怯弱，要不就是很自私、攻击性强。

是的，亲爱的爸爸妈妈们，记住，生气是解决不了任何问题的。既然我们已经为人父母，我们就更有责任用成熟的、理智的方式表达自己的情绪，关注孩子的感受。我们的言传身教胜过任何的说教，我们随时随地都要以自己的表现，为孩子示范我们希望在他们身上看到的品质和言行！

最后,给大家展示我们班一位母亲在孩子作业本上的留言,希望能给大家启发。

不得不说,这个活泼开朗、富于想象力、富于创造性思维的男孩子,他有一个好妈妈!最近几天,每天的家作本上都能看到他给儿子的留言。

"写字有进步!"第一天,看到孩子工整的字迹,妈妈这样留言。事实上,因为写字的事儿,我已经和妈妈沟通过,无论如何,要让孩子的字在原有的基础上有明显进步。

"字要每天坚持啊!"第二天,孩子稍许有些退步,妈妈又鼓励道。

"加油!"第三天,也许孩子看到了妈妈前两次的留言,也许,妈妈不只是留言,还和孩子聊了聊,孩子的字又开始好转,妈妈继续加油打气。

"我希望没有妈妈的陪伴,你一样能严格要求自己!"第四天,妈妈对孩子提出了新的要求。

相信美好的故事还会继续……

第九部分
用爱呵护心灵：心理健康篇

　　如今的孩子在物质上得到极大满足的同时，也有一些"不能承受的生命之重"，他们开始沉默、焦虑，甚至叛逆。用爱呵护心灵，将阳光洒满心房。孩子内心充盈的欢喜，将足以对抗外界的风霜雪雨。

那些年，我们过于执着的是非

丁彩娟

阿杰给我递了一张条，上面写着：求求你老师，救救我吧！一听到下课的铃声，我就害怕，他们总是骚扰我！他们两个字的后面有个括号，有几个名字紧随其后。

阿杰，是一个聪明、可爱、阳光的孩子。他会在清晨的第一缕阳光里，用满脸的微笑，雀跃着和我问好；他会在喧闹的课间，与伙伴三五成群尽情地嬉戏和打闹；他会在课堂主题宣讲时，面对所有的伙伴，侃侃而谈自己的学识主张，显得如此傲娇！

他眼里的自己，和我眼里的他为什么会如此迥异？一个是极尽夸张的被欺负的弱者形象，一个是公众眼中积极可爱的小小太阳。

是什么让孩子总是觉得自己是一个弱者？原因众多，今天我们只从家长角度来谈孩子的自我定位。

1. 错误的语言引导

当孩子离开父母的视线，独立行走于这个世界时，我们便只能从与孩子的交流中，获得他的信息，包括人际交往、学业情况、心理成长。语言征询似乎成了我们唯一的方式，你又用了怎样的语言系统呢？"今天你和别人打架了吗？""今天你上课开小差了吗？""今天伙伴欺负你了吗？"如此云云，你所有的语言都在启发他对消极事件的苏醒，都在唤醒他的消极情绪。

当这种交谈成了生活中的习以为常，他所关注的点就是生活中的负能量。久而久之，他自然会认为这个世界是不安全的，伙伴是不可爱的，人际关系是不友善的，而"我"也只是这个消极世界中的一分子。伙伴戏谑的玩耍就成了恶意的欺凌，而"我"面对这个世界的时候，也可以存在"恶意"。

从小破坏一个孩子对世界的信任，就是彻底破坏一个孩子内部的安全感，让孩子建立一个错误看待世界的视角。

2. 混乱的定性判断

有人的地方，就有交往；有交往，就会有冲突和矛盾。这并不是问题，这是孩子不断地用自己的方式，建立自己与伙伴的联系，寻求与这个世界的相处。尝试，就意味着有对错，而对错其实并不重要。《圣经》教导人们说："别人打你的左脸，你应该把右脸也给他打，用爱来征服自己的私心，用爱来感化世界。"我们没有那种气度，所以，要相信，趋利避害是人的本能，孩子亦然。

一场不正向的交往，他会主动结束；一个不友善的团队，他会主动脱离；一位不共鸣的同伴，他会主动舍弃。他向你表述的，只是在断离过程中内心的纠结和取舍，作为家长，一个亲密的拥抱、一个温暖的眼神，就可以轻而易举地解决！因为，他需要的，只是情绪的认同感。

孩子要的，只是家长情绪的认同。

孩子不需要家长用所谓的认知来判断是非，了解前因后果，并作出后续的处理！

成人总是在情绪抚慰与认知判断中,选择后者,来彰显自己的理性!其实,对于孩子而言,他需要看到的是感性散发的温暖,是云淡风轻的智慧。

3. 夸大的处理方式

"有一天,孩子哭着回来了,说受了谁的欺负!我们孩子平常情绪很平和,一看他这么激动,就想肯定是出了什么大事。我自己的情绪也就上来了!"陈妈事后是这样表达的。事后,就是陈妈与对方家长据理力争,大"干"一场之后。

"其实后来想想也没什么大事。"她说完这话,害羞地笑了,为自己大动干戈感到尴尬可笑。

情绪是会传染的,心理学表明,令人不悦的事情往往更容易吸引人们的注意力,而愉快的事情总是会转瞬即逝,这种现象叫作"负面信息效应"。负面信息比正面信息更具有传播效力,所以,当孩子表述自我情绪的时候,负面情绪就像层层激荡的湖面,一圈圈推涌,不可收拾。

在情绪层层翻涌的过程中,我们又不断通过想象,试图还原事情当时的情景,而主观意识下的还原,已经是附着了自我的判断的可能,而不是事情的真相了。并且,在情景想象的过程中,不断地累积情绪,最终,我们家长自己成了最不可控的情绪炸弹,不得不寻求自我释放,而与孩子最初只是为了得到亲情抚慰的期待,已经相去甚远。

家长激进的处理方式,又再一次强化了孩子"我"是弱者的心理意识——我没有能力处理人际关系,我必须通过家长的途径,并且以强烈的方式,才会得到解决。

世界很大,我们很小。那些年,我们过于执着的是非,深深刺痛了孩子。其实路漫漫,我们无非就想让孩子勇敢地说:"我——可——以!"

只追前一名

李小琴

女儿心阳上二年级的时候,班上有个很出色的孩子叫马子乔,是一个典型的"别人家的孩子"——歌声动听、舞姿优美,又是体育健将,成绩还一级棒。

有一次吃晚饭的时候,心阳又眉飞色舞地向我们谈论马子乔,我不经意间说了一句:"不要太羡慕她,只要你愿意努力,就会比她还厉害!"

她一愣,随即就哭了,有点生气地说:"不可能,我就是努力了,也不会比她好!"

好好的一顿饭,气氛陡然发生了变化。于是,我马上安慰她:"没关系,没有她好,也没有关系。别哭了。"

她这才平静下来。后来,我经常鼓励她,只要尽力就好,成绩最终如何不要太在意。我想:顺其自然,也许是最好的选择。

今天,我看到了教育专家张能治先生的一篇文章《享受家庭教育》,觉得很有意思。文章提到了"只追前一名"的故事,让我若有所悟——

有一个女孩,小的时候由于身体纤弱,每次体育课跑步都落在最后。女孩的妈妈就安慰她:"没关系,你年龄最小,可以跑在最后。不过,孩子你记住,下一次你的目标就是——只追前一名。"

小女孩记住了妈妈的话。再跑步时,她就奋力追赶她前面的同学。结果从倒数第一名,到倒数第二、第三、第四……一个学期下来,她的跑步成绩已"跑到"中游水平,而且她也慢慢地喜欢上了体育课。接下来,小女孩的妈妈把"只追前一名"的理念,延伸到她的学习中。在这种理念的引导下,这个女孩2001年从北京大学毕业,同年4月被哈佛大学教育学院以全额奖学金录取,成为当年哈佛教育学院录取的唯一一位中国本科应届毕业生,她就是朱成。

2006年6月,她当选为有11个研究生院、1.3万名研究生的哈佛大学研究生院学生会总会主席。这是哈佛370年历史上第一次由中国籍学生出任该职位,在当时引起了巨大轰动。

这个故事,拥有童话一般梦幻的色彩,同时又蕴含着深刻的哲理。"只追前一名",是一个"可望而可及"的目标,想要实现它,只需要轻轻地"跳一跳",就可以了。比起我的"顺其自然",显然它更有优势。因为没有目标,便没有压力和动力,做事情或是学习都会缺乏主动性。但是,如果目标过于高远,让孩子难以企及,他们也会产生"心有余而力不足"的畏难情绪,慢慢地,他们就学会了放弃,学会了不再有所期待。

"只追前一名",有着明确而又可行的目标,是真实而适切的希望,让孩子能够看得见,感受得到,这样他们才会从容而努力地前行,就像二年级的一篇课文《青蛙看海》一般,一级一级地向上跳,坚持不懈,最终得偿所愿,看到大海。

据专家研究,孩子厌学的心理障碍有90%是由家庭或学校老师采取强制性的教育方法所致。有些家长为使孩子在竞争中取胜,往往要求孩子拼命争第一,造成孩子心理扭曲,甚至引发不少恶性事件。其实,适合的才是最好的。朱成的妈妈深谙此道,她用科学的方式教育孩子,珍惜当下,做好当前,然后引领着孩子脚踏实地地围绕着目标,一步步满怀信心地走,走向未来,走向开满鲜花的美好明天。

96111，青春力量多多多！

朱爱霞

"给，这是南通市未成年心理辅导中心的热线电话：96111。"

晚上，熠熠下了晚自习回来，我递给他一张纸条。

"把他贴在书桌前，有什么问题想不通，又不想跟爸妈讲，就打这个电话问问。或者心情特别不好，又找不到人倾诉，也可以打的。"我又解释了一下，"这是公益的，里面都是专业的心理辅导老师。"

"哦。今天学校也做了心理测试，我好像分数有点高！"

"分数高正常还是分数低正常呢？"

"应该是分数低吧。"熠熠挠着头，有点不好意思。

"哈哈哈，没关系，或许是你比别人多想了那么一点点，也或许是你比班上的同学都小一岁，所以有点偏差。不用担心。"

我嘴上这样讲，心里仍有一片阴影划过。自己的儿子，我心里清楚。高中生活很紧张，虽然他有自己放松的方式，对未来也满是憧憬，但他有时候的确是有点耿。

"人不轻狂枉少年"，年少轻狂，是生命力的展现，但一不小心剑走偏锋，整个青春期都在走钢丝，这对于一个家庭将会是致命的打击。

身边有朋友的孩子，女孩子早恋后不愿读书，男孩子玩游戏不思进取……

再放眼看看，学霸也有深陷抑郁症，最后自杀的……

从高中起学习就是选择性、竞争性的，在此期间，一个人的人生观、世界观、价值观就慢慢形成了，然而这个时期也是一个人身与心、灵与肉或相生相成，或相克相成的时期：这边脑子里一片混沌，上课听不懂，独立解题难上难；那边脚长手长，重心不稳，长得越来越丑，暗恋的女孩（男孩）却越来越美（酷）。想说的话，想问的问题，爸妈听而不闻；不想听的话，不想做的事，爸妈却在喋喋不休……

还记得熠熠小的时候，我们讨论：为什么要听爸妈的话？

讨论后我和熠熠都明白了，谁是与你一起承担后果的人，那么这个人的建议就值得重视，值得听取。因为，无论孩子怎样，最后都会落实到家庭。孩子勤学守纪，一家人和睦愉快；孩子调皮捣蛋，一家人就成了"救火队员"。

有困难第一时间告知父母，取得父母的帮助和指导，这是家人间的彼此支持与信赖，也是家庭成长源源不断的生命力。

因此，随着孩子的成长，父母对孩子的关心和爱也要与时俱进。小时候，父母是孩子的天，父母说什么，就是什么。渐渐孩子的世界大了，父母需要适时退出，这时就有必要请专业的人士给孩子专业的指导，专业的问题由专业的人士来解答。

用专业的眼光看，每个人都有心理问题，只不过，每个人化解的方式不一样。

父母的眼界和格局，决定了孩子成长的张力，父母未雨绸缪，孩子的成长不慌张！

96111，孩子的青春力量就要多多多！

"懂事"的背后

朱玲玲

"林妹妹"是林阳阳的绰号,因为长得瘦瘦小小,还特别多愁善感,她的作文里多的是"何事秋风悲画扇"这样的伤感之词。同学们就不喊她名字,直接"林妹妹"称呼。林妹妹新转进我们班,我便对她格外关注,别看她人小,学习成绩却顶呱呱,只是很少和同伴说话,掉眼泪是家常便饭。八岁的小孩是如何变得多愁善感的呢?

人物速写:林妹妹家里还有一个小两岁的弟弟,弟弟顽皮外向,不介绍你根本想不到这两个孩子是有血缘关系的。林妈妈说:"林妹妹在小时候是很活泼好动的,也不懂怎么越大越沉默了。"在一次家访时,林妈妈买了几个苹果,我们边聊天边吃水果,这时候,弟弟跑来一把抓住最大的那只就吃起来,林妹妹却安静地站在一边看着,从她的眼神中,谁都能猜到她也想吃。我拿起一个递给她,她斜眼看下妈妈,又看了看弟弟。摆摆手示意不要。妈妈忙说:"阳阳不爱吃苹果。"

事件分析:是什么让一个八岁孩子如此唯唯诺诺?是什么让一个八岁孩子如此"懂事"?

一、不正确地引导

在上述这个事件中,林妹妹是想吃苹果的,却因为大人的"她不爱吃"而给自己下了定义"我不爱吃苹果",或是"弟弟小,弟弟爱吃"。我们很小就听过《孔融让梨》的故事,谦让是中华传统美德,几个孩子在一起,如果不顾他人,便会被认为自私自利。根据弗洛伊德的人的本能学说:孩子在幼年时期,做不到挑小的梨,是人的本能。我们大人的一言一行,也许正在扼杀孩子的天性、童真。

二、隐藏的比较者

现在越来越多的二孩家庭出现。我也经常在大人们的嘴里谈到"我家老二比老大聪明""我家小宝比大宝活跃""你看看邻居谁谁谁,你怎么就不行"……

我们并不承认自己偏心、爱比较,可是说的话做的事,却在时时刻刻给孩子贴标签、做比较。而孩子的内心也慢慢滋生出"林黛玉"般的伤感、忧愁。

三、自我防御系统

有句话说:当一个人越来越沉默,说明他开启了自我防御系统。小孩子为什么要自我防御?为了屏蔽大人的说教,为了躲避和同龄人、兄弟姐妹间的比较……在上述个案中,那个孩子从活泼变得内向,导火索就源于家人将关注点、表扬点倾向于她的弟弟了。

"懂事"本是一个褒义词,我们总希望孩子不用督促就能学习优秀,我们更希望孩子既能能歌善舞,又能"温良恭俭让"。小小的孩子,背上过早地背负"懂事",本该天真烂漫的彩色光华,变成了黑灰白的"懂事打造期"。"懂事"的背后藏着什么?值得我们深思。

隐秘的角落——父母如何守护儿童的"秘密"

葛周玲

"秘密"这个词,本身就透露着神秘感和距离感。秘密伴随着儿童的成长,并成为心灵深处的隐秘之地。秘密可能成为儿童走向成熟独立的催化剂,也可能成为其心理负担而剥夺了原本的单纯和快乐。面对儿童内心复杂而神秘的"秘密",父母常常会出现一些不当行为。有的秘密本可以储藏在儿童心中隐秘的角落,但父母总会有意无意地成为"窥探者",这样的"探秘行为"不仅阻碍了儿童心灵的良性发展,也会恶化父母与孩子之间的亲子关系。因此,如何守护孩子心中的"秘密",是每个成人,尤其是父母都要掌握的亲情必修课。

一、爱不等于毫无保留——理性对待儿童的秘密

成人往往认为儿童的情感世界是浅显而直白的,没有什么"秘密"可言。然而事实上,儿童内心世界的丰富和复杂远远超出成人的想象,远非成人理解的"如白纸一般"空洞。曹文轩的小说《草房子》中,桑桑和纸月之间朦朦胧胧的感情等,都是在讲述儿童成长过程中最为重要的一类秘密:发现另一个自己,进入另一个世界的秘密。对所教班级做一些调查就可以发现:在父母发现孩子有"秘密"后,往往会以爱之名进行打探、询问,不断突破儿童守护的底线,直至剖开所有秘密。小陈同学是个开朗活泼的孩子,在我任教的六(1)班上担任劳动委员,在家里他却不像在班级一样热情,常常不愿意打扫卫生。家长不问原因偏偏让他去做,并且要做完所有的卫生。在这种情况下,小陈同学就会觉得父母不尊重自己的意愿,从而判断自己根本摆脱不了父母的控制。父母这样随意、自由地打破孩子内心的领地,不去真正进行"换位思考",致使孩子无法拒绝、无法逃离,只会让他们的心灵在被动中受到不同程度地压抑和扭曲。

父母的爱是天底下最无私的爱、最真挚的情,但爱不是控制,不是让孩子对父母毫无保留;爱是理解孩子的内心想法,是包容孩子的隐私,是允许秘密的存在……因此,当父母发现孩子有秘密时,不妨"回到自己的童年",换位思考,理性对待。

二、做"心空"的守护人——用爱呵护儿童的秘密

每一个儿童都有属于自己的秘密,每个秘密都充满着神秘感和隐私感,儿童并不是要将所有的秘密都埋藏心底,有时,他们也想被"看见"和被"理解"。对于儿童来说,和大人分享秘密是一次冒险旅行,充满了矛盾和不确定。所以,他们往往宁愿忍受秘密的煎熬,让自己在承受秘密中长大,也不愿或不敢说出自己的秘密。正因为儿童自身对待秘密的这种矛盾心理,父母在靠近儿童秘密时就要小心谨慎,要做到"关心而不侵犯",要做好秘密的守护人——尊重儿童对于自己秘密的自由处置权。在一次与五年级学生倩倩(性格:胆小谨慎、安静沉稳)的聊天中,她告诉我她有一次不小心打坏了桌上的陶瓷罐子,吓得在床底躲了半天,后来父母以为是家里的猫弄破的,所以并没有责怪她。那个时候她就一直保守着这个秘密,后来才知道,父母早就知道是她弄坏的,因为家猫从没有上桌的习惯。可以看出,倩倩父母即使是发现了女儿的"秘密",也没有戳穿或者兴师问罪,而是成了"保密者"。作为儿童的

父母，面对他们的秘密，既要保持充满善意的关切，确保秘密不至于对他们的成长造成负面的影响，又要防止自己的过度关心演变为"苛刻的盘问"或者"窥探者"的行为。

呵护秘密的前提是基于儿童立场去认识和理解他们的秘密，形成儿童视域下的隐私认知。父母要成为秘密的"同盟者"或"守护者"——为儿童保守秘密，是与儿童签署基于信任的心灵契约。这里有一个常见的家庭场景：放学孩子回到家里，正好家里也来了些亲戚，大家热热闹闹，七嘴八舌地边聊天边吃饭。妈妈说："今天小宝的作文《说说我的心里话》被老师表扬了，小宝，你给大家念一念吧！"小宝这时候非常不好意思，很不情愿地去拿了作文本。爸爸说："这有什么害羞的，大声点念！"其实，写作不是一般的作业，而是一种特殊的心灵活动，具有一定的私密性。这样的场景还有类似于动不动就让孩子在亲戚面前表演才艺，父母从不问："孩子，你愿意给大家表演吗？"在此类场景里，父母已经代替儿童作了主，无论儿童内心接不接受，他们的"秘密"被暴露无遗。因此，父母不应以道德权威的角色出现，而应作为秘密的守护者去用心呵护，判断是否需要去关切和聆听，让秘密成为进入儿童内心世界的通道，由此进入，化育心灵。

秘密就那样静静地存在于儿童的心空，汇入了教育之银河。被誉为"儿童哲学之父"的马修斯曾言："对儿童的眼光和儿童的感受形式敞开胸怀的父母和老师有福了，他们得到的是成人生命所匮乏的天赐厚礼。"也许，儿童的秘密是最需要父母和老师以"儿童的眼光和儿童的感受形式敞开胸怀的"。

初青春，注定是一场碰撞

丁彩娟

一

"老师，阿杰发疯了！他在教室里嘶吼，把桌子也掀翻了！"一个孩子，匆匆奔来，像一阵风。

阿杰就站在教室的角落里，伫立着，全身肌肉僵硬，柱子般倔强。翕动着鼻翼，发出浓重的喘息。在白色墙壁前，一米七的个子，在一众不曾发育的伙伴面前，具有泰山压顶的气势。

那时，我必须站在他的面前，用抬头仰望的姿势。在他的魁梧面前，我显得何其柔弱。他的两眼冒着火，愤怒在强抑着，因为强抑，他那握紧的拳头开始瑟瑟发抖。

我无处可躲，迎上去，用凌厉的眼神！试图震慑，也表明我对他这种在公众场合，毫无顾忌的激进行为的否定。

"看着我！"依然只有愤怒。青春期的男孩，是一座随时喷发的火山，是一头脱缰的野兽。

"看着我！"他抬起了眼睑，与我对视！"告诉我，你现在可以平静了吗？告诉我，你现在可以平静了吗？……"这简单的一句话，整整重复了不下几十遍，在一次又一次逐渐缓和的语气里，在逐渐温和的眼神里！在反复的指令里，他慢慢地柔和下来。终于，他轻轻地说："老师，我现在平静了！"

青春，就这样猝不及防地来了！在生理不断发育和心理尚未成熟的矛盾下，形成了身体的强烈冲突和心理的不良适应，力量感的增强，让他们觉得他们是可以用自己的方式任性地应对这个世界的。

初青春，注定是一场碰撞，有时候表现为外显的"那个我"与这个世界的冲撞。

二

小雨，女孩，扎着一个马尾，文笔细腻，情感丰富。每一次和她交流的时候，她都笑容洋溢，还没说话，眉角就有无限光芒。每一次交流完，又是灿烂的微笑："谢谢老师！"客气得体，优雅大方，我一度以为这绝对是个别人家的完美女孩。

可是，就是这样一个女孩，她会在我不注意的时候，悄悄地在课堂上掩着嘴吃糖；她会在与同学相处的时候，表现得跋扈而嚣张；她会在做作业的时候，偷懒躲闲。

青春，就这样，就这样猝不及防地来了！那些遵从了很久的成人规则，在自己不断独立观照世界时，好像也出现了不确定性！那些未必成熟的思考，在已知的标准和自我的真实之间游移着。

初青春，注定是一场碰撞，有时候表现为内隐的"这个我"和"那个我"之间的冲撞。

三

我们欣然悦纳孩子的碰撞，无论是对这个世界的碰撞，还是自我的碰撞。碰撞意味着成长,意味着自我意识的觉醒,意味着内部力量的生发。就像一粒种子的孕育过程,经历土层下的安眠,穿破土层迎接阳光的欣喜,承接阳光雨露努力蓬勃舒枝展叶。自然而然,季节顺应。

  我们倔强直面孩子的碰撞。碰撞是孩子独立面对世界、自我勇敢的尝试,家长在面对孩子的叛逆时,如果以退让的态度,放弃了自我的标准,那么就会让孩子造成"世界任我行"的错觉。因为青春初期的孩子其实并没有长大,只是在自我的自然性里张扬,并没有实际面对这个世界的能力。面对孩子,一味以家长的权威进行控制,也势必会减弱孩子再次触碰世界的勇气。每一个家长,在进与退之间,都要找到一个合适的节点。这个节点就是既充分尊重孩子,又要在标准可控的范围之内。

  我们理性引导孩子的碰撞。碰撞意味着冲突,冲突的便是孩子内部的淤积。大禹治水告诉我们一个真理:面对淤积与其堵截不如疏导。对于孩子的情绪也是如此,与其控制,不如明晰自我,阐释本质,在举一反三的思辨中,形成进退自如的性格弹性。

  纪伯伦曾经说过:你的儿女其实不是你的儿女,他们是生命对于自身渴望而诞生的孩子,他们借助你来到这个世界,却非因你而来。所以,他们只属于他们自己,他们跌跌撞撞,一路只为寻找自己,只为寻找与这个世界真正的和谐。

我要站在世界的最高峰

许小娟

晚饭后,儿子在灯下画画,我在一边看书,一切是那么静谧美好……

"妈妈,我有喜欢的女生了,我想向她表白。"正在涂鸦的儿子突然冒出这样一句。(心湖里仿佛被投入一枚炸弹,但我表面上依然波澜不惊)

"哦,有喜欢的人了?说说看你准备怎样表白?"(不让他看出我的异样,我头也没抬,装作很平静)

"就是给她写封情书,告诉她我喜欢她呗。"(小家伙一脸的开心呢)

"她喜欢你吗?"(小心保护他的自尊)

"喜欢的。"(一脸的开心样)

"你怎么知道的?"(进一步深入了解)

"上次我问过她啦!一开始我问她喜欢男生甲吗,她说不喜欢;我又问她喜欢男生乙吗,她也说不喜欢;我问她喜欢我吗,她没说话。不过今天她告诉我,她想了很久,她是喜欢我的。"(儿子停止了手中的画笔,回味似的不住地点头)

"哦!"(我不禁暗暗佩服儿子投石问路的本事)

"妈妈,她是个很安静的女孩子,成绩也很不错。我们班很多男孩都喜欢她,你一定也会喜欢的。"(看来儿子只是发自内心的欣赏,想要表达自己对她的好感而已,并没有我想象中的那么严重)

"眼光不错嘛,这样的女孩子妈妈也喜欢的。"(肯定了儿子的眼光,呵护他美好纯真的心灵)

"所以我要写封情书,告诉她我喜欢她。"(儿子再一次强调了自己表白的决心)

"如果你们互相喜欢,而且彼此也知道了,妈妈觉得还是不要写情书为好,万一让其他同学知道了,她就开始躲着你了,你不就尴尬、难过了吗?"(设身处地为儿子的举动感到不妥)

"也是呀,那我该怎样向她表白呢?"(儿子一脸沮丧)

"来吧,听妈妈给你讲几个故事吧。"

儿子专注地看着我,两只眼睛闪闪发光。

"从前有个男孩喜欢一个女孩,他们放弃了学习,整天沉浸在自己的小世界里。后来他们没有文化、没有能力,互相抱怨,渐渐地变成了互相伤害,最后他们甚至成了敌人。还有一对互相欣赏的男生、女生呢,他们在学习过程中互相鼓励,互相竞争,向人生的顶峰不断迈进,最后他们不仅成了几十年的好朋友,而且还不断收获了成功。"我停下了讲述,笑着问儿子:"她那么优秀,那么多人喜欢她,你觉得自己应该怎样做呢?"

"我懂了,我也要继续努力,我要站在世界的最高峰!妈妈,我想给她画一幅画,我相信她也能懂的。"(看着他一脸郑重,似乎是宣示了一件了不起的大事)

灯光下，儿子又开始画画了，隐隐约约是一座巍峨的山……

在对孩子进行情感教育的时候，做家长的永远不要说教，要先肯定、接纳他的这种感觉，通过理解、接纳孩子的感受打开孩子的心门，这是孩子愿意和你沟通的第一步。孩子之间美好的情感，我们大人总是容易将其世俗化，视其如洪水猛兽，这样反而会拉远了与孩子之间的关系。积极倾听，能让我们享受与孩子之间温暖而亲密的关系。在这过程中，"一旦插入你的评价、说教、建议，孩子立刻会变得多疑，以为你是在诱使他们说出实话，积极倾听就会失败"。

倾听的过程，不是要你赞同对方，而是要在情感和理智上充分而深入地理解对方，并同他们进行深入地心灵沟通，进而可以帮助我们获得准确的信息，透过对方的大脑和内心来获悉真相，并"向孩子施加影响，帮助孩子自己寻求到解决问题的方法"。孩子得以保持健康的心理，并继续获得更多的力量和自信，他们终将会站在人生的最高峰。

也说"叛逆",话"尊重"

赵 红

"叛逆"一词在字典中的意思就是:反叛的思想、行为……忤逆正常的规律,与正常的合理行为相反,常常是指做出不合理的事。简单一点来说,就是形容那些不听大人话的孩子。我们小时候,很少听到这个词,而现在似乎却是不听话的孩子的标配了。只要孩子和家长、老师对着干都被称为"叛逆"了。

最近经常有人问我:"孩子什么时候会出现叛逆期?"我仔细地回想了一下,我身边的亲朋好友、家长给我的信息是孩子的叛逆在高中、初中、小学都有,甚至现在都有一、二年级的家长跟我说,孩子的叛逆期到了,说什么都不听,做什么事都和大人对着干。那是不是有这种言行的都是叛逆呢?叛逆是一种"长大了"的感觉,是一种强烈的"自我表现欲",在思维形式上属于"求异思维",是标新立异,希望用不恰当或特别的方式引起别人注意。

说到叛逆,就让我想到了"尊重"这个词。对孩子的教育,我们是否需要给予更多的尊重,维护好孩子的自尊心呢?答案是肯定的。但是我想说的是,尊重也应该有度,超出这个度的范围,就不叫尊重,而是"纵容"了。育人如同种树:"能顺木之天,以致其性焉尔。"也就是说,教育要尊重孩子的天性,让孩子自由发展。但是,在家庭教育中,似乎很难把握好这个度,很容易导致过度教育。

互相尊重,教育有长度

尊重永远是相互的,没有尊重就没有平等。现在的家长都有新的家庭教育理念,知道在教育孩子的过程中,要做到尊重孩子的想法,听取孩子的心声。孩子们是否也意识到了父母对自己的态度,从而也会尊重父母呢?

曾经有位家长告诉我,孩子从小就很叛逆,很自我,什么事情都要顺着他的心意才行。有一次,他们全家一起去一个古镇旅游。当时正处于旅游高峰期,游客很多,到了古镇的门口,爸爸买好了票要一起进去时,他突然就不愿意进去了。理由是里面人太多了,也没什么好看的。父母觉得门票要一百多一张,不去又退不了票,全家四个人损失好几百,而且妹妹很想进去参观。于是就做他的思想工作,但是他还是死活不肯。当时确定去这个古镇也是得到他的同意的,临到进门时,他却反悔了。最后,父母也不放心让他一个人在外面,只好作罢。在这件事情上,父母做到了要与孩子用平等的方式解决问题,没有说恶劣的话,也没有乱发脾气责备孩子,抱着和平解决问题的态度去劝说孩子,但是最后并没有成功。在他们家,此类事情不断发生,父母无可奈何,只能定义为孩子的叛逆期比较长。相互尊重是提高亲子关系的关键,但父母和孩子也要共同合作建立家庭规则,养成健康的沟通习惯,父母要鼓励孩子做出适当的决定,但是也要帮助孩子明辨是非,承担做出决定的责任。

父母和孩子之间是互相尊重的关系,父母应该给予孩子一定的自由和权力,可以多多征求孩子的意见,特别是在对待孩子本身的问题上,多沟通,多商讨。而孩子也应该在做出事情决策时多和父母商量,以获得父母的支持。这样,孩子才会健康地向前走,向着他的目标有力地奋进。

尊重有度，教育有宽度

万事皆有度，尊重也是。父母和孩子之间的相处，同样需要有一个平衡的度。我不反对父母尊重孩子，但是过度地任其自由发展，并不是正确的做法。当父母无法说服孩子的时候，就觉得听孩子的也可以，或者是随他去，等他碰了壁就知道错了。表面上看，这样的家长很开明，也很有头脑，但是细细思虑，这样地听之任之，是毁掉孩子的开端。

有个亲戚家的孩子，小小年纪很有自己的思想，特别是在穿衣打扮上。小学四年级就喜欢穿大人款式的衣服，因为她看到她的美女老师也穿这样的衣服。她的父母给她买了几件类似的衣服，穿出去后，大多数人都认为不符合她的年龄，穿着不好看。父母告诉她小学生该穿什么样的衣服，她却并不听从，带她去买衣服，又跟父母的意见相左，每次都闹着脾气而归。父母索性帮她买回学生装，但是她宁愿穿破旧的衣服，也不穿她不喜欢的。父母把她的行为也判定为到了"叛逆期"，所以有时也就不管她了，她爱怎么穿就怎么穿。虽然我们提倡尊重孩子的决定，但是引导孩子具有正确的审美观、人生观、价值观，也是父母义不容辞的责任。这是需要从小培养的，并不是简单地判定为叛逆期就能忽视的。

我们应该给孩子自由，但是这个自由不是无限制、无规则、无节制的，更不是纵容和无作为。否则，孩子只会在人生的旅途中越走越窄。

尊重得法，教育有高度

尊重孩子，得到了大多数父母的认同，但是他们找不到尊重的方法。很多家长告诉我，他们家很民主，什么事情的决定都会听取孩子的意见，把孩子当成是家庭中重要的一分子。但是就是这样宽松的家庭环境造就了孩子什么事都要自己拿主意，不尊重家长。孩子年纪小，很多事情还不能正确判断，导致出现错误的行为。这时候不要轻易地去伤害孩子的感情，不要在他的内心埋下一颗定时炸弹。平等和尊重的前提是信任，家长要相信自己一定能解决孩子身上出现的问题，也要信任孩子可以完美解决生活中的问题。

如何尊重孩子，并引导孩子也尊重自己，是父母们一生都要学习的。不同年龄阶段的孩子所需要的尊重也不同。当我们遇到家庭教育问题无法解决时，不要总是归结为是"叛逆"在作祟，而要从根本上找到问题的源头，不要去助长"叛逆"的喧嚣。

第十部分
避免夺爱之战：隔代教养篇

"再会立规矩的父母，也抵挡不住溺爱孩子的祖辈。"隔代教养，最大的难题是"夺爱之战"。其实，孩子的父母与祖辈并非处于战场的对立面，只要好好沟通、统一战线，隔代教养亦能爱意满满，让人向往。

隔代教育——多少爱可以重来

赵 红

"丫头,关了电视,吃饭了。"妹妹又在对她女儿喊了。

"我不吃了,肚子很饱,吃不下。"女儿眼睛盯着电视回了一句。"你现在不吃,等会饿了,什么也没得吃。你确定不吃?""知道了,确定不吃。"

电视看完,丫头开始对她妈妈各种纠缠,目的就是要吃她想吃的东西——方便面、汉堡和各种小零食。在妈妈那边没有得到允许,聪明的丫头转战奶奶,结果当然是如愿以偿。妹妹无奈地说:"平时都挺正常的,一到假日回了爷爷奶奶家,就控制不了了。这种现象,一个假期要上演好多回,还好快要开学了,没几天就要回去了,到时就没有人宠着她了。"你是不是觉得这一幕很熟悉,抑或还有更多此类场景。隔代抚养、隔代教育成了社会主流,接送孩子上下学的大军中,有很多爷爷奶奶的身影。陪伴孩子学习的,少不了爷爷奶奶。有位老师说她曾经开过一次家长会,居然有50%的学生是爷爷奶奶来参加的。从表面上看,老人为了减轻子女的负担,帮助子女带孩子,是一种双赢的选择,老人正好也可以排解孤独、缓解老年生活的枯燥无趣,年轻人也能致力于自己的事业。但是,很多老人对孙辈的爱带着一种宠溺,对孩子言听计从、娇生惯养,这种爱可能在悄悄地摧毁下一代。当父母们蓦然发现,孩子身上带着这样那样的坏习惯、坏脾气的时候,却为时已晚了。

从事教育行业,接触了很多的家长,发现越来越多的家长在发现孩子的各种问题时,把责任推向了老人:

孩子乱花钱,买无用的东西,父母说钱是爷爷奶奶偷偷给的;

作业没有完成,父母说是爷爷奶奶心疼孩子,让不要写的;

孩子不吃蔬菜,喜欢垃圾食品,是爷爷奶奶惯的;

谎言成堆,父母说是爷爷奶奶教的;

不会扫地,是因为爷爷奶奶从来不让孩子干家务。

还经常有父母跟我交流,泪流满面地说着自己的无奈。我不禁讶然,爷爷奶奶在教育孩子的时候、在对孩子表达着自己的爱的时候,父母在哪里呢?对于父母没有充裕的时间来抚养孩子的家庭来说,隔代教育作为辅助未尝不可。祖辈家长虽然在教育理念、知识结构、习惯方式上有所不足,但是他们拥有丰富的人生经验,有着优良的品质,是可以减少父母家长的压力的。但是父母要有一种意识,隔代教育只是亲子教育的补充,不能完全替代亲子教育,父母还是需要承担主要责任的。

当父母面对老人的溺爱左右为难的时候,一味地滋养这种爱,或是一味地责备这种行为,都是把孩子推向深渊,也截断了和自己父母的感情纽带。作为父母,要做的就是和老人进行有效的沟通。给老人讲讲科学的教育经验,帮助老人接受新事物,多和老人通通电话了解孩子的情况,假期带着老人、孩子一起去游玩。

新的时代、新的教育,应该让爷爷奶奶们成为我们教育的助力,而不是阻力。有位英国爷爷曾说过:"我们很知趣,不去抢夺孩子的父爱和母爱。我们也不做保姆,只能算个育儿参谋。我们这样做是为了孩子更健康地成长。"是的,这就是我们爱的目标。

有效陪伴，智慧同行

张小玲

常言道，家有一老，如有一宝。我家情况特殊，我和先生从恋爱至今一直分居两地，我们在孩子和工作间难以兼顾，这时爷爷奶奶的隔代教育就发挥了积极的作用。他们对我女儿茗茗的爱是任何育儿机构或者保姆都无法替代的，他们为茗茗提供最好的心理支持，给她带来足够的安全感，他们的加入为我们全身心投入工作奠定了坚实的基础。

但在养育孩子这件事上，由于出生与成长的环境、时代有着显著的差异，两代人在教育孩子的问题上自然也会存在相当大的差异。我和茗爸往往趋于理性，着眼于孩子的品格培养、智力开发等；而老人是趋于感性的，他们疼爱孩子，往往愿意尽量去满足孩子的愿望，而不太理会有些做法对孩子是不是弊大于利。因此，尽管表面和谐的家庭因隔代教育而产生的矛盾是一出接一出，为此全家人都深感烦恼。

那么遇到跟老人的育儿经验发生冲突的时候，我们要怎么做才能既不伤老人的心，又能教育好孩子呢？十三年来，我初步摸索出了一些解决问题的方案。

1. 侧面提醒，用事实说话

当发现老人对孩子有溺爱现象或不妥当的教育方法时，我们要顾及老人的自尊心，不能当面驳斥，那样只会伤了老人的心，还让矛盾更加恶化。我们可以从侧面提醒，只陈述事实，不带批评或任何让老人马上改变自己做法的要求。

关于给孩子穿衣这件事，我和婆婆常有矛盾。我一直叮嘱她不要给茗茗穿太多，尤其秋天，一定要慢慢加衣服。可老人生怕孩子冷，总是趁我不在偷偷给孩子加衣服，怎么也说不通，说多了还不高兴。后来我换了种方式，只要觉得孩子穿得多了，就会摸摸孩子后背上的汗，然后也让婆婆来摸摸，问她要不要给孩子换衣服。除此之外，我就什么也不说了。过了一阵，婆婆每天早上都和我商量一下，确定当天给孩子穿多少衣服，用事实说话的方式见效了。

2. 老幼兼顾，以柔克刚

很多时候在我们想说服老人时，往往都是站在对孩子好的角度去说，比如"这样不利于孩子的身体健康。"但这样的说法容易让老人产生逆反心理："难道我是故意对孩子不好吗？"因此，在和老人讨论养育问题时，不妨老幼兼顾，既为孩子考虑，又为老人着想。多站在老人角度上想问题，也许问题更容易解决。

茗茗两岁多时，每次吃饭还是奶奶追着喂，这让我十分烦恼。有一次，奶奶在追喂中不小心磕了自己的脚。我知道后跟婆婆进行了推心置腹的谈话："妈，您年纪大了，这样满屋子追着茗茗跑是很累的，万一磕着碰着我们心里很过意不去。而且，您每次喂完她自己也吃不好饭，时间长了胃该饿坏了。咱们还是锻炼孩子自己吃吧！"我的话让婆婆听了很受用，她开始和我一起琢磨如何让孩子对吃饭感兴趣的点子。

3. 曲线救国，科学育儿

信息时代，各类媒体中专家讲育儿知识和方法的节目很多，专家的指导更有说服力，便于老人接受。如果节目内容正好跟自家的矛盾相同，也不妨让老人自己看，给他反思的空间。毕竟，所有的爷爷奶奶都是希望孩子越来越好的。

有段时间茗茗自制力很差，一离开我们的视线，写作业时的小动作就开始了：一会玩手机，一会翻课外书，半小时能完成的作业非要做一个小时开外，有时还要拖拉到晚上十点多，严重影响睡眠。和她苦口婆心地讲道理，她还觉得自己特委屈，经常大声哭泣。婆婆听见了非常心疼，一边替茗茗找各种理由袒护她，一边说我性子急，把孩子弄得压力过大。我虽然大为恼火，但碍于维护家庭和睦也不方便多说什么。后来，我特意上网找了李玫瑾教授有关培养孩子专注力的视频给婆婆看，过了几天，我发现她也在和茗茗谈作业拖拉的问题。

家有一老，如有一宝。老人是家里的风水树，育儿方面，有了他们的参与，生活更加丰富多彩。人与人之间总会存在意见不统一，育儿也不例外，注意方式，加强沟通，老人终究会理解、支持我们的科学育儿方法的。智慧的隔代教育让老人充分表达他们的舐犊之情，享受天伦之乐，和孩子一起体验浓浓亲情，家庭和美，育儿成功。

牵着蜗牛去散步

陈 婷

因为自己的职业,所以我总认为自己对于孩子的教育还是完全在行的,可是当汤圆正式开启幼儿园生活的时候,我发现我也开始变得焦虑。特别是得知丫头适应能力糟糕的时候,我顿时觉得手足无措。那段时间每晚下班回家,孩子的爷爷总是和我说:"你对你女儿一点都不上心,人家小朋友都能好好吃饭、好好睡觉,就她不行。"后来几天,爷爷也经常对着娃说着一些赌气的话。那段日子,家里的氛围好似"雾霾爆表"。或许是身为老师的职业敏感,我意识到长此下去汤圆一定会排斥去幼儿园,这将糟糕透了。

后来汤圆对爷爷有了一些排斥,其实孩子的反应不难理解。女儿不愿意亲近爷爷,是因为她听明白了爷爷对她说的话,更是看明白了爷爷脸上的表情,感受到了爷爷对她的不喜欢。因为孩子学得慢了一些,错误多了一些,家长就烦躁、生气,拿他们和别的孩子比较。你瞧,一件事的糟糕会带动一连串的反应,一种糟糕的心情会影响一个孩子的内心。我觉得孩子天生就是一位心理解读师,他们天生敏感、细腻,因为我们的抱怨,让孩子缺乏安全感,失去对学习的乐趣,对美好生活的期待,那将是多大的一种罪过?我想,如果爷爷没有把攀比放在心上,如果我早早地就开始训练女儿,那么事情是不是就不会那么糟糕?

于是我开始调整,首先调整的是我自己,我必须承认我的孩子就是一个适应能力差的孩子。只有清楚地认识到这一点,我才能坦然并且放松心态,也不会让我的焦虑影响到孩子。其次,和爷爷来一次深谈,与爷爷达成共识,不管孩子在幼儿园怎样,也不管她如何发脾气,教育的事情必须由我出面,爷爷不插手,奶奶不护短。爷爷如果听不了孩子的吵闹声,可以选择下楼散步。

全家人约法三章之后,我开始了对娃的改造。我开始严格按照幼儿园的作息时间进行生活安排,包括周六周日;然后,根据女儿的性格特征和爱好,制定规则,并且以剥夺一项她喜欢的事物作为惩罚;最重要的是,以七天为一个周期,主要训练改掉她的一个坏习惯。同时,时常和她的老师沟通,从她们那里取经。半个学期之后,我发现女儿还是有了一些变化的,她会在意墙上的星星得的多不多,她甚至开始回家和我们分享幼儿园的事情,虽然说得不够清楚。特别是有一天她拿到了老师奖励的贴纸,兴奋地摸了好久,还生怕被我们弄坏了。我为她感到高兴的同时,也趁热打铁开始和她的爸爸建立良好合作关系。

家庭中爸爸、妈妈都是重要角色,两者需要互相配合。我要求爸爸一周至少有五天在家和孩子共同用餐,回到家后不玩手机,并且周末一定要带孩子进行户外运动。刚开始爸爸没有办法守规则,于是我就和女儿一起在女儿的星星栏的下面建了一个爸爸的星星栏,如果爸爸遵守约定一次就贴一颗星星,由女儿贴,让爸爸和女儿比赛。为了女儿,爸爸后来也是蛮拼的,主动承担了陪孩子玩耍,和孩子拼图、搭积木、外出运动这些活儿。其实,一个家庭中爸爸的角色最重要。因为爸爸是男性,男性具有较强的理性思维。当孩子遇到困难的时候,妈妈会处于母性本能地帮孩子解决好,但是如果是爸爸,会更好地提高孩子自觉解决问题的能力。在爸爸那里学到的是勇敢和担当，少了女孩子的斤斤计较。

记得在一次学校的校务会议上，我们所有的老师都学习了一首小诗，叫《牵一只蜗牛去散步》。"上帝给我一个任务，叫我牵一只蜗牛去散步。我不能走太快，蜗牛已经尽力爬，为何每次总是那么一点点？我催它，我唬它，我责备它，蜗牛用抱歉的眼光看着我，仿佛说：'人家已经尽力了嘛！'我拉它，我扯它，甚至想踢它，蜗牛受了伤，它流着汗，喘着气，往前爬……真奇怪，为什么上帝叫我牵一只蜗牛去散步？'上帝啊！为什么？'天上一片安静。'唉！也许上帝抓蜗牛去了！'好吧！松手了！反正上帝不管了，我还管什么？让蜗牛往前爬，我在后面生闷气。咦？我闻到花香，原来这边还有个花园；我感到微风，原来夜里的微风这么温柔。慢着！我听到鸟叫，我听到虫鸣。我看到满天的星斗多亮丽！咦？我以前怎么没有这般细腻的体会？我忽然想起来了，莫非我错了？是上帝叫一只蜗牛牵我去散步。"

汤圆就好像这只小蜗牛，走得好慢好慢，也许我还是会拽着蜗牛往前爬，但是我想我一定会记得是上帝叫我牵着蜗牛去散步。

第十一部分
化解"相爱相杀":家有二孩篇

家有二孩,有欣喜,也有忧愁。在二孩关系中,竞争、冲突与温存时常同在。只要换一种方式,多给孩子一点时间和空间,教会他们爱,孩子们就会找到关系的"平衡点",就能够相护、相伴、相爱。

二孩家庭，如何平衡两个孩子？

尹 玲

自二孩政策开放后，越来越多的家庭选择孕育第二个孩子，希望能够通过家庭成员的增加来提高家庭幸福感。但是，在这一过程中，多数家庭反映出了一个问题，便是一孩无法接受二孩的存在，认为父母会因更小的孩子出生而忽视他们的感受。虽然父母一直认为自己对两个孩子的关注是一样的，但较小的孩子可能会因易受伤、易哭闹、处于哺乳期等情况吸引父母的更多注意力，这便会导致二孩家庭中两个孩子的关系恶化，严重时还可能会对年长的子女造成心理压力，诱发其出现心理问题。

本人作为一个二孩家庭的家长，对于二孩家庭中两个孩子关爱的平衡也付出了较多的精力，并总结出一些经验与建议，具体如下所示：

一、明确独一无二的爱

对于儿童而言，随着年龄的增长，对父母的关注度要求可能会逐步降低，部分处于叛逆期的儿童甚至想要脱离父母的关注，获得独立的空间。而在二孩家庭中，父母并不需要对某一个孩子过多关爱，而是应该针对孩子的个性特点与实际需求来给予关爱。既要照顾年龄尚小的二孩，同时也不能忽视对一孩的陪伴，并且在陪伴时要全情投入，给予孩子安全感与被爱感，这样才能让孩子心中有一种平衡感。同时，父母也可以向一孩表明态度："因为弟弟妹妹刚出生，需要爸爸妈妈帮助喂奶、换尿布，而你已经是一个大孩子了，爸爸妈妈愿意陪伴你做你喜欢的大孩子做的事情。"以此来让年长的孩子了解到不同年龄儿童间的需求不同，进而使其正视二孩的出生。

二、爱要做，而并非单纯地说

父母在给予孩子关怀时，不要只是说，而是要通过行动表现出来，让孩子能够切身地体会到爸爸妈妈的爱，使孩子拥有安全感。因为二孩年龄较小，父母在为其喂奶、哄睡等方面花费的时间非常多，所以在对待一孩时，则更加应该把爱体现出来。例如，陪孩子进行亲子游戏，一起阅读、运动等。我们多陪伴、肯定和鼓励一孩，给予一孩温暖的感觉，让他能够了解到，父母给予他的每一份爱都化为了行动，给他的和给弟弟妹妹的不一样，但却是最符合他实际需求的。

三、给予单独相处的时间

很多家长认为让两个孩子时刻在一起生活可以增进感情，因此，很多时候我们都在担任着"裁判员"的角色。不可否认，两个孩子一起学习、生活是利大于弊的。但我认为父母可以适时地创造和其中一个孩子单独相处的机会，让两个孩子都有单独和父母相处的时间，这样孩子才能感受到独一无二的陪伴与爱。孩子有了安全感，能确切地感受到父母对自己的爱，才更有助于两个孩子之间的相处。

总而言之，二孩家庭中，父母必须要意识到每一个孩子都是独一无二的个体，因此在给予关怀时,必须要针对每一个孩子的实际需求给予其独一无二的关爱,这样才能够平衡二孩间的关系,并且使得两个孩子的关系越来越好。同时,这对于孩子日后发展,增强孩子的沟通能力、自理能力、责任意识和心智发展,以及提升综合素养均具有非常现实的意义。

二孩时代，如何从容应对？

张 敏

随着二孩政策的开放，越来越多的家庭选择了生二孩，家长难免会经历各式各样的矛盾，如何化解矛盾并培养两孩间深厚的感情，是摆在每一个二孩家庭面前的难题。笔者家中就有两个年龄相仿的男孩，他们之间最常出现的心理问题有哪些呢？作为家长，我是如何应对的呢？

争强好胜的心理。案例：我带两娃驾车出行，兄弟俩会争先去开车门上车。在车上，两人又会争坐后排中间的位置，因为这个位置能够吹到空调，最凉快。有一段时间，两人一上车就会吵闹甚至起冲突。对于这一情形，我首先非常理解孩子好胜的心理动机。然后，再引导他们摆脱以自我为中心，尊重他人，明白公共的东西需要共同分享、轮流体验。因此，我让哥哥带着弟弟自行商量一个轮流坐中间的规则。很快，两人就安静下来，开始实施商量的结果了。后来有一次，弟弟举报，轮到他坐中间了，哥哥就是不让。这时，我向哥哥确认了事实后，以法官的形象要求哥哥履行承诺，既维护了弱小的弟弟的权益，也避免哥哥养成霸凌的习性，通过及时必要的干预维护了兄弟间的规则与承诺。

争风吃醋的心理。如果家长做到了同等地重视并爱护两个孩子，那么，孩子对家长的误解主要源于他们片面的认知。遇到这种情况，只需要找个机会，和孩子推心置腹地聊一聊，就可以化解孩子心中的"委屈"了。案例：我们家大儿子读小学，有一定功课压力，但由于孩子贪玩的天性，他对自己的学习经常不够自觉，这时候，我会表现得比较严厉。而小的没有功课，所以这方面没有亲子冲突。因此，大的会误解妈妈对弟弟更好。听到大的抱怨后，我把他找来，先抱抱，让他感受到妈妈对他的喜爱；然后，我会摆事实、讲道理。我问他，弟弟平时不好好吃饭，妈妈是什么态度呢？这时，他会联想到，妈妈也是非常严格地要求弟弟认真吃饭的。然后，我又举例，上回他在校园里摔了个大跟头，全身都湿了，由于回家换衣服路途遥远，所以妈妈就近带他去商场买了一套新衣服和鞋子换上，没有为弟弟买，弟弟却没有抱怨妈妈偏心哥哥。我进一步告诉他，哥哥和弟弟是不同的两个人，不可能步调总是一致，当弟弟需要新衣服的时候，妈妈也会为他买。通过交谈让他确信，妈妈是爱他的，同时，也爱弟弟，而爱的方式不必一模一样。

自私自利的心理。以自我为中心是孩子正常的心理表现，但是父母的责任是要引导孩子关爱他人，并建立彼此之间的手足情深。要达成这一目标，我会首先跟孩子沟通妈妈生个弟弟的原因。可以让他先说说看，然后再揭晓答案。生个弟弟是为了他的成长路上不孤单，尤其是当父母老去后，他们兄弟俩能够互相关心、互相帮助。落实到平时，我会积极发现并宣传兄弟间出现的温情举动。例如，弟弟在超市买饮料的时候，他会说："我给哥哥也拿一瓶。"这句话，我会告诉哥哥，让他感受到来自弟弟的温暖。这时，我也会趁热打铁，让哥哥明白，自己是哥哥，这方面要做得比弟弟更好，在他心里种下一颗关爱弟弟的种子。另外，在生活中，我也会积极寻找机会来培养孩子的爱心。例如，最近一家人在饭馆吃饭，我负责切蛋糕,让两兄弟来当助手,把分好的蛋糕一盘盘端给桌上的长辈,孩子表现得很积极,他们在这样的经历中滋养着爱心。生活中,这样的教育机会有很多,就看我们是否善于发现并为孩子创造这些成长的契机了。

二孩家庭遇到的挑战肯定还有不少,但我相信,无论两孩之间年龄差距如何、性别如何,只要家长能够做到平等地对待两个孩子,给他们各自成长所需要的关怀和养分,在遇到矛盾时,能够理解孩子,并引导孩子客观地认知,公平地交往,生活中,注重培养孩子的爱心和凝聚力,相信问题会越来越少,家庭氛围会越来越轻松!

家有二孩的，你一定要知道！——读《出生顺序的重要性》有感

祝燕飞

我们家有两个男孩子，一个12岁，一个9岁。当时二孩政策刚放开，我家就积极响应国家号召生了二宝。

这两个相差3岁的男娃，性格、行为方式完全不同。我家老大做事认真、负责任、天生的领导者（一群孩子玩儿，基本都听他的）、完美主义者、挑剔（对自己也对他人）、循规蹈矩、好胜、独立、不愿承担风险、比较保守（不愿意改变、不愿意尝试新的东西）。而老二呢，聪明、富有创造性、热情、人际交往能力强（貌似所有人都喜欢他）、爱玩儿、丢三落四、不求上进、动作慢、依赖性强。

你一定会问："为什么会这样呢？没道理啊！"大家可能觉得来自同一个家庭的孩子应该有更多的相似之处，这好像更符合逻辑。但是事实恰恰相反，同一个家庭里的孩子往往会截然不同，尽管他们有相同的父母、相同的家庭、相同的成长环境。

你可知道，孩子的出生顺序是其个性发展的一个很重要的因素。孩子通常会根据自己的出生顺序形成某种结论。而造成他们各不相同的最主要的原因，是每个孩子对自己所感觉到的环境做出的解释不同。大多数解释都是以孩子们把自己和其他兄弟姐妹进行比较为基础的。家里的老大往往被赋予更多的责任，而家中排行最小的孩子比较娇惯，他们常常利用自己的魅力来激励别人为他们做事。

我家老大身上有着排行最大孩子的典型特点，我家老二身上有着排行最小孩子的典型特点。他们生活在同一个家庭，却又如此不同，正是他们的出生顺序在他们的成长过程中起到了极其重要的作用。

当然也会有许多因素造成例外，比如两个孩子的性别，家庭氛围，孩子们有时专断地转换其排行位置的特点等。

家有二孩的父母们，了解孩子出生顺序的知识，有助于走进孩子的内心世界，增强对孩子的了解，让自己成为一个合格的二孩父母。

兄弟如手足

朱爱霞

"妈妈,你送我去踢球吗?"

昏沉沉中,听到灿灿敲着房门,轻轻问道。

起不起来?说实话,每次送灿灿去踢球对我都是挑战,转两趟公交,还要步行五六百米。周六、周日两个下午,三点到五点,一般都会延迟到五点半才结束。前些时候还好,最近天日渐短,每次踢完球回到家都要六点多。这于我恰似又加了两天班,周末几乎没有时间喘口气。孩子喜欢,教练鼓励,只得咬咬牙坚持了一次又一次。

可今天真起不来,中午多喝了一杯,头晕得厉害!

"熠,你送小弟弟去踢球吧!妈妈头疼,想再睡一会儿!"

"我不认识啊。"熠熠说。

"我认识。"小灿灿抢答道,"坐91路再转82路。"

"91路在星湖101转82路,实小站下,然后走到实小南操场。路上小心点,牵着小弟弟的手。公交卡和零钱都在鞋柜抽屉里。把小弟弟交到教练手里,你就回来。待会儿我去接。"吩咐完,我又沉沉睡去。

等我再次醒来,熠熠已经回到家中。

"几点了?你没在那看会儿小弟弟踢球?"

"四点二十。看了一会儿,我还有很多作业要做。"熠熠一边赶作业,一边头也不抬地答道。

"我去接小弟弟。你过会儿去看看奶奶,奶奶有点感冒,倒点水端到奶奶床头柜。"我一边吩咐,一边换鞋出门。

都说长兄如父。如父不如父我不知道,但在我们抽不了身的时候,总是熠熠在照顾灿灿。

周日的早晨,兄弟俩手牵手去富春吃早点;中午,兄弟俩在床榻上一盘象棋厮杀得昏天黑地,总是哥哥输得多,弟弟赢得多,也曾有哥哥输不起的时候,可想想输掉的是将帅,赢得的却是小弟弟的信赖与亲近,宁愿再输一盘;晚上,几张彩纸,就令兄弟俩促膝长谈,研究得如痴如醉,哥哥折把宝剑,弟弟折只飞机……

兄弟如手足!生活不必手足并用,但手足齐全才完美!

灿灿曾经问,我们家最辛苦的是谁?

我说,当然是爸爸,经常出差,深更半夜才能到家。

灿灿说,那是以前,现在是哥哥,我都难得见到哥哥,哥哥早上六点多就上学了,晚上十点才能到家。

哥哥上高中了,早上上学时,小弟弟还没有醒,晚上回到家,小弟弟已经睡了,但学业再繁忙,也总要在周末挤出时间,兄弟俩亲亲热热地玩上一会儿!譬如今天,送小弟弟去踢球,看似浪费了一点学习的时间,但作业天天做,小弟弟只能偶尔送一次,多年以后兄弟俩谈起,未尝不是一件快乐的往事!

哥哥辛苦吗?

小灿灿七个多月的时候,支气管型哮喘,不停住院,我们分身乏术,只得让熠熠休学了半年,与我们在医院一起照顾小弟弟。我在病房抱着灿灿挂水,熠熠负责打饭、拿药,做些杂事,那时熠熠虚岁才十岁。也许是因为熠熠的懂事、坚忍、独立,病友、医生、护士都很喜欢他,争相在熠熠空的时候带他去自己家玩!

弟弟辛苦吗?

熠熠在市少年宫学航模时,刚开始,我带着小灿灿一起送,然后一等就是两个小时,刚刚会走路的灿灿撑不住,常常在我怀里睡着了。2013 年的那个夏天热得能让人中暑,小灿灿更是蒸得一身的痱子。后来,我让熠熠自己坐公交,但拥挤的 22 路像个蒸笼,终于在一天晚上回到家后,熠熠中了暑,现在想来后怕不已。

其实,谁的成长不艰辛,谁的生活又是容易的呢?

独生子女的孤独,不足为外人道也;双独子家庭的辛苦,亦不足为外人道也!

孩子,今天你们相亲相爱,将来你们才能有商有量!我们不在时,你们还有一门亲戚可以走动走动!

兄弟如手足,一笔写不出两个"朱"字!

纵然性格天差地别,但流淌在身体里的血却是百分之九十九点九的相似。

孩子,生活看似繁花似锦,却也暗流汹涌!不过妈妈相信,有了这份手足情相依赖、相支撑,你们的痛苦会少那么一半,甘甜会多那么几分!

兄弟如手足,双子家庭的幸福,就是痛并快乐着!

有福同享，有难同当

祝燕飞

家有两娃，每次回到老家，旁边的邻居总会逗两个儿子："你们兄弟俩，爸爸妈妈喜欢谁啊？"从小到大，我们家两个儿子的回答总是一样的："都喜欢。"邻居仍不会罢休："总归有个更喜欢点儿的。"两个儿子的回答也是惊人的一致："犯了错都要批评，喜欢也是一样喜欢。"邻居哈哈大笑，说道："这兄弟俩，齐心协力啊！"

作为父母，我们也没有刻意去教他们哥俩应该怎么回答大人们玩笑的问题，但是不管什么时候，我们对待他们哥俩的态度总是公平公正、一视同仁。

我们家两个孩子相差不大，小的时候哥俩一起做作业，哥哥的速度比较快，总是先做完，然后就会请示要看电视，答案肯定是不同意的，除非弟弟作业做完了，才可以一起看电视。这时，哥哥就会主动凑过去，看看弟弟有什么需要帮忙的，并提醒他快点做，这样才能一起看会儿电视。弟弟这时作业速度也会明显提升。等到兄弟俩的作业都完成了，两个人便可以一起看电视了。

有一次，哥哥犯错了，和他讲了半天的道理都是对牛弹琴，小脾气上来了也倔得很，此时多说也无益，我们就让哥哥站着面壁思过，想想自己错在哪里。哥哥被批评的时候，弟弟就坐在旁边小心翼翼地看着、听着。后来看到哥哥一直站在墙边思过，弟弟走到我和老公的身边，小声地说："哥哥肯定已经知道错了，你们就不要罚他看墙壁了。"我坚决地说："不行，他自己还没有认识到自己的错误，还乱发脾气，站着想通了为止。"这时，弟弟走过去站在哥哥的旁边说道："哥哥，我陪你一起罚站吧。"哥哥说："不用，你又没有错，不用和我一起站。"弟弟拍拍胸脯说："我们是兄弟，有福同享、有难同当。"看到弟弟那样，我和老公忍不住笑了。

有两孩的家庭，家长很多时候烦恼的是两个孩子会吵架甚至打架。牙齿和舌头都有"打架"的时候，更何况朝夕相处的兄弟姐妹呢？小孩子成长的过程中难免会有纠纷、矛盾，这些再正常不过。那么怎样让两宝在面对问题的时候做到齐心协力呢？我觉得有两宝的家庭可以从以下几方面尝试努力：

1. 早定规则。俗话说：国有国法，家有家规。没有规矩不成方圆。对于一个家庭，尤其是两个孩子的家庭，要及早给孩子定下规则来规范孩子的言行举止。和兄弟姐妹相处，哪些是对的，哪些是错的，哪些可为之，哪些不可为，要让孩子及早知道。譬如上面提到的看电视的例子，我们家就一直这样规定的，不可以一个人看电视，影响另外一个人做作业或阅读。

2. 公平公正。小孩子的心思是很敏锐的，尤其是家中有两个孩子，你对一个孩子好一点，另一个心里会觉得不公平。所以，平时家长对待孩子要一视同仁，让孩子感到在情感上被同等重视。在教育两个孩子的时候，更要做到公平公正，一定要严格地对事不对人，不可以偏袒任何一个孩子。要把两个孩子放到同一水平线上，把一碗水端平，这样两个孩子才能在生活中共同担当。

3. 互相尊重。我们不要一味地要求老大忍让弟弟妹妹,这样会让老大讨厌弟弟妹妹。我们教会两个孩子互相尊重,并多创造一些机会让大的孩子发挥他的能力,多去照顾小的孩子。

4. 共同合作。不管是学习,还是玩耍,经常让两个孩子配合地完成事情。这样时间久了,两个孩子会形成默契,感情也会随着默契的增加而变得深厚。这样,他们在做任何事的时候,也会考虑到另一方。

两个孩子的家庭,千万不要形成比一比谁更让家长开心、谁更被家长喜欢的竞争机制,这样会让两个孩子走到了对立面,他们就不可能齐心协力了。

"兄弟同心,其利断金",希望我们每一个两孩家庭都能找到适合自己的教育方式,让两个孩子健康、和谐地成长。

二孩的幸福生活

吴小菊

"哇——妈妈,姐姐欺负我!"

"啊——妈妈,妹妹老是给我搞破坏!"

还记得二丫开始说话后,我们家里每天循环播放的就是这两句。

老人家都说二孩家庭的老二比老大"厉害",第一次听到这样的话语,我就觉得很奇怪,对于一个小不点来说,"厉害"一词从何说起?都说每个孩子出生就是一张白纸,家长在白纸上画什么,孩子就会长成什么样子。这句话不全对,但也不可否认家庭教育对一个孩子成长至关重要。

近两年,身边的朋友都陆续步入了生二胎的轨道,我也不例外。俗话说生孩子容易,养孩子难,如何平衡对两个孩子的爱,如何合理地处理好他们之间的关系,如何引导他们思想上积极向上、生活上相亲相爱,这些话题早已成为我们二胎妈妈茶余饭后畅聊的焦点。

通过调查发现,我身边大部分的父母从开始决定生二宝起,就从心底里觉得对不起大宝,不管是经济上还是精神上,总觉得原本属于大宝的一切现在被二宝分割了至少一半,尤其二宝是男孩子的家庭,对大宝的愧疚更深。所以对大宝的亲子态度悄然间就发生了改变,平时的交流也开始变得小心翼翼,甚至察言观色地百般讨好,对大宝的要求也有求必应,只为达成父母心中的所谓"补偿"。

可是久而久之,很多父母都会抱怨自己的满腔热情并没有换来点滴温情,反而大宝的脾气性格开始越来越霸道,与父母的关系总像绷着的弦。这是什么原因呢?我们开始反思,想想原本单纯善良的孩子何至于此?也许就是因为我们所谓的"心里不安"久而久之也让大宝的心里觉得"爸妈就是对不起我,我的一切要求都是爸妈对我的补偿……",长此以往孩子的心理就会逐渐扭曲,在父母的"言行暗示"下,大宝甚至开始排斥二宝。

其实要想家庭关系平衡,首先就得做到家庭成员的平等,家庭中的每个个体都应该平等。对于生二宝这个话题,在决定之前就应该在家庭会议中进行商讨,当然重点是要做好大宝的思想工作,哪怕大宝很小,他们也有自己的想法。父母应该聆听大宝对生二胎的想法,如果大宝不愿意,父母也不能武断决定,应该在做好大宝思想工作的基础上,再考虑是否生二胎。

其次,对于孩子们的教育,固然要让他们懂得"尊老爱幼""爱护弱小"等传统美德,也要他们秉持"自我保护"的原则。很多家庭在生了二宝之后,因为二宝幼小,所以大部分的注意力都会被二宝吸引。在这种情况下,家庭中的其他成员就要做好一定的分工,不要过分地顾此失彼,甚至可以推动大宝加入照顾二宝的行列,让他在成就感中获得拥有弟弟妹妹的幸福感。尤为要注意的是,每次两个孩子之间发生矛盾,很多父母不管三七二十一上来就是批评大宝不懂事,不懂得谦让弟妹,哪怕明明是二宝的不对,也说大宝不应该计较,这种蛮横的偏心教育,不仅伤害了大宝的心灵,也让二宝的气焰逐渐嚣张。二宝的心里已经认定不管他做什么,怎么做,爸妈都是向着他的,于是一枚"厉害"的二宝就在我们的"爱护"中诞生了。

最后,家庭是讲爱的地方,不是讲理的地方。在平衡俩娃的关系中,我们要时刻让孩子们感受到我们的爱。试试经常用上"我们"这个词,"这是我们的妈妈""这是我们的东西"……让他们学会分享。在为二宝购物时,问问二宝,哥哥姐姐需不需要呢?反之亦然。让他们学会心中有他人。二孩家庭中的一碗水很难端平,那我们就尽量不要让碗里的水洒出来,当你"左拥"时一定要记得"右抱"哦!

家庭教育中,父母是孩子们的第一位老师,我们的一言一行都对孩子们的健康成长产生着深远的影响。所以"谨言慎行""三思而后行"是我们的必修课程。朋友们,二孩的生活已经开启,那就让我们一起努力迈上"幸福大道"吧!

儿子，你刚刚好

朱爱霞

当别人听说我有两个儿子时，总会不由自主地对我流露出同情："要是第二个是女儿就好了！"

此时，我虽然嘴上也会附和，但心中却不以为然。

一切都是天意，一切都是刚刚好！都是男孩子，我不用再去思考怎样养育好女孩，顺着哥哥成长的思路就可以了。

当别人听说，小儿子比老大小八岁时，也总会不由自主地对我报以同情："刚把老大带上路，又得重新开始一轮育儿路。"似乎也是这样，老大去上大学了，老二才上三年级，漫漫读书路再走一个轮回。

但我觉得刚刚好，时光总是很匆忙，老二就是老大的"余音袅袅、绕梁三日"！

对小儿子的宠爱，冲淡了对老大的求全责备；对老大的理解，也接纳了小儿子的普通与平凡。无论是老大，还是老二，你们都刚刚好！

为什么生二宝呢？因为觉得老大好，希望这样的孩子在政策允许的情况下再多一个；因为，自己和先生都是独子，希望孩子有个伴儿，也希望自己有个伴儿！孩子于我们而言就是朋友，自己童年的天真、少年的无畏、青年的热情都能在陪伴孩子成长的过程中，再次重温吧！

也许正是觉得一切都是希望，一切都是美好，一切真的刚刚好，所以在养育孩子们的过程中，少了焦虑，多了平和；少了抱怨，多了理解；少了指责，多了帮助……在别人谈起孩子的种种不对付时，我实在想不起孩子们有什么特别可恶之处。

添加辅食、自己吃饭、使用筷子，自然而然就学会了，也有过喂饭，但没有满屋子地追；也是慢慢学用筷子，但自从学会再也没有用手抓过；我们轻言巧语地表达自己的观点，孩子也能温温和和地说明自己的需求；上幼儿园开开心心地去，没有分离焦虑；渐渐地分床睡，从一间房里两张床，到自己独自一间房一张床，悄无声息地平稳过渡。

至于兄弟间的相处那就更和谐了，老大就是我们养育老二的助手。记得老二生病时，老大还曾休学一学期，与我在医院一起照顾弟弟。是不是这样就亏欠了老大呢？也许有吧，但事情总是双面的，你能说这里没有对他人生的补偿吗？凡事四平八稳多没意思呀，有点不触及生死的小意外，对人生也是一种历练！

老二对哥哥那是尊重异常。进哥哥的房间要敲门，得到哥哥的允许才能进去；平时所有的食物都会主动给哥哥留一份；哥哥要学习，家中需保持安静，他从小就能静悄悄地玩、静悄悄地吃、静悄悄地走路，像一只小猫咪；爸爸妈妈不在身边时，哥哥就是天然的家长……这些需要耳提面命吗？不需要。因为在他睁开眼时见到的就是四口之家，哥哥就是他的守护者，他无条件信赖哥哥。

学习文化知识是个漫长的过程，要允许孩子的起起落落。从无意识地被动学习到有意识地主动学习,对男孩子而言尤其漫长。只要价值观不错,大人孩子都情绪平稳,且对自身有清醒的认识,对未来充满希望,那么培养一个自信、乐观、学习成绩优秀、能力较强的孩子,只是一个时间的问题,不必过于担心。

　　那是不是孩子真的就这样不教而会了呢？大道至简,当你在育儿的实践中,努力学习,融会贯通各种育儿理论,并能润物无声,行不言之教,那样孩子才能"不教而会"！所谓环境造就人,这个环境在于我们家长营造的软环境,这个软环境是符合儿童身心发展规律的,更重要的是,你没有剥夺孩子成长的权利,你给予了孩子更多成长的练习！唯有这样,孩子与你之间才能一切刚刚好！

第十二部分
合作才会共赢：家校携手篇

如果教育是一棵树，父母之爱是根基，师者之爱是枝干，双方配合，才能开出娇艳、芬芳之花。家校携手，我们才能领略到"一路繁花相送"的风景，我们也才能看到孩子成长得活泼泼、欣欣然的动人瞬间。

爱要唯一，不要均一

李小琴

蔡林韵是一个内向的小女孩，上课很少举手发言，课间也比较沉默。本以为这样的孩子比较乖巧，可是接触之后，才发现她书写潦草，还有多次漏写作业的情况，成绩也不够理想。给她家长QQ上留言，但收效甚微。我发现，她的家人似乎很少花时间来关心她的学习。

于是，我和王老师去她们家进行家访。

她的妈妈性格看起来挺温和的。当我直言不讳地提到妈妈似乎不怎么关心孩子的学习时，她解释自己没有时间，于是将孩子放在补习班那里，由专门的老师看着写作业。只是仅仅这么一提，旁边的蔡林韵就眼泪汪汪的，好像有说不出的委屈，看得我莫名其妙。

问她怎么啦，她只是一个劲儿地摇头，不说话。

她的妈妈有些尴尬地说："家里有了二宝之后，她的情绪就发生了很大的变化，她一直觉得妈妈不再像以前那么爱她了。"

王老师说："是的，一二年级的时候，蔡林韵性格挺开朗的，那时成绩也很不错。但是自从家里添了一个小妹妹之后，她就变得沉默寡言了。"

蔡林韵嘟着小嘴看着妈妈，眼神中充满了埋怨。

她妈妈也很无奈地说："我也是没有办法啊！我已经尽量平等地对待两个孩子了。学习上的事情，我也不太懂，只能出钱请别人给她辅导。可是……"

可是，蔡林韵仍然感觉缺失了母爱，所以，总是没有安全感，学习状态也大不如从前。

我建议她妈妈以后尽量挤出时间多陪陪她，关心她的学习，让她觉得妈妈还是那么爱自己。

"那是当然的！"她妈妈笑着说，"对了，李老师，上次我们在超市看见你，她害怕地躲起来，不想让你知道呢！"

"妈妈！"蔡林韵着急地捂着妈妈的嘴，撒着娇。妈妈宠爱地把她搂在怀里，她脸上挂着晶莹的泪珠，却甜甜地笑了。

望着母女偎依在一起的样子，我觉得非常美好。

这事过去几天了，我一直在想，其实蔡林韵的妈妈对她蛮好的，但是孩子为何情绪还总是低落呢？"念念不忘，必有回响。"今晚看到一本家庭教育的书籍《孩子，把你的手给我》（[美]海姆·G·吉诺特），豁然开朗。书中"妒忌：爱要唯一，而不要均一"提道：

"对一个小孩子来说，第二个婴儿的诞生是他最重大的危机，他的生活轨道突然改变，他需要有人来帮助他定位和导航。要帮助他们，而不只是感情用事，我们需要了解孩子真正的情绪。"

"那些希望平等对待每个孩子的父母，结果却是常常生每个孩子的气……孩子并不渴望平等地分享父母的爱：他们需要被爱得唯一，而不是均一。爱的重点是质量，而不是平等。"

原来如此。如果蔡林韵妈妈和她在一起的时候，全身心都投在她的身上，不再想她可爱的小妹妹,这段时光对于蔡林韵来说,就是特别的时光,她得到的爱就是完整的,她也会感到安心。当孩子被唯一地珍视时,她就会变得坚强。反之,妈妈在陪伴妹妹时,也能如此,妹妹也会感到无比的快乐!

我将这样的想法告诉了她的妈妈。她很快乐地接受了我的想法,说以后会开辟一个属于"蔡林韵的特别时光",专门陪着她一起学习、游戏,也会经常抱抱她,让她感觉到妈妈一直都爱着她。

其实,父母对孩子"爱要唯一,不要均一",做老师的又何尝不是这样呢?班级学生那么多,我们也要将特别的爱给特别的"他(她)"。除了与蔡林韵的父母沟通好,和蔡林韵本人,我又该如何聊这件事呢?

我想到了学生郑宇浩写的一篇题为《珍贵的礼物》的习作。于是课间,我找来蔡林韵,让她自己读了一遍。郑宇浩在文章中有这样两段话——

"在别人的眼里,珍贵的礼物可能是看不见的,如一句话、一段乐曲,也可能是看得见的,如盼望已久的书、精致的汽车模型。而我眼里珍贵的礼物,是我那活泼可爱的小妹妹。"

"在接下来的日子里,那可爱的妹妹给我们家带来了无限的快乐,那种快乐是无法用金钱来衡量的,不管别人喜不喜欢妹妹,在我心中,她是这个世界的无价之宝!"

我看到蔡林韵在读这篇文章时,眉眼含笑,嘴角轻扬。相似的经历,相仿的年龄,很容易产生情感的共鸣。一篇同龄人的习作所流露的真情实感,胜于我的千言万语。换一个角度来看,当她悦纳了有妹妹这件事后,许多的问题都能轻松化解,许多的烦恼都能云淡风轻了。蔡林韵离开办公室的时候,轻轻地说了一声:"我也有那么好的礼物,谢谢老师!"我能感觉到,她心网的"千千结"已经缓缓地解开了。

爱要公平,不要均等!每个学生在这个世界上都是独一无二的存在,所以,我们对他们的关心也应该是唯一的、与众不同的。当我们目中有人、心中有光、手中有法时,才能给予不同的学生真正的需要,照顾他们各自的情绪与情感,提供温暖的帮助,这才是对他们最大的公平。

孩子，就像是冰山

李小琴

小宇这几天的作业书写情况不太理想，上课的时候，我发现他时常望着窗外发呆。提醒过他多次，甚至严厉地批评了他，但收效甚微。

当王老师和我提出一起去小宇家家访时，我欣然同意了。课间，我告诉小宇这次要去他家家访，他抿着嘴，怯生生地看着我，说："噢，我有点兴奋，也有点紧张！"

我微笑地拍了拍他的肩膀，轻松地说："我挺期待去你家的。"他立即冲我笑了，眼睛亮亮的。

我们是和小宇一起回的家。他熟练地拿起钥匙开了房门，屋里立刻传来脚步声。迎接我们的，是他妈妈热情的笑脸。

在闲谈中，我提到小宇最近好像有什么心事，上课的时候心神不宁，作业也写得比较马虎。小宇的妈妈有些欲言又止，而小宇刚刚望向我微笑的眼眸顿时失去了神采，眼眶里含着泪水，摇摇头说："不能说……"

我很惊讶地看着他，充满了疑问。他的泪水滑过脸庞，还是喃喃地说："家里的事儿，不能说……"

他妈妈见状，眼泪也唰唰地流了出来，然后搂着他说："我们家小宇是个好孩子。家里的事情，真的难以说出口，难为这个孩子了。"

我们静静地听着，气氛一下子变得悲伤起来。

小宇的妈妈还是解释了原因：最近她和小宇的爸爸闹别扭，吵得很凶，小孩子很敏感，晚上睡不好。还提及，因为家里的原因，孩子从二年级开始，上学都是自己走到学校去的，并且早点也是自己去买的。和别的孩子相比，他早早地学会了独立。可是，他毕竟是个孩子，父母之间的问题还是影响到了他的学习和生活。

小宇听了，泪水更是汹涌而下。我和王老师知道情况后，都很心疼这个孩子。再次看向小宇的时候，我们也想像他妈妈一样拥抱他，给他安慰、温暖和力量。离开他家的时候，我握住小宇的手说："以后有什么需要，和我说，我是你的朋友。"他点点头，甜甜一笑："谢谢李老师！"

第二天，我找他，和颜悦色地让他将写得不认真的字擦去，重写。看到他书写认真后，又借了一本黄蓓佳的《我要当个好孩子》给他，并且说："烦恼的时候，就看看书，心就会静下来。可以试试看，这本书很好看。"

他郑重地接过书，向我鞠了一躬，道了谢。

今天读到《教室里的正面管教》这本书中的一段文字时，我的心中像射入了一束光："心理学家鲁道夫·德雷克斯说，行为不良的孩子是丧失了信心的孩子。换言之，当孩子们相信自己没有归属时，他们就会做出'不良行为'——他们为寻求归属感和自我价值感而选择了一种错误的方式。"不理解孩子行为背后的原因时，我们就会像大多数成年人那样只处理能够看得见的问题。比如,我看见他望着窗外发呆,就会提醒他,甚至严厉地批评他。殊不知,孩子就像是一座冰山,我们只了解水面以上的行为,却不知"水面之下"的部分——行为背后的东西,难怪"脚痛医脚,头痛医头"会效果不佳呢!

　　湖南电视台播出的《背后的故事》节目中有这样一段话:"我们目击的,往往可能只是浮出水面的冰凌,冰山下面的巨大事实,更排山倒海,穿透视听。我们直面的人生舞台,也许只是化蝶幻影,层层垂帘般幕后的故事,更震撼世道人心。"我想:其实,每一个学生,都是一座冰山。他们的存在,提醒着我们,教育是"简单"的,也是"复杂"的,我们师者要"穿透视听"地看到"背后的故事",解读孩子的心灵密码,理解"冰山位于水下的部分",以可贵的"同情心"或"同理心"去触摸、感受心灵,让孩子得到真正的发展!

晚九点，孩子作业没完成

姜 慧

夜静悄悄的，突然手机响了，有微信消息。拿起一看，是智的妈妈发来的。现在已经是夜里九点十分，因为智拖拖拉拉，还在写作业。孩子二年级，作业很少。开学才一周时间，一般情况下，学期初的孩子们处于学习兴奋期，作业完成的效率是比较高的。

智的妈妈说开学以来智写作业就拖拖拉拉，每天都在不停地督促，可孩子就是不急，哪怕是坐在他身边，孩子也会走神。今天也是如此。妈妈想下狠心不让他写了，让他第二天自己面对老师，承担事情的后果。孩子哭着不肯，但是妈妈一走开，又继续摸文具玩。她被气得头晕眼花。

拖拉似乎是一些孩子的痼疾，不少家长也专门跟我交流过。我的建议是每天和孩子一起根据作业情况先商量所需完成时间（一定要让孩子参与其中），然后按约定在规定时间内完成。可是，这个办法，总是在大人不忍心看到孩子声泪俱下的哀求中宣告失败。

我问智的妈妈这次有没有两个人一起商量作业完成时间，她说是两个人一起商定的。我说那么按照事先的约定，让孩子不要再写了。但是必须注意态度，不应该是强硬的，而是"和善而坚定"的，告诉孩子："我知道你很难受，可是我们事先已有约定。"他如果哭闹，试着去抱抱他、拍拍他。如果孩子暂时不愿接受你的安抚，那么告诉他："妈妈先睡了，妈妈也累了。你也早点休息，我不想看见你因为作业耽误休息，影响健康。"总之，既要坚守约定，也要向孩子传递"爱的讯息"。

智的妈妈说数学老师说过，如果作业完不成是不能担当小组长的，智如果做不成小组长，可能会因此受打击。我告诉她："'事情在变好之前，往往变得更糟。'以孩子目前的学习状况，即使做了组长也不会长久。着眼长远目标，倒不如立足当下，让他承担自己的拖拉带来的后果，进而努力改正自己的不足。"智的妈妈接受了我的建议。

第二天一早，智主动找我说因为自己拖拉，作业没写完，要求补上。我让他到老师办公室完成，他用比较快的速度完成了剩下的写话作业。要知道，在以前，考试的写话他也是直接空着不写的。

教师节那天，智的妈妈发消息给我表达感谢，说看得出孩子开始主动学习了。我开玩笑地告诉她，做好心理准备，孩子也许会反复。但是，请相信：坚持和善与坚定并行，孩子一定会越来越好！

我担心……

李小琴

> 当我为你歌唱时,请别挑剔我五音不全;当我为你写诗时,请别嫌弃我言语乏味;当我为你跳舞时,请别嘲笑我四肢僵硬。请你告诉我,只要是我为你做的一切,全都令你感到幸福。
> ——题记

已经是晚上九点了,我接到了一位家长的电话。

她滔滔不绝地数落着孩子众多的不是:不爱看课外书、写作业拖拉、成绩不理想。并且谈到在母亲节时,孩子送给她一张贺卡,她发现孩子连绘画水平都比微信圈里好友的孩子差……

我静静地听着,她开始哽咽起来,感觉自己的孩子简直一无是处,现在拿孩子更是没辙了,因为孩子不理她,不跟她说话了。到最后,她拜托我好好地教训一下孩子,说孩子现在就只听我们老师的。

我发现自己是隐忍着让她将话说完的。

听到她的拜托后,我很真诚地说:"请恕我直言,如果我是您的孩子,我也会不再跟您说话的。"

"为什么?"她很惊讶,"我对她挺好的。每天下班后,再累也要给她做好吃的;自己不舍得买漂亮的衣服,但是看到适合她的衣服就会买下;她成绩不好,就给她到校外报辅导班,虽然我的工资不高,可是在这方面花钱,从来没有犹豫一下!"

"可是,孩子宁愿被仙人掌刺伤,也不愿听见大人对她的冷嘲热讽呀!刚刚您在我面前说孩子这个不行,那个不对,您知道这会让孩子多么伤心吗?"我反问她。

电话那头沉默了。我等了一会儿,她,依然没有说话。

"在母亲节那天,孩子送给您一张贺卡,您没有高兴,没有感激,却说她的绘画水平没有别人高?这对于一个孩子来说,有多么残忍。您还要我教训孩子,真抱歉,我做不到,我觉得您的孩子挺好的,我没有办法如您所愿。"我掷地有声地告诉她。

"老师,刚刚我和她交流,她低着头,爱理不理的,我一气之下,就当着她的面打电话给您,我也是没有办法了。您这样一说,我发现自己做错了。"她道歉着,语气中有着无奈。

"其实,您今天这样冲动地打电话给我,我觉得不够明智。孩子为什么在您的面前不肯说话?您想过原因吗?因为在您的眼里,也许她做什么都是错的,都是让您看不顺眼的。与其这样,还不如不和您说呢!您当着她的面打电话给我,我想,她可能会感到难堪,可能会对您失望。冷静下来想一想,逼着她远离您的人,或许正是您自己。"我缓缓地说,心中却有一团火。

"老师,那……现在我该怎么做?"她说话有些颤抖。

"去接纳她,寻找她的闪光点,赞美她,就从现在开始。毕竟,她是一个孩子,需要您的肯定,您的欣赏!"我毫不迟疑地说。

"好的,谢谢老师。不好意思,打扰了。"她声音中又恢复了平静。但愿,肯定与欣赏能融化坚冰;但愿,一切朝着美好的方向发展。其实,我也有些担心——

我担心,孩子的沉默,像一道坚固的长城。

我担心,孩子会淡淡地对母亲说:"你永远无法走进我的世界,无法体会我的骄傲和辛苦。"但愿,我的担心是多余的……

拥抱孩子的感受

李小琴

早读课下课后,我在教室里收作业。

"李老师,送给您!"一盒巧克力递到我面前。

我一抬头,咦——惠润森!

"为什么要送巧克力给老师?"我问。

他忸怩着,抿着嘴,不说话。

我赶紧接了过来,试探着问道:"是不是觉得自己最近进步很大,想谢谢老师?"

他如释重负般,喃喃道:"嗯,嗯。"

我笑了,"谢谢你记得感谢老师,你最近进步不少,不仅字写得工整,而且个人卫生也做得很好,老师都看在眼里,继续努力哟!"

他咧着嘴笑了,蹦跳着回到位置上。

中午,我发信息给他妈妈,告诉她,惠润森给我带了一盒巧克力。

她妈妈说,那是惠润森主动要求带的,不是她们做家长的主意。

回想教惠润森三年的点点滴滴。今年自从开学来,先是他爸爸来找我,后来他妈妈又来找我,都来抱怨孩子越来越没法管教了,他们也没辙了,但我对他们的想法表示不认同。

爸爸说:"早上不肯起床呀,每天起床都似世界大战。今天早上,他妈妈喊他起床,怎么都不起,把他妈妈急得舍不得打他,在抽自己耳光。可他竟然无动于衷。你说气人不气人!"

"哦。最近小弟弟接回来了吗?"惠润森妈妈去年刚给他生了个小弟弟,我担心是不是兄弟争宠,所以追问道。

"没有,最近太忙了,小的就一直放在老家带。他叔叔在这里,每天晚上和他叔叔睡。"

"那他每天晚上几点睡呢?"

"一般九点半,有时我们晚了,也会到十点多才睡。"

"睡得太晚了,一般这么大的孩子,最迟八点半就要上床。惠润森睡得太晚了。"我分析道,"要调整孩子的作息时间,孩子不是不愿起床,是没有睡够,醒不来,所以才起不来。"

但惠润森爸爸似乎并不接受这个观点,仍然情绪激动地抱怨着:"为了起个床,天天早上闹得鸡飞狗跳的,这个孩子,实在太不懂事了。"

"您先缓缓气,不急,我明白今天一定是太过分了,不然您也不会为了起床这件事跑来找老师。你们心急,我理解。不过,我觉得这件事,站在惠润森的角度,真没有什么错,他这么大的孩子每天至少要睡九到十个小时,早上你不给他睡,中午在学校也没有什么休息时间可以补觉,只能晚上早点休息,您说是不是?"我劝解着。

"李老师,我和她妈妈平时工作都非常忙,今天也是因为我身体不好,在家休息才有时间过来找您谈谈的。从您上次家访后,我们就一直在抽时间尽量多陪他,她妈妈最近也把淘宝店让我弟弟打理了,还把小宝送回老家,就是为了能多照顾他,可他怎么就不能体会我们的苦心呢？"

我微笑着看着他，说道："你知道吗，其实做你们的孩子也不容易，因为你们夫妻俩太优秀，别人一个问题要想十分钟，你俩一分钟能解决十个问题。可是这样也容易导致你们看不到孩子点点滴滴的进步和成长，总是觉得难道一切不是理所当然的吗？也感受不到孩子需要爸爸妈妈陪着一起玩的渴望。孩子心里的委屈，说不出来，即便是说出来，你们也不觉得是委屈。"

惠润森爸爸不再说话，但从他紧锁的眉头可以看出，他心中依然在纠结，依然觉得是孩子的问题，是孩子不听话，他暂时还不能从大人身上找原因去思考怎样解决问题。

"其实，最近孩子有了很多改变，愿意写作业了，脸上也有笑意了。孩子的成长总是风浪重重，孩子也不容易，你们也别太纠结。今天晚上回去，尽量让孩子早点休息，如果一时调整不过来，也没关系，慢慢来，开个家庭会，用一个星期时间大家一起调整，尽力保证孩子在八点半之前上床睡觉。这是身体的需要，身体垮了，什么都没有了。孩子睡眠充足，才有精神学习，才能生活得开心。别灰心失望，惠润森在我眼里一直是个有想法的孩子，尊重孩子，相信孩子，关键还在于我们大人怎么做！"

在我的劝导下，最后，惠润森爸爸点着头说道："好的，谢谢老师，我们试一试。"

惠润森真的用不起床来对抗父母吗？未必。当孩子说自己累的时候，我们做父母的，不能总是站在自己的角度去否定孩子的真实感受，毕竟，我们不是孩子本人，孩子若是真的感觉累，睡眠不足，那带着这种状态去上课不仅不会学到多少知识，长此以往，还会易怒、敏感！

心理学家李雪曾说："什么叫看见？看见需要自己当下活在真实的世界中。真实的孩子在愤怒尖叫，你能否直接看见他的愤怒，而不是活在'他不应该为了这一点小事就尖叫，我得教育他'的妄想中。当你不在妄想中，自然会允许孩子和自己的感受都顺畅表达。"

当然，作为班主任，不仅要看到孩子的需要，还要看到家长的需要，安抚家长的心情，引导家长成长，同时要善于帮着孩子说出心中所想。这样，以孩子为支点，家长、老师各站一端的跷跷板才能保持情绪的平衡，学习生活才能如丝般顺滑，芬芳馥郁！

运动会开幕式后,写给亲爱的爸爸妈妈

许文明

亲爱的爸爸妈妈们:

见信好!有没有觉察到,我们学校的活动一直是那样丰富多彩?是的,相信大家都能意识到,孩子们在学校,不仅仅是学习书本知识,还要通过活动,培养孩子们良好的道德品质,增长他们的才干,促进他们身心的健康发展……这不,今天,一年一届的校运动会又拉开了帷幕。上午,入场仪式结束后,回到教室,我们临时召开了一次班会课。

事情是这样引发的:我们运动会开幕式要求3、4、5、6班整合为一个方阵,每个班10个孩子穿班服表演武术,其他孩子穿校服挥舞小国旗,统一穿深色鞋子。昨天排练时,老师们商量决定5班的10个武术表演的孩子借我们4班的班服。谁跟谁借呢?想到课本中的口语交际训练,主题就有"学会商量""学会感谢",现在不就有最真实的情境可供练习嘛!于是,我们就让孩子自己在课间联系身高体型差不多的孩子借。这样,口语交际的训练在现实生活中得以实践,多好啊!昨天放学前,我让我们班被借班服的孩子把这项任务当成作业写在了家作本上,避免他们遗忘,提醒他们做个言而有信的人。另外,每个孩子自己要穿什么服装什么鞋子也作记录,培养孩子做事有序的习惯。

今天一大早,问题还是来了,10个班服要被借出的孩子中有6个忘带或者没有带齐全(裤子没有带),另外有4个孩子本来应该穿校裤的穿成了班裤,有7个孩子鞋子明显穿的浅色的(询问后得知,仅有一名女生确实没有深色鞋子)。

各种调剂,打电话请能送的家长送,问题终于赶在运动会开幕式前基本解决了。

说不窝火是不可能的,但是如何教育孩子?我想了想,还是心平气和地谈个话、聊个天比较合适。

许老师:"首先来了解一下,没有把整套班服按时带过来借给5班孩子的,我能想到的原因之一是我们是新班服,心存不舍,是这样吗?其他同学也可以发表自己的观点。"

有两个没有带全的孩子主动举手:"我以为只要带上装。"

许老师:"那我们购买时为什么是买整套?只有上装好看不?"一阵无言……

杨宝茹同学(她的班服带全了,借给了隔壁班的同学)举手,说:"我觉得我的班服被借走是一种荣耀。昨天我们有那么多同学有班服可以借,人家偏偏选择跟我借,说明别人觉得我很友善,而且是一个值得信赖的人!"

许老师:"说得多好!既然这样,我们更应该信守承诺,做一个有责任感的人,及时带好别人需要的衣服。因为帮助别人也是一种快乐!"

许老师:"再来谈谈自己衣服穿错的原因。昨天布置作业时,老师特地分别要求,让表演武术的孩子先起立,写上'穿班服',其他坐着的孩子写'穿校服'。为什么还会弄错呢?"

一娃嗫嚅道:"因为校服裤子小了,妈妈就让穿班服裤子了。"

另一娃反驳道:"班服裤子和校服裤子颜色款式都不一样啊。"

许老师："是的，妈妈可能不了解情况，妈妈也不需要了解这个情况，因为妈妈是不可能代替你来上学的，这是你自己的事，遇事要有自己的主见。左汶艳同学的校服裤子老早嫌小了，在确认学校还没有新一轮统一征订校服的情况下，她马上就准备了一条和校服裤子一样颜色的裤子。昨天晚上，耿嘉欣同学的奶奶也主动发信息和我联系，说耿嘉欣因为刚转过来没有校服。我想到这确实是个很现实的问题，于是联系了不用穿校服的袁希希同学的妈妈，袁希希妈妈很热情地及时把校服放在了袁希希书包里，今天带来借给耿嘉欣。从老师刚刚列举的两个例子，你们明白了什么？"

李沂航同学站起来说："我明白了世上无难事，只怕有心人。"

"今天，许老师为什么要和大家聊这么多呢？"

举手的孩子终于渐渐多了起来。

"为了让我们养成良好的习惯。"

"为了让我们学习做事有板有眼、有条有理！"

"为了让我们懂得要信守承诺。"

……

看着孩子们七嘴八舌地讨论着，早晨心里的不愉快已经烟消云散了。之所以和爸爸妈妈们分享，就是想和爸爸妈妈们交流如何看待孩子犯错误这件事。

学会控制好自己的情绪

俗话说，爱之深则恨之切，当看到孩子犯错误，尤其是在你看来很不应该的错误时，我们很容易被自己的情绪左右而失去正常的理智，批评甚至呵斥是常见的现象。殊不知，这样的教育方式不仅会给孩子带来心理创伤，也极有可能恶化你和孩子的关系，更有甚者，孩子以后犯错会因为担心被批评，不和你坦诚相见。人无完人，孰能无过，何况还是孩子。很多时候，孩子就是在不断矫正自己错误的言行中成长起来的。

让孩子自己认识错误，分析原因

光能做到心平气和还不够，如果教师或者家长一味地指出孩子的不足，并再三强调应该怎么做，这样苍白的说教式的教育效果一定会大打折扣。如果让孩子自己去分析、判断、总结，在这个过程中，不仅能锻炼孩子的思维能力，学会寻求解决问题的方法途径，而且，也更好地体现了对孩子的理解、尊重、信任，有利于孩子和你一起营造更加良好的家庭氛围。

好了，故事就分享到这里，读完信，别忘了去鼓励孩子："你今天的表现是最棒的！"也许是因为孩子本来就做得很好，也许是因为孩子认识到了自己的错误。

最后，谨祝我们每一位都有一个和谐美好的家庭氛围！

你们的许老师
2019 年 5 月

"优秀,我拜你为师吧!"
——由网红小学生习作《热死了》想到的

李小琴

最近,我正在阅读丰子恺先生的书。丰子恺爱孩子、爱画孩子,也是有名的"儿童崇拜者"。他曾毫不掩饰地表达对孩子的羡慕、欣赏、赞美:"这小燕子似的一群儿女,是在人世间与我因缘最深的儿童,他们在我心里占有与神明、星辰、艺术同等的地位。"

今天无意中看到这篇网红小学生习作《热死了》时,我对孩子天马行空的想象、酣畅自如的表达、率真自然的天性产生了敬佩。"优秀,我拜你为师吧!"孩子老师的评语幽默风趣而不失真诚,深得我心。

习作全文如下:

今天能活着,我要感谢两个人,一个是美国人,他叫威利斯·开利,他发明了空调;另一个是中国人,他叫后羿,他干掉了九个太阳。

如果没有这哥俩,我们都会被热死,今天我才明白,什么晒房晒车晒幸福,都不是本事,有本事出来晒太阳啊!

今天我才懂得,打败你的不是天真,是天真热!

最后,我想对批改我作文的老师说:"天气炎热,注意防暑,哪儿凉快,您哪儿待着去。"

短短的几行字,我们可以看出这个孩子知识面广,关注现实生活,富有童真童趣,能够活学活用。你瞧,围绕"热死了"这一主题,他首先感谢的两个人,一个是威利斯·开利,一个是后羿,从发明家到神话故事,让人莞尔一笑,不禁赞同称是;接着,他笔锋一转,发表感慨"什么晒房晒车晒幸福,都不是本事,有本事出来晒太阳啊",一语双关,灵活地运用了"晒"的丰富内涵,又巧妙地回应了主题,让人拍案叫好;然后,他又及时"补位",感叹道"打败你的不是天真,是天真热",正当我们被他的天真烂漫"打败"之时,他似"心有灵犀",不点也通,将语言的魅力瞬间展现出来。如果以此收尾,也足以让人回味,但他并未满足,最后神来一笔,惊艳全文——"我想对批改我作文的老师说:'天气炎热,注意防暑,哪儿凉快,您哪儿待着去。'"这个小家伙很有"读者意识",还想到了批改的老师,并且将一句"哪儿凉快,您哪儿待着去"说得一本正经、无懈可击,让人心甘情愿,甚至满心欢喜地接纳了原本不怎么让人待见的话。

所以,这样的孩子,当然优秀到让我们拜他为师啦!

丰子恺先生认为:成人的世界,受实际生活和世间习惯的限制,非常狭小苦闷。孩子们则不受这种限制,他们富于感情、大胆抒发欲望,因而他们的世界非常广大自由。所以,他坦言:"年纪越小,所见的世界就越大。"我深以为然。儿童是天生的讲述者,也是天生的哲学家。作为父母,我们要怎样呵护他们这个可贵的天性呢?

首先,要给他们自由。记得有次在"家长成长工作坊"活动时,徐志刚博士问了在场的家长一个问题:"你们开汽车时,如果孩子在车上,一般会干些什么?"家长们的回答各种各样,有的说播放音乐,有的说给孩子听故事,有的说播放英语。听着家长的回答,徐博士始终是微笑的,这批"家长成长工作坊"的成员都是自愿报名、学校挑选的,他们学历高,重视家庭教育。听完家长发言后,徐博士追问:"你们这样充分地利用碎片化时间,给孩子报了各种各样的辅导班、兴趣班,那么,孩子有多少时间来抬头看一看天上的云,低头看一看地上的蚂蚁,他们会为一朵花停留,为一棵树驻足吗?"家长们都沉默了。许久之后,徐博士才说:"教育的本意,就是闲暇,要给孩子充分的、自由的体验时间,这样成长起来的孩子才更加聪慧、更加敏感。"是的,在童年时期,一定要有"慢生活",有足够自由的时间游戏、思考,甚至发呆,不必将孩子的时间都安排得满满的,我们不妨听听哲学家卢梭的话:"什么叫虚度?快乐不算什么吗?整日跳跑不算什么吗?如果满足天性的要求就算虚度,那就让他们虚度好了。"

其次,要保护他们的想象力。想象力是孩子与生俱来的能力,它比知识更重要,我们应当允许甚至欣赏孩子的"胡思乱想",因为,许多时候,"胡思乱想"与"奇思妙想"只有一步之遥。《热死了》一文,教师给予了充分的肯定与赞赏,网友也是由衷地赞叹:"每到高温酷暑的时候,总有一句话特别流行:这么热的天还能约出来的人,都是生死之交。这位小学生的作文完美地诠释了这句话的含义。"这样的点赞,极大地呵护了孩子的"灵性表达"。作为父母、师长,我们要带着孩子多多感受大自然的独特、神奇,给他们提供随意探索、表达的时间和空间,不能用成人的思维去禁锢孩子,而应该尽可能创造一个开放、多元的环境,让孩子去幻想、去做梦。

最后,要与他们对话。雅斯贝尔斯曾说:"我们可以在孩子提出的各种问题中,意外地发现人类在哲学方面所具有的内在禀赋。我们常能从孩子的言谈中,听到触及哲学奥秘的话。"是的,多与孩子对话,你们就可以领略到什么是不可思议。孩子会追问:"为什么树在原地不动?噢,是因为它只有一只脚,没有办法走路!"我的一个同事,就分享过孩子和她之间的有趣谈话——

"妈妈,我长大了会嫁给一个什么样的人?"孩子问。

妈妈思考了一会儿,说:"一个你爱他、他也爱你的男人。"

孩子想了一会儿,兴奋地说:"我知道要嫁给谁了!"

"谁呀?"妈妈也困惑了。

孩子得意地说:"爸爸呀!"

你瞧,孩子小小的身体里蕴藏着大大的智慧。难怪日本作家深濑和雄在小诗中写道:"大象并不是那么大,只是看起来很大;蚂蚁并不是那么小,只是看起来很小。"

向孩子学习。有时,我们的确应该微笑地对孩子说:优秀,我拜你为师吧!

你的努力，我们看到了

郭维维

女儿回老家读初中了，从小到大很少分开的我们约定每天放学后电话联系。刚开学，一切都是那么新鲜，每天的电话那头总是兴奋的叽叽喳喳声，而我也会跟着傻笑，挂完电话还不忘喋喋不休地跟先生分享。这样的美好状态持续了一段时间。

一天晚上，电话那头传来哭泣声，我的心也跟着揪起来，细细询问，原来是地理学习的问题：今天进行了地理小测试，她的成绩依然不那么理想，老师发卷子时对她说"考这么点分，一定没有认真复习。""我真的是学不好地理的。"女儿边哭边说。

女儿的地理老师是一位非常负责任的老教师，虽然是小学科，但是对学生倾注了无尽的心血。在老师眼里，女儿的学习比较优秀，唯独地理这门课程入不了门，他很着急。每次地理课上，都会特别关注女儿的学情，当一次又一次出现错题时，老师的耐心被耗尽，转而会严厉地批评她。同为老师的我们内心很能理解地理老师的做法，他所做的一切都是为了女儿的地理成绩能有所提升。但是正处于青春期的女儿接受不了，一而再的打击，让她失去了信心。

听着女儿的哭诉，我安慰她：老师也是希望你的地理成绩快速提升，你要多多理解，不要带着抵触情绪去学习地理。没想着我的话压根不起作用，她哭得更加厉害了。这时，坐一旁的老公按捺不住，接过电话对女儿说："我觉得 81 分已经很不错啦，虽然可能和人家比还有点差距，但是爸爸妈妈知道你在地理学科上花了多少时间，你的努力，我们都看在眼里呢！老师不清楚这些，所以误会你了，没关系的。如果老师下次因没搞清楚而批评你，你可以想点其他开心的事儿，那样就不会太难过了！"我一方面担心女儿会因此失去学习的信心，一方面又担心老公这样的安慰会让女儿变得满不在乎。时间是检验事件的标准。过了几天，女儿电话里说："今天地理老师又批评我了，不过我没怎么难过，我心里想你怎么知道我没花时间呢？我还去安慰了另一个被老师批评哭的同学呢。"事实上，女儿并没有因此消沉，她仍然很努力地学习着地理，地理成绩也在小步子前进着。期末测试结束，老师发来标准答案，让女儿核对估分，看着女儿考完一脸轻松的样子，我悄悄给老师回复信息：谢谢老师的用心关注，今天刚刚考完，先让她轻松一下吧！晚上，我把这件事告诉女儿，她抱着我说："谢谢妈妈！"

女儿身上发生的这件事给了我们大大的提醒，无论是面对学生还是自己的孩子，不能一味地认为自己所做的一切"都是为你好"。真正的"为你好"应当是站在孩子的角度看问题，了解她（他）在前行的道路上，遇到了什么困难，需要给予哪些帮助。凯茜·斯金斯基的《一点点的不完美》告诉我们：一点点的不完美并不太糟糕，一点点的不完美并不太难耐，一点点的不完美其实恰到好处……面对孩子身上出现的那一点点的不完美，一个拥抱"没事儿的，会好起来的"，一句鼓励"你的努力，我们看见了"，定会给孩子注入前行的动力！

与大家共勉！

星河滚烫,你是人间理想

李小琴

第一次看到"星河滚烫,你是人间理想"这句话,是在实小集团校务会议上张艺璇老师所做的演讲上,我一见倾心,目光久久停留在PPT的这十个字上。它们闪耀着璀璨的光芒,携着磅礴的气势,穿越漫漫时空,向我呼啸而来,然后静静停留在我的心房,让我一遍遍忆起。

我想到了教育情怀,想到了星辰大海,想到了炽热母爱……

思绪飞扬,我想到了小陈的母亲。

英语老师进行了一次小测验。可是,在大家安静考试的时候,小陈突然生气地把试卷撕了,团成一个球,然后静静地坐在座位上,不说话。全班哗然,用不可思议的眼神看着他。英语老师疾步走到他的身边,询问他撕试卷的原因,可是他表情冷漠,没有一句辩解。于是,英语老师把他领进了办公室,让我了解一下情况。

我觉得很奇怪,因为小陈是一个内向、乖巧的孩子。我是从一年级开始教他的,现在已经陪伴他到六年级了。他虽然成绩不够出色,可是在学习上从未放弃过努力。即使是考得不理想,他也没有这样发过脾气,我挺喜欢这样一个性情内敛的孩子。是什么原因,让他今天在"沉默中爆发"了呢?我微笑地看着他,等待他的回答。可是,他低着头,一言不发。没有办法,我只好退一步,和他商量:"你今天有些冲动,我相信,你这样做一定是有原因的,只是你现在不想告诉我。没关系,我打个电话给你妈妈,让她和你谈谈。你别担心,我会拜托她不要批评你。我还相信,你以后不管遇到什么情况,你会战胜自己,做自己情绪的主人。"

当天晚上,我收到了小陈妈妈的来信,她言辞恳切,却让我深思——

李老师,您好!我是小陈妈妈。我回家后问了小陈,他先不愿意说,后来说是因为考试写不出,心里很着急,才冲动地把试卷撕了,不是对老师有什么不满。我和他说冲动是魔鬼,解决不了任何问题,反而有严重的后果。我问他:"后果严重吗?"他说很严重,同学们都用奇怪的眼神看了他一下午,还有人跑来问他为什么这样。他不想解释。他跟我保证以后再也不会那么冲动了。晚上睡觉前,我又和他好好谈了一下,我说:"你昨晚还高兴地和我说李老师表扬你了,今天怎么了?你不会无缘无故地把试卷撕了,妈妈不相信你是这样的人。"小陈委屈地说:"妈妈,我为什么姓陈不是曹呢?"我说:"这跟姓有什么关系?"他说:"有同学叫我陈皮、陈渣。"我问:"为什么?"他说:"因为我成绩差,我觉得他们瞧不起我。这次测试,我有好多不会,所以又急又怒。"我听了很心痛,我跟他说:"不能因为别人的一两句话,就自暴自弃。现在不好,不等于将来不好,只要能刻苦一点,专心一点,一定有进步。妈妈不求将来你有多大的成就,只要你是乐观向上的,就行。无论学习,还是工作,只要你踏踏实实的,就好。"

小陈妈妈的话让我久久不能平静,沉思片刻,我给她回了一条信息:"嗯,我知道了。我心疼他,也理解他,虽然我并不赞同他的做法。我会好好教育全班孩子,要友善待人。您是个好妈妈,谢谢您!快休息吧,祝您好梦。"很快,又收到她的回信:"谢谢,晚安。"

"一个人小的时候,最是要紧,将来成就大圣大贤大英雄大豪杰,或是成就一个大奸大盗小窃偷儿,都在这'家庭教育'四个字上分别出来。"在《母道:母亲文化与家庭教育》中看到胡适先生的这句话时,我深以为然。母亲,她应该是孩子成长中的"避风港",是孩子前行路上的"航标灯",她温暖的怀抱、温柔的光芒,将成为孩子一生的幸福源泉。确实,"好妈妈胜过好老师!"(尹建莉语)

看到小陈妈妈的短信后,我才知道撕试卷的行为背后,有这样让他难以启齿的原因。同学言语间的伤害,再加上一直的努力却没有取得良好的成绩,这一切都给他带来沉重的压力。孩子需要一个倾诉的对象,给他温暖,给他包容,让他拥有心理安全感。他也需要一个心理宣泄的方式,所以看似不可思议的撕试卷行为,恰恰是他保护自己脆弱的心的本能反应。只是,他没有想到,这样的行为让他陷入更加尴尬、更加难堪的境地……幸好,他有这样一个善解人意的好妈妈,用最柔软的心包容着孩子,在他"最不可爱"的时候,给予他温暖的爱。小陈的妈妈坦荡真诚,她相信自己的孩子,对孩子充满期待、充满善意。于是,我也有了期待:期待他也遇到好老师,遇到可爱的同学,遇到更好的自己……

前段时间看到华东师范大学李家成教授的一篇文章《当代内涵:家校合作,机制创新》,文中提到家校合作不是单向的过程,而是双向的互动;家校合作不仅仅是双方的奉献,更是生成与发展;家校合作是全面的,而非单一领域或维度的合作。李教授针对家校谈到"合作的教育追求:建设命运共同体",在以上的这个案例中,我有着切身的感受。一个孩子的情绪,影响到一个家庭的生活,也让我重新审视了对待孩子的教育,孩子、家长、老师之间已经"血脉相连",不可分割,成为"命运的共同体"。因而,孩子的幸福,也是老师和家长的幸福,是我们共同的心愿。

"星河滚烫,你是人间理想。皓月清明,你是人间曙光。举世皆浊,你是澄澈目光。山河冷漠,你是人间炙热。"我觉得把这句网络上流行的话,献给像小陈妈妈那样的母亲,再合适不过了。